CB124304

101 dias em Bagdá

Åsne Seierstad

101 dias em Bagdá

Tradução do norueguês
LUÍS FELIPE SARMENTO

Adaptação da tradução portuguesa
SOFIA DE SOUSA SILVA

E D I T O R A R E C O R D
RIO DE JANEIRO • SÃO PAULO

2006

CIP-Brasil. Catalogação-na-fonte
Sindicato Nacional dos Editores de Livros, RJ.

Seierstad, Åsne, 1970-
S46c 101 dias em Bagdá / Åsne Seierstad; adaptação da tradução portuguesa por Sofia de Sousa Silva. – Rio de Janeiro: Record, 2006.

Tradução de: Hundre og én dag: En Reportasjereise
ISBN 85-01-07779-8

1. Seierstad, Åsne, 1970- – Viagens – Bagdá (Iraque). 2. Iraque, Guerra do, 2003 – Narrativas pessoais norueguesas. 3. Iraque, Guerra do, 2003 – Jornalistas. I. Título.

CDD – 956.74
06-3408 CDU – 94(567)

Título original em norueguês:
HUNDRE OG ÉN DAG

Copyright © Åsne Seierstad, 2003

Editoração eletrônica: Abreu's System Ltda.

Todos os direitos reservados. Proibida a reprodução, armazenamento ou transmissão de partes deste livro através de quaisquer meios, sem prévia autorização por escrito. Proibida a venda desta edição em Portugal e resto da Europa.

Direitos exclusivos de publicação em língua portuguesa para o Brasil adquiridos pela
EDITORA RECORD LTDA.
Rua Argentina 171 – Rio de Janeiro, RJ – 20921-380 – Tel.: 2585-2000
que se reserva a propriedade literária desta tradução

Impresso no Brasil

ISBN 85-01-07779-8

PEDIDOS PELO REEMBOLSO POSTAL
Caixa Postal 23.052
Rio de Janeiro, RJ – 20922-970

EDITORA AFILIADA

Je suis profondément covaincu que le seul antidote qui puisse faire oublier au lecteur les éternels Je que l'auteur va écrire, c'est une parfaite sincérité.

[*Estou profundamente convencido de que o único antídoto que pode fazer com que o leitor se esqueça dos eternos Eus que o autor escreve é uma sinceridade absoluta.*]

STENDHAL, *Souvenirs d'Egotisme*, 1832

Sumário

Prólogo

Este livro é a crônica de uma viagem, de uma guerra e de alguns personagens dessa guerra. Durante 101 dias, de janeiro a abril de 2003, tentei registrar as minhas experiências em Bagdá.

Numa viagem desse tipo, o correspondente trabalha sem parar: as notícias podem surgir a qualquer momento, assim como idéias para uma nova reportagem. O leitor só vê o resultado final, e os artigos pouco dizem sobre como foram concebidas ou sobre o que foi omitido.

Durante dez anos como jornalista em áreas de guerra ou de conflito, nunca trabalhei em condições tão complicadas como as do Iraque. Antes da guerra, o problema era elementar: ninguém falava nada. Os iraquianos diziam frases feitas e banalidades com medo de falar demais ou de deixar escapar pensamentos próprios.

O que faz um jornalista quando todo mundo diz a mesma coisa? Será que todos têm a mesma opinião? Ou que ninguém tem opinião?

Procurei me movimentar no cenário entre a mentira gritante e os berros sufocados e quase inaudíveis da verdade. O sofisticado aparelho de repressão atingiu todos os correspondentes e, por vezes, influiu diretamente no que escrevíamos.

Pouco a pouco nos deparamos com novos desafios: desciam do céu, silvavam pelo ar, retumbavam nos nossos ouvidos. Os telefones não funcionavam, não havia luz nem água corrente, faltava segurança. Apesar de tudo, tínhamos que enviar nossas reportagens todos os dias, sempre vigiados pelos censores.

Estes, um belo dia, desapareceram. Então, tentei averiguar o que acontece a um povo quando se rompe a represa. O que eles dizem quando, de repente, podem dizer o que querem?

As reportagens de Bagdá são *minhas*: são notícias entendidas à luz da minha própria e, seguramente, incompleta experiência.

Os acontecimentos podem ter sido interpretados de modo diferente pelos diversos correspondentes. É provável que um jornalista egípcio tenha reportado sobre a guerra do Iraque de maneira diferente da minha; um norte-americano talvez avaliasse a situação de um modo distinto; talvez um intelectual do *Le Monde* desse importância a outros fatores.

Não existe verdade absoluta sobre a guerra do Iraque. Ou melhor, há milhões de relatos verdadeiros e, possivelmente, um igual número de mentiras. A minha tarefa, como jornalista em pleno caos bélico, não foi julgar, prever ou analisar; mas sim olhar, perguntar e contar. A minha maior vantagem foi *estar* ali, com meus olhos e ouvidos.

Quando viajei para o Iraque, tinha contrato com três jornais escandinavos: *Aftenposten*, na Noruega, *Dagens Nyheter*, na Suécia, e *Politiken*, na Dinamarca. Algum tempo depois, meus artigos saíram também no *Ilta-Sanomat*, na Finlândia, no *Der Tagesspiegel*, na Alemanha, no *Trouw*, na Holanda, no *Der Standard*, na Áustria, e no *Tages Anzeiger*, na Suíça. Além disso, trabalhei para várias rádios e redes de televisão.

Os artigos que mandei para a Europa foram reportagens do momento: visões fugazes da guerra. Estão vinculados a dias e acontecimentos específicos. Reproduzo alguns deles neste livro, enquanto outros preferi integrar num contexto mais amplo. A guerra raras vezes pode ser captada na sua totalidade ou entendida plenamente pela reportagem de momento. Assim como uma rigorosa análise política não pode expressar a tragédia de ver um filho morto por um míssil.

Nenhum relato contém toda a história. O deste livro é um dos muitos disponíveis, e traz um fragmento do todo, nada mais. Leia também a reportagem do egípcio, do norte-americano ou do francês. Mas, acima de tudo, tente encontrar os relatos de guerra dos próprios iraquianos. O conjunto desses relatos nos dará uma base para entender o que está acontecendo agora que a guerra acabou, mas a paz ainda não veio.

Åsne Seierstad
Oslo, 20 de outubro de 2003

N
TURQUIA
SÍRIA
Mossul
Kirkuk
IRÃ
Tikrit
Samarra
Bagdá
JORDÂNIA
IRAQUE
Karbala
Al-Kut
Rio Tigre
Najaf
Rio Eufrates
Nasiriyah
Basra
Golfo Pérsico
KUWAIT
ARÁBIA SAUDITA
0
100
200
300 km

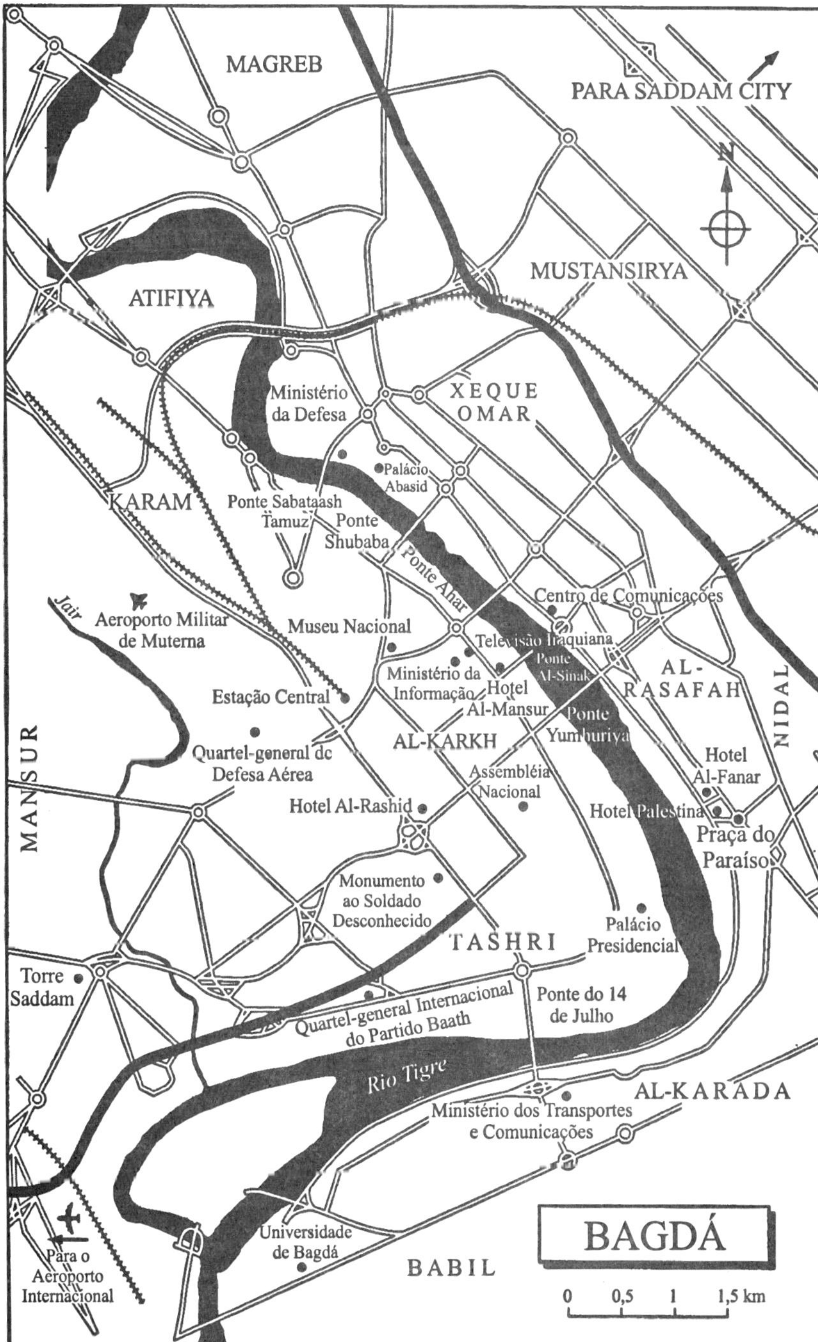
BAGDÁ
MAGREB
PARA SADDAM CITY
N
MUSTANSIRYA
ATIFIYA
Ministério da Defesa
XEQUE OMAR
Palácio Abasid
KARAM
Ponte Sabataash Tamuz
Ponte Shubaba
Ponte Ahar
Centro de Comunicações
Jair
Aeroporto Militar de Muterna
Museu Nacional
Televisão Iraquiana
Ponte Al-Sinak
Ministério da Informação
Hotel Al-Mansur
AL-RASAFAH
Estação Central
Ponte Yumhuriya
NIDAL
MANSUR
Quartel-general de Defesa Aérea
AL-KARKH
Assembléia Nacional
Hotel Al-Fanar
Hotel Al-Rashid
Hotel Palestina
Praça do Paraíso
Monumento ao Soldado Desconhecido
Palácio Presidencial
TASHRI
Torre Saddam
Ponte do 14 de Julho
Quartel-general Internacional do Partido Baath
Rio Tigre
AL-KARADA
Ministério dos Transportes e Comunicações
Universidade de Bagdá
BABIL
Para o Aeroporto Internacional
0 0,5 1 1,5 km

Antes

A primeira coisa que vi foi a luz. Penetrou-me pelas pálpebras, abriu caminho pelo sono com carícias e deslizou até o sonho. Não era como a luz da manhã que eu costumava ver, não era branca e fresca, mas sim dourada. Com os olhos entreabertos em frente a uma janela com grandes cortinas de tule, entrevejo as poltronas estampadas, uma mesa bamba, um espelho e um armário. Há um esboço mal pintado na parede de um bazar no qual sombras de mulheres com grandes xales pretos deslizam pelas ruelas lúgubres.

— Estou em Bagdá!

A luz da manhã aqui é assim: furtiva.

Do outro lado das cortinas uma próxima revelação me espera: o Tigre. Tenho a impressão de já ter estado aqui antes. O tortuoso rio, os juncos ao longo das margens, as ilhotas de um verde ondulante no meio, as palmeiras que sobressaem orgulhosas e se refletem na superfície da água: tudo isso parece tirado de uma Bíblia que tive quando criança.

Lá embaixo ouve-se uma escala inteira de buzinas, desde ruídos surdos até os sons mais estridentes. A rua margeia o rio e o engarrafamento avança a passo de tartaruga por baixo da varanda.

Cheguei aqui acolhida pela noite. Demoramos 12 horas para atravessar o deserto, da capital da Jordânia até a do Iraque, e já havia escurecido há um bom tempo quando chegamos a Bagdá. Havia somente a luz bruxuleante de alguns postes dispersos, e quando percebemos já tínhamos atravessado o rio. Nos arredores da cidade tivemos que mudar de carro, porque o jipe jordaniano não tinha autorização para entrar no centro.

O Eufrates e o Tigre são o ponto de partida de tudo. Até o dilúvio universal procede da Mesopotâmia, *a terra entre os dois rios*. O Tigre, naquele tempo, era um rio imprevisível. Na sua planície, enterradas sob camadas de lama, arqueólogos escavaram cidades, e foram essas catástrofes contínuas que inspiraram o relato do castigo de Deus sob a forma de um dilúvio que inundou o mundo inteiro. Os Jardins Suspensos em volta floresciam graças à água do rio e foi por aqui que se situou o Jardim do Éden. Perto dali, a Torre de Babel foi construída e desta região Abrão e Sarai foram exilados.

Hoje em dia, os matagais ao longo do Tigre já não são tão paradisíacos. A vegetação é de um verde pálido, porque a ribeira é estéril e seca, e o único verde são as folhas de palmeira que se mexem preguiçosas no alto dos troncos marrons. A própria cidade tende para o marrom, e o contorno das casas é dissolvido pela bruma que cai pesadamente do céu. Ao longe, a fronteira entre Bagdá e o deserto desaparece no horizonte.

Da mesma maneira que tantas outras cidades no mundo, a história desta começa no rio e, assim, segundo a lenda, o imperador Al-Mansur teria pronunciado as seguintes palavras em meados do século VIII: "Este é o lugar onde edificarei a minha cidade. Tudo pode chegar até aqui pelo Eufrates, pelo Tigre e pela rede de canais. Somente um lugar como este pode alimentar o meu exército e uma grande população."

Era verão e Al-Mansur viajava pelo seu império. Montou um acampamento próximo do povoado de Qasr al-Salam, rezou à noite e adormeceu. Ao acordar, tinha desfrutado do sono mais doce e agradável possível, continua a lenda, e gostara de tudo o que vira à sua volta, decidindo ficar. O imperador desenhou o projeto urbanístico, financiou-o, assentou a primeira pedra e disse: "Construam e que Deus vos acompanhe!"

Bagdá se ergueu sobre uma importante rota comercial entre o Irã, a leste, as zonas ricas em cereais, a norte, e a Síria e o Egito, a oeste. De acordo com a tradição, a cidade devia expressar a elevação e o esplendor do imperador e foi construída com a intenção de afastar governantes de governados. Assim, os palácios foram erguidos na margem ocidental do Tigre, enquanto os mercados e os bairros residenciais ficaram na zona leste.

Assim como Al-Mansur, desfrutei do sono mais doce e agradável possível na minha primeira noite nas margens do Tigre. Fico de pé apreciando a mistura de sons dos veículos caindo aos pedaços sob a minha varanda, enquanto uma estranha sensação de calma se espalha dentro de mim. Começarei agora minhas investigações neste país de onde a catástrofe se aproxima.

Ao descer pelas escadas, ouço gritos na recepção. Guinchos estridentes e rangidos atravessam o ar; vêm de um macaco que pula de um lado para o outro dentro de uma jaula, enquanto uma pomba arrulha e canários amarelos trinam. No meio das grades há uma mamadeira com leite. "Coitadinho", chego a pensar antes que os dois braços sinuosos saiam por entre as grades e me agarrem.

Grito e me afasto num salto, e o macaco faz o mesmo.

— O Mino rouba tudo que passa pelas mãos dele e pode atacar os seus bolsos se você chegar muito perto — explica o recepcionista.

Olho feio para o animal, que devia estar pulando de uma palmeira para outra, comendo frutinhas frescas e procurando bananas. O recepcionista enfia no bolso da camisa umas notas de dinar e se aproxima do macaco, que logo agarra o dinheiro.

— Olha só como ele sabe roubar — diz o homem, rindo.

No salão de jantar encontro os meus sorridentes companheiros de viagem de ontem à noite, tomando o café-da-manhã à oriental: pão, tomate, azeitonas e ovos fritos com chá doce e forte.

— O Tigre! — exclamo, deliciada.

— Maravilhoso! — entoa Jorunn.

— Desde que você não beba a água dele — completa Bård.

Bård é engenheiro hidráulico e trabalha para uma organização assistencial eclesiástica da Noruega que está no Iraque para purificar as águas. Jorunn é coordenadora da mesma organização e está aqui para supervisionar o trabalho de Bård.

— Podemos conseguir água potável para centenas de milhares de pessoas — continua ele com uma xícara de chá quase invisível nas enormes mãos. — Só estamos esperando que a maquinaria chegue, grande parte dela está retida na fronteira — suspira.

— Uma Bíblia — interrompo, dirigindo-me a Jorunn —, você pode me emprestar uma Bíblia?

Jorunn olha para mim como se eu tivesse acabado de desvendar um crime cometido por ela; ao mesmo tempo, num misto de estranheza e pedido de desculpas, ela diz:

— Não, não posso. Não trouxe Bíblia nenhuma. Quem pensaria numa coisa dessas?

Mas sempre se pode citá-la, e fala-nos do Abrão que viveu aqui, na Mesopotâmia. "Iahweh disse a Abrão: 'Sai da tua terra, da tua parentela e da casa de teu pai, para a terra que te mostrarei. Eu farei de ti um grande povo, eu te abençoarei, engrandecerei teu nome; sê uma bênção!'"*

Foi Bård quem me conseguiu o visto para entrar no Iraque.

— O Ali cuida de tudo — respondeu, quando lhe telefonei a respeito do visto, mais ou menos um mês antes do Natal.

O país estava praticamente fechado à imprensa, e outros correspondentes tinham ficado meses esperando. Nas embaixadas iraquianas do mundo inteiro, pedidos de jornalistas ansiosos por notícias se acumulavam. A maioria das solicitações acabou no lixo e poucos obtiveram o carimbo que abria as portas do reino de Saddam Hussein. No entanto, eu o consegui em tempo recorde por meio dos contatos de Bård no Crescente Vermelho, e de Ali, o secretário local da organização eclesiástica norueguesa para a qual Bård trabalhava. Assim, num dos dias mais frios de janeiro — justamente pouco depois do ano-novo — pegamos o avião para a Jordânia.

---

*Gênesis, 12, 1-2. (*N. da E.*)

Na embaixada iraquiana em Amã prometi me registrar no Ministério da Informação de Bagdá logo que eu chegasse, mas isso aconteceu numa sexta-feira.

— Está tudo fechado — disse-me Ali. — Você pode ir amanhã.

Será o meu último dia em liberdade. Jorunn e eu queremos ver a cidade, enquanto Bård se dirige para o Clube Desportivo de Bagdá, que fica em frente ao Hotel Palestina e do qual já é sócio. Diz que o esporte alivia um pouco a frustração provocada pela turbulenta burocracia iraquiana.

Jorunn e eu vamos ao mercado de livros nas sextas-feiras na companhia de Ali. Deixamos para trás a margem do Tigre para tomar parte do caos do trânsito. O carro ronca, pára e depois avança um pouco aos solavancos. Como os outros carros à nossa volta, o nosso também foi consertado de qualquer jeito. As sanções da ONU se fazem notar nos carros que constantemente param em plena rua por falta de peças de reposição, tendo de ser rebocados ou empurrados para fora da pista. Por vezes, entrevemos um capô preto brilhante dos carros da elite, de marca japonesa ou alemã; parecem monstros cobertos de petróleo entre os automóveis em estado lastimável. Eu nunca tinha visto uma coleção tão grande de carros norte-americanos em tão mau estado: Cadillacs enferrujados, Buicks amassados e Chevrolets sem brilho. Muitos deles chegaram ao Iraque como despojos da guerra do Kuwait; diz-se que não deixaram nem um só veículo nos bairros de classe alta do país quando o exército iraquiano se retirou e voltou para casa em fevereiro de 1991.

Bagdá, cenário de muitas das histórias das *Mil e uma noites*, faz lembrar, hoje em dia, qualquer outra metrópole do Oriente Médio com o seu bulício, a sua vida agitada e o seu ar viciado.

Quando apareceram as histórias de *Simbad, o marujo* e *Ali Babá e os quarenta ladrões*, a cidade estava cercada por muros altos. O personagem histórico, várias vezes mencionado na obra como califa de todo o império islâmico, era Harun al-Rashid e no texto aparece freqüentemente disfarçado, perambulando pela cidade para se informar do que se passa. "Sentiu-se desassossegado, teve uma insônia, o seu peito estremeceu."

Diz-se que o imperador fez de Bagdá um centro cultural do mundo árabe no século IX. Harun era famoso pelos fantásticos presentes a poetas, pintores, escultores e cientistas que tivessem criado alguma coisa de que gostasse muito. Harun — e depois dele, o seu sucessor — reservou um dia da semana para discussões religiosas e intelectuais e várias obras-primas da literatura universal foram traduzidas naquela época para a língua árabe. Bagdá foi a capital de um reino que se estendia do Norte da África até quase a Índia.

Com o tempo, disputas internas pelo poder debilitaram o império, e o centro do mundo muçulmano passou a ser o Cairo. Os exércitos turcos invadiram Bagdá antes que fosse conquistada pelos mongóis. Centenas de milhares dos seus habitantes morreram nos massacres. Os jardins não eram regados, os palácios foram saqueados, as obras de arte destruídas e os livros queimados.

Os britânicos foram os últimos invasores. Em 1917 conquistaram a cidade, arrebatando-a do Império Otomano, traçaram novas fronteiras e denominaram a colônia Iraque. Nomearam um rei pró-britânico que, ainda assim, declarou a independência do país em 1932.

Resta pouco da antiga Bagdá: os governadores que sucederam os ingleses modernizaram a cidade e fizeram desaparecer quase todos os antigos bairros e as suas ruelas. Apesar das constantes mudanças de governo no Iraque devido a revoluções e golpes de Estado, a renovação da cidade sempre seguira em frente. Restam apenas um ou outro edifício anteriores ao século XX. Os palácios exóticos e as vielas estreitas das fábulas foram substituídos por prédios de tijolo marrom, amarelo ou cinzento. As casas fazem lembrar as da União Soviética, mas são menores. As ruelas foram reformadas e transformadas em largas avenidas. Os palácios e os edifícios da administração são rodeados por árvores; quanto ao resto, as calçadas estão muito mal conservadas e geralmente cheias de gente.

Apesar da quantidade de gente, o clima desta manhã de sexta-feira é tranqüilo. Não há pressa, algumas pessoas caminham devagar pela rua, outras puxam carroças pesadas ou transportam enormes sacos e ainda equilibram bandejas em cima da cabeça. Ao longo das calçadas, lojas e cafés abertos criam um ambiente descontraído. À superfície não se nota a tenebrosa nuvem de medo que paira.

Se o espírito da antiga Bagdá se mantém em algum lugar, é, certamente, nos bazares. Mas eles também são uma triste recordação da perda de influência e de força intelectual da metrópole.

O mercado de livros é pouco mais que uma coleção aleatória de livros usados, expostos numa rede de ruelas num dos bairros mais antigos. O que foi outrora um bairro sofisticado e movimentado, é, atualmente, um conjunto de casas em ruínas nas quais apenas se pode intuir o esplendor de outros tempos. Os livros estão expostos lado a lado, no chão ou em cima de pequenos tapetes ou mesinhas. Ninguém berra, ninguém oferece seus produtos; os vendedores parecem incomodados e se limitam a observar os restos de uma coleção que prefeririam continuar a ter em casa, mas que décadas de guerra e de depressão econômica os obrigaram a vender. Antigos clássicos árabes, as obras completas de Sartre, os discursos de Saddam em francês, alemão e inglês. Servem-me um copo de chá doce e compro o *Arabian Nights* e *By Desert Ways to Baghdad*. Na poeira do chão também encontro *Arabian Diary*, de Gertrude Bell. Prometi a Ali que não falaria com ninguém ou, pelo menos, não perguntaria nada "que pudesse ser mal interpretado". É Ali que me vigia neste dia, antes de me entregar à autoridade legítima do Ministério da Informação.

— Você ainda não foi registrada, está aqui quase ilegalmente, é melhor não se meter em confusão — explica-me.

Não faço perguntas que não digam respeito aos livros expostos no chão poeirento, mas ninguém pode me impedir de olhar para as pessoas.

Na hora do almoço, os clientes começam a deixar o mercado vazio. Ali nos leva a um restaurante num belo jardim com flores e palmeiras e um grande aquário com vários peixes. Podemos escolher um e optamos pelo mais gordo, ao qual o sol da tarde dá um brilho dourado. O cozinheiro já está preparado para limpar e cortar, temperar e assar o peixe, que dá uma última volta no aquário antes de ser apanhado. Enquanto acompanhamos os rápidos movimentos da faca, chegam as saladas, húmus, berinjela assada, queijo branco e pão quentinho. Comemos com as mãos, molhando o pão nas travessas, e continuam a chegar novas fornadas de pão.

A conversa não acontece, é difícil falar com Ali ou, talvez, seja difícil para ele falar com a gente.

Sobra espaço no restaurante. Na mesa ao lado, uma família come as entradas e o peixe a uma velocidade vertiginosa;

num canto encontram-se dois homens apáticos e um grupo de jovens obesos, usando jaquetas e munidos de grandes *walkie-talkies*; lançam-se à comida como se fossem ursos assassinos. No Iraque não há celulares e os telefones via satélite são proibidos. Mas parece que os seguidores do regime têm *walkie-talkies*.

Vou ver o cozinheiro, que põe azeite e vinagre na comida, pica uns pimentões e continua a assar. Ali vem atrás de mim para ter certeza de que estou me comportando bem.

A sensação de expectativa que tenho dura o dia inteiro. É como estar no princípio do labirinto que nos conduz à resposta do enigma.

Ninguém pode me localizar aqui, não existem celulares e ninguém me conhece. Tudo o que não fizer antes de ir embora ficará por fazer; toda a minha correspondência continuará por abrir durante muito tempo; os recados na minha secretária eletrônica ficarão sem resposta. Sou abandonada pela agitação que normalmente me domina.

De volta ao quarto 707, que o recepcionista garante ser o melhor, retiro os meus livros, os meus tesouros, e espalho-os por cima da colcha amarelo-pardacenta. A cama ocupa grande parte do quarto como uma ilha de tranqüilidade entre o banheiro, onde as baratas correm pelos ladrilhos quebrados, e as buzinas furiosas da rua. Deixo a porta da varanda aberta para ver as cortinas balançando ao sabor do vento do deserto.

Escolho primeiro o *Arabian Diary* e entro no torvelinho da vida aventureira de Gertrude Bell. Viajou sozinha com contrabandistas e bandidos no início do século, justamente no deserto que está em frente à minha janela. Capturada por beduínos, viveu num harém onde escreveu o seu diário. Assessora de reis e primeiros-ministros, foi considerada a mulher mais poderosa do Império Britânico, a única que Winston Churchill convidou para a Conferência do Cairo, em 1921, a reunião que decidiu o futuro da Mesopotâmia. Além disso, foi uma das poucas viajantes do Oriente Médio a descrever a vida das mulheres.

"Ali estavam, as mulheres; envolvidas em brocado indiano, cobertas de jóias e servidas por escravos. Não havia nada à sua volta que denunciasse a existência da Europa ou dos europeus, salvo eu! Eu era a mancha. Algumas mulheres da casa do xeque eram imensamente belas e passavam de mão em mão. Fazia-as suas o vencedor, cujas mãos pode imaginar-se que estivessem tingidas pelo sangue dos maridos e dos filhos daquelas mulheres." É o que escreve no harém, em Hayil, a 6 de março de 1914. O eunuco Said acaba de informá-la de que foi feita prisioneira e que não pode seguir viagem. Dão-lhe uma pequena casa dentro do serralho, onde espera a sua libertação. "Sentava-me em tapetes no jardim, tapetes que eram como desenhos de livros persas ilustrados. Os escravos e os eunucos serviam-me chá e caminhávamos pelo jardim enquanto eles, solícitos, me diziam o nome de todas as árvores. Depois sentávamo-nos de novo e bebíamos mais chá e café. Dá cabo dos nervos passar o tempo deste modo dia após dia, atrás dos altos muros de barro; e dou graças aos céus porque os meus nervos não são especialmente suscetíveis. Só me senti insegura durante uma de sete noites."

Depois de muito tempo de espera, Gertrude Bell é, finalmente, posta em liberdade por ordem do emir. "Os meus camelos entraram depois de escurecer, e o Said deixou-me uma bolsa cheia de ouro e a plena liberdade de ir para onde quisesse e quando o desejasse. Não faço idéia de por que terão agora cedido, quando não o fizeram antes. Mas seja como for, estou livre e o meu coração está em paz e mais rico."

Batem à porta. Será o eunuco Said com chá e frutos exóticos? É um homem com uma toalha amarela entre as mãos e que diz algo em árabe e me dá o pano. Depois entra no quarto, eu o sigo, e ele me mostra onde está o sabonete, para que serve o copo do lavabo, como se abrem as gavetas, como se abrem as cortinas e como se fecha a porta que dá para a varanda. Sorrio e agradeço-lhe, mas o homem não sai. Puxo umas notas que acabei de trocar, o homem agradece e vai embora. Não demora muito a bater novamente à porta, desta vez com um rolo de papel higiênico. Dou-lhe mais algumas notas, ele sorri e despede-se com um pequeno movimento de cabeça antes de desaparecer no corredor. Será esse o nosso trato social: mal entro em meu quarto do hotel, sei que no momento seguinte "Said" virá com alguma coisa. Seja uma toalha, seja um sabonete ou uma manta extra de lã. Nada se altera na minha ausência.

"O que eu disse sobre a qualidade mais necessária para se viajar entre os árabes?", escreve Gertrude Bell. "Paciência, lembra? É isso que faz falta."

O céu de Bagdá escurece. O Sol desaparece por detrás do palácio presidencial na outra margem do rio, o palácio de luxo de Saddam Hussein, erguido em louvor daquilo a que os iraquianos chamam "a vitória do Golfo". O edifício banhado pela luz dos holofotes brilha e resplandece entre palmeiras e jardins e assim permanecerá durante alguns meses mais.

— Por que você não veio ontem? O que foi que fez? — grita-me o homem sentado atrás da mesa. — Quem você pensa que é?

Tento explicar-lhe que ontem foi sexta-feira e que, portanto, todas as repartições públicas estavam fechadas.

— Nós, aqui, nunca fechamos, o horário é das oito da manhã às dez da noite, todos os dias, e inclusive depois da hora de fechar continuamos a atender. Qual é a sua intenção? Quer nos enganar? Se pretende permanecer no Iraque, tem de cumprir as normas; daqui saem vôos diariamente.

Apresenta-se como Mohsen, e me dizem depois que é o número três no centro de imprensa. É tão baixo que as suas pernas não tocam o chão e, como vários homens de meia-idade em Bagdá, pinta o cabelo e as sobrancelhas de preto. Em contradição com as suas duras palavras, tem uma fisionomia amável e belos olhos castanhos, e dá a impressão de rir atrás daquela máscara de seriedade, como se passasse o interrogatório oficial rindo dissimuladamente.

Faço um relato do meu dia anterior e preencho solicitação após solicitação com um esmero que acalma um pouco o burocrata corpulento que parece perdoar o meu dia em liberdade. Manda entrar o engenheiro Walid, um sujeito grandalhão que abre a fita que puseram no meu telefone via satélite na fronteira.

— Qualquer um que seja visto levando um telefone deste edifício será preso por espionagem — resmunga Mohsen antes de lançar uma nova pergunta: — O que você quer fazer aqui? Quais são os seus planos?

— Bem... eh...

— Faça uma lista de coisas que quer fazer e eu avaliarei a possibilidade da sua permanência. De qualquer maneira, dou-lhe dez dias no máximo.

Com um gesto, o burocrata me pede que fique no sofá do seu gabinete, que de tão mole me coloca à altura dos seus joelhos e manda um assistente procurar um intérprete. Nenhum estrangeiro pode se mover no Iraque sem ter alguém que o vigie; vigiam o que fazem, para onde viajam, com quem falam. O assistente volta com um senhor de idade e de cabelo ralo.

— Este é Taklef, o nosso intérprete com mais experiência: damos-lhe o melhor de todos, tendo em vista a sua juventude. — Mohsen sorri.

O senhor se mexe nervoso sob o olhar do seu chefe. É baixo e magro, esmerado no seu terno azul-marinho, na camisa recém-passada e no sapato engraxado. O terno fica grande nele, como se tivesse acabado de perder muitos quilos, e o cabelo ralo está penteado para trás numa tentativa vã de esconder a sua calvície. Pôs-se ao lado de Mohsen como se quisesse mostrar que é para ele que trabalha e não para mim. "Nem tente", diz o olhar que me dirige. "Aqui, mandamos nós."

Posteriormente tivemos de trocar falsos elogios, mentir, dissimular e ocultar; e, talvez por esta razão, não simpatizei nada com este senhor desde o início. Mais tarde pensei que nunca tinha dado uma oportunidade a Taklef; provavelmente seria um sujeito encantador, forçado, como todos os outros, pelas circunstâncias impostas pelo regime do partido Baath. No entanto, quando o conheci, pareceu-me falta de sorte que me atribuíssem justamente ele.

— Em que você está interessada? — inquiriu-me o intérprete de supetão, como se eu pudesse escolher.

Talvez uma entrevista com Saddam Hussein? Não tive tempo de inventar nada antes de continuar:

— Interessa-se por cultura?

— Bom...

— Então, vamos à Babilônia. Quer ir à Babilônia? E a arte, interessa-se por arte? Então vamos escolher o Centro de Arte Saddam, a Galeria de Arte Nacional, o Museu Histórico, a Coleção do Passado, o Monumento à Revolução. Começaremos amanhã com a Babilônia?

Eu não queria fazer uma excursão; queria falar com as pessoas, me informar sobre como viviam. Mas ficou entendido que qualquer iniciativa requeria uma solicitação: não se podia ir a uma escola, a um hospital nem a qualquer outra instituição pública sem a respectiva autorização. Até para visitar uma família era preciso ter autorização. O Ministério da Informação decidia quem podia ser visitado. Era absurdo visitar uma família-modelo escolhida e decidi deixar as coisas assim mesmo. De qualquer maneira, exigia-se uma autorização especial para sair da capital; e quanto mais longe, mais difícil era obter a tal autorização. Era quase impossível visitar as zonas xiitas no Sul, de maneira que poucos jornalistas puderam ir a Basra. No entanto, era ainda mais complicado viajar para Tikrit, a cidade natal de Saddam Hussein, um lugar quase hermeticamente fechado a estrangeiros. A autorização para a Babilônia era obtida em cinco minutos e não podia ser, portanto, um lugar muito interessante.

Na manhã seguinte, Taklef me espera na recepção a uma distância prudente de Mino, o macaco. Pergunta-me se estou pronta, olhando de soslaio para o relógio, o que interpreto como uma censura por ter descido com cinco minutos de atraso. O intérprete senta-se no banco dianteiro do carro; e, do banco de trás, tento iniciar uma conversa, mas quando vejo que só consigo que ele diga banalidades, rendo-me. Nós dois temos objetivos bem diferentes com a nossa nova colaboração: enquanto eu tento descobrir, ele pretende esconder. Depois de passar uma hora por caminhos de areia, paramos diante de um alto portal azul com desenhos de animais em amarelo e branco, onde se lê em inglês, em grandes letras "Portal de Ishtar". Será esta a entrada para a Babilônia, a cidade prometida? Mais parece a versão Disney, tudo tão novo, tão asseado e tão resplandecente.

Ao nosso encontro vem Hamid, o arqueólogo cuja tarefa é nos mostrar o que há 5 mil anos foi o centro do planeta. Aqui floresceram a cultura e a literatura, a matemática e a astronomia; aqui ficou registrada a primeira recompilação de leis do mundo. Os sumérios e os babilônios da Mesopotâmia foram os primeiros a dividir o círculo em 360 graus, o dia em 24 horas, a hora em 60 minutos e o minuto em 60 segundos. Há 5 mil anos inventaram a escrita cuneiforme e escreveram em tábuas de argila úmida; e uma das tábuas dá testemunho de que os babilônios já sabiam daquilo que depois ficou conhecido como o teorema de Pitágoras do triângulo retângulo... mil anos antes de Pitágoras.

A lendária Babilônia aparece em muitas histórias clássicas. As mais famosas são as do primeiro repórter do mundo, o histórico Herodes, que veio da Grécia até aqui no século IV antes da nossa era e afirmou que "o esplendor da Babilônia ultrapassa o de qualquer outra cidade do mundo conhecido". Ishtar, o portal da via de processões decorado com vacas sagradas com cabeça de cobra, abria-se ao templo com paredes douradas, e ao fundo uma sala com um banco de ouro maciço. Heródoto conta que "os astrólogos alegam — mas eu não acredito — que o próprio Deus costuma visitar este lugar e descansar no banco".

Faz muito tempo que a Babilônia ficou sem ouro e sem deuses. Há dez anos, arqueólogos alemães levaram para Berlim a maior parte do que havia de valor ali; no museu de Pergamon conservam-se agora as estátuas e as esculturas. Há alguns anos, Saddam Hussein decidiu restaurar as ruínas da Babilônia e tudo foi reconstruído tal como tinha sido a primeira metrópole do mundo no seu apogeu. De passagem, a cidade ficou com um novo monarca: em várias pedras do Portal de Ishtar — onde não há o mínimo sinal do imperador Nabucodonosor — pode se ver gravada a assinatura do atual déspota.

A Babilônia é uma atração turística sem turistas; de fato, Taklef e eu somos os únicos que viemos aqui esta manhã. Tudo o que está nas vitrinas são cópias:

— O verdadeiro Portal de Ishtar se encontra em Berlim; e o Louvre e o Museu Britânico têm outras coisas que foram roubadas — suspira o nosso guia com amargura. — A maioria dos originais que ainda nos resta no Iraque está armazenada em câmaras blindadas. E, como sabe, a guerra pode estourar a qualquer momento e é melhor esconder as coisas. Toda a Babilônia pode ser feita em pedaços se formos bombardeados.

O arqueólogo vive na Babilônia somente com a sua jovem mulher e um filho pequeno. De dia é guia e à noite é guarda.

— Os norte-americanos querem destruir o nosso país; tomarão primeiro o palácio presidencial e depois a Babilônia — afirma ofegante. — Vão nos aniquilar para nos governar e roubar o petróleo e os recursos naturais.

Parei em frente à réplica dos Jardins Suspensos; suntuosos arranjos de flores caem em cascatas pelo rochedo.

— Pelo menos acreditamos que foi assim no tempo dos sumérios — diz Hamid que tem menos dúvidas a respeito da torre de Babel, cujas ruínas quadradas permaneceram na Babilônia, além de uma cópia em miniatura. — Ficava justamente aqui — afirma. — A história está no Gênesis.

"Todo o mundo se servia de uma mesma língua e das mesmas palavras. Como os homens emigrassem para o Oriente, encontraram um vale na terra de Senaar e aí se estabeleceram. Disseram um ao outro: 'Vinde! Façamos tijolos e cozamo-los ao fogo!' O tijolo lhes serviu de pedra e o betume de argamassa. Disseram: 'Vinde! Construamos uma cidade e uma torre cujo ápice penetre os céus! Façamo-nos um nome e não sejamos dispersos sobre toda a terra.'

Ora, Iahweh desceu para ver a cidade e a torre que os homens tinham construído. E Iahweh disse: 'Eis que todos constituem um só povo e falam uma só língua. Isso é o começo de suas iniciativas! Agora, nenhum desígnio será irrealizável para eles. Vinde! Desçamos! Confundamos a sua linguagem para que não mais se entendam uns aos outros. Iahweh os dispersou daí por toda a face da terra, e eles cessaram de construir a cidade. Deu-se-lhe por isso o nome de Babel, pois foi aí que Iahweh confundiu a linguagem de todos os habitantes da terra e foi aí que ele os dispersou sobre toda a face da terra."*

O guia nos leva para a saída e passamos junto aos muros retos do templo ainda sem os sinais inclementes do tempo. Atrás das ruínas reconstruídas, emerge um homem encurvado, vestido com uma longa túnica e que varre a grande praça com movimentos pausados e ritmados. A sua vassou-

---

*Gênesis, 11,1-9. (*N. da E.*)

ra é uma folha de palmeira duas vezes maior que ele, e dá a impressão de que este homem sempre esteve na praça desde o início dos tempos. Se isto tivesse acontecido na Disneylândia, qualquer pessoa o tomaria como parte do cenário, a representação de um trabalhador do passado. O corcunda, no entanto, é real e o seu trabalho é manter a areia do deserto afastada das réplicas históricas. Assim, o homem com a sua folha de palmeira é o único ser verdadeiro em toda a Babilônia.

Digo ao intérprete que desejo falar com o trabalhador.

— Com ele, por quê? — pergunta.

— Talvez possa me contar alguma coisa sobre a Babilônia.

— Aquele! — Taklef solta uma gargalhada. — Ele nem sabe onde está, com certeza é analfabeto; você não deve entrevistar analfabetos que não sabem distinguir entre o que está certo e o que está errado, porque não vão lhe dar a imagem correta do país.

— Mas eu *quero* falar com ele — insisto e me arrependo logo depois; é o suficiente para ganhar a inimizade do meu intérprete.

Taklef dirige-se, por fim, ao homem magro que é, inclusive, mais baixo do que ele, e que levanta os olhos apavorado, respondendo com monossílabos.

— O nome dele é Ali, mora perto e trabalha aqui há muitos anos. Quer saber mais alguma coisa? — pergunta secamente o intérprete.

— Não, muito obrigada, muitíssimo obrigada. Era justamente o que eu queria saber.

No cume do morro em frente à praça destaca-se um edifício enorme, quadrado como os alicerces da torre de Babel, mas tão novo que brilha. Diante dele há dois jipes escuros estacionados.

— Podemos ir ver aquele edifício? — pergunto.

O varredor retomou seus movimentos habituais e limpa o chão em volta da réplica de uma das estátuas famosas da Babilônia: a do leão que domina um homem.

— Impossível — responde Taklef.

— Por quê?

— Porque é um dos palácios de Saddam Hussein.

É o que eu tinha imaginado e, por isso, tive que fazer uma tentativa. Se conseguíssemos subir a encosta, estaríamos apenas a uns cem metros da residência. Talvez pudéssemos encontrar um dos filhos de Saddam. O temido Uday ou Qusay, famoso pela tremenda frieza. A curiosidade é quase mais forte do que eu e por pouco não me empurra encosta acima; mas mal olho para o intérprete, a sensatez obriga-me a ficar onde estou. Imagino os filhos do presidente como crianças, perambulando pela Babilônia. Talvez montados em um leão, domando-o, guerreando contra bárbaros imaginários.

De volta à poeira do presente, sigo o intérprete rapidamente em direção à saída. Nosso guia abre o quiosque de recordações e compro duas camisetas com a palavra "Babilônia", um objeto em cerâmica com a vaca sagrada, um livro que traz a descrição das escavações e uma pilha de postais e de selos retratando as ruínas. É como se tivesse a intuição de que dentro de poucos meses as chamas fossem queimar a pequena barraca e transformá-la num buraco negro; as vitrines do museu seriam esvaziadas e as peças em cerâmica virariam cacos; as maquetes da torre de Babel e os Jardins Suspensos seriam destruídos; as lâmpadas dos postes seriam retiradas e as tomadas das paredes arrancadas, os cabos seriam cortados e vendidos como sucata no mercado. Cada tempo tem as suas catástrofes. Mas ainda não é a hora e enquanto isso Hamid — da mesma maneira que a maioria dos iraquianos — vive com medo do vendaval. Cairá, novamente, a ira de Deus sobre a Babilônia?

O guia permanece debaixo do Portal de Ishtar, dando adeus com a mão quando partimos e Taklef fica muito mais falante.

— Agora me mostre a Babilônia dos norte-americanos! — galhofa. — Eles não eram nada quando nós reinávamos no mundo, são uns estrangeiros sem história que não criam nada e destroem tudo. É importante que você escreva sobre a Babilônia e mostre ao mundo quem nós somos realmente.

O intérprete me deixa em frente ao hotel e me pergunta se quero que ele traga alguma coisa para o jantar; mas encho-me de coragem e digo-lhe, cordialmente, que não. Proponho, então, ir ao Centro de Arte de Saddam no dia seguinte. E eu que devia estar em busca de um movimento secreto de rebelião e de intelectuais amordaçados, dissidentes e opositores ao regime, eu que queria mostrar as violações dos direitos humanos e a repressão, vejo-me limitada a fazer turismo.

— Você deve sempre seguir as normas — aconselha o meu intérprete. — É extremamente importante, caso contrário terá que abandonar o país. Não pode andar sozinha por aí, nem falar com ninguém, nem escrever coisas negativas sobre o Iraque. Por favor, acredite em mim, faça o que digo — insiste até que minha cabeça começa a rodar.

— Está bem — respondo. — Gostaria de ver o Centro de Arte Saddam; me interesso muito por arte e cultura.

Já no meu quarto, deitada na cama, "Said" bate à porta e entra com os artigos de toucador. Agradeço e dou-lhe a gorjeta, deixo-o arrumar a colcha da cama, despedir-se com uma reverência e sair antes de retirar novamente a colcha. Paciência é o que Gertrude Bell dizia que mais era preciso; paciência.

O Centro de Arte é um enorme edifício de concreto, no centro de Bagdá. Consiste em salas com quadros iraquianos dos últimos séculos e dois andares inteiros com retratos de Saddam Hussein. Passamos apressados pelos primeiros séculos e ficamos nos anos 70, a partir dos quais tudo gira em torno do grande líder, que aparece em quadros ou em desenhos, em fotografias ou em tapeçarias, em apliques ou em mosaicos, em seda ou em algodão. É retratado com óculos escuros, de terno branco, com um rifle, sentado numa poltrona com um ar bonachão ou montado a cavalo com as costas bem eretas.

O lugar nos mostra um dos pintores oficiais de Saddam Hussein: um homem com aparência de artista de Montmartre, com o cabelo muito comprido penteado para trás, dedos de aspecto sensível e vestido num estilo deliberadamente informal. Só que, em vez do Sacre Coeur e da Torre Eiffel, Khaled está limitado a pintar constantemente o mesmo tema.

— Este quadro rememora o triunfo sobre os norte-americanos na Guerra do Golfo no início dos anos 90 — explica-nos Khaled. — E este celebra a vitória sobre o Irã em 1988.

Depois nos mostra a sua própria obra-prima: uma pintura de cinqüenta metros quadrados que retrata a história do país.

O tema central é, naturalmente, o presidente, fardado, cavalgando num cavalo branco com a espada desembainhada. A postura é altiva e o seu aspecto é magnífico; vê-se que tem ombros largos, com dentes brilhantes e faces rosadas e saudáveis. Debaixo dele está o povo: os trajes regionais representam os diferentes grupos étnicos e religiosos e os operários posam ao estilo soviético ao longo de linhas de montagem repletas de armas. A ameaça dos Estados Unidos é manifestada através de aviões de bombardeio; mas, ainda assim, houve espaço para rosas e palmeiras, montanhas e animais selvagens. Todas as criaturas vivas têm lugar na arca de Saddam.

Khaled conta-nos como se tornou um dos retratistas oficiais do regime:

— Enquanto estudava na Academia de Belas-Artes, foi aberto um concurso para se pintar o presidente a partir de uma fotografia, com criatividade artística, e eu ganhei. O nosso presidente se interessa muito pela arte e freqüentemente abre concursos desse tipo.

— Você nunca se cansa de pintar sempre o mesmo tema? — pergunto-lhe.

— Nunca! O nosso presidente é uma fonte inesgotável de inspiração.

— Não tem vontade de pintar outras coisas?

— Ainda que me pedissem para pintar mulheres divinas, anjos ou as rosas mais magníficas, eu me recusaria, porque eu pinto o que há de maior.

— Conheceu pessoalmente o presidente?

— Sim, há cinco anos ele me deu uma distinção; foi uma grande honra para a minha obra, o dia mais importante da minha vida — assegura-me o pintor.

O meu favorito, dentre os que vi, é o de Saddam Hussein com óculos escuros, parecendo um mafioso num pôr-do-sol. Tenho a tentação de perguntar se alguém se especializou em fazer caricaturas do chefe. No entanto, desisto: ainda não me concederam o visto de permanência.

Khaled é mais um membro do complexo sistema que alimenta o culto à personalidade do líder. Os grotescos murais produzidos sem parar pretendem exibir a sua proximidade com o povo, e vários deles representam-no beijando crianças ou pegando as mãos enrugadas da mãe de um soldado. Ao mesmo tempo, os retratos — desde os menores até os plenamente megalômanos — devem sublinhar a magnitude do dirigente, que se torna algo próximo de uma deidade que de vez em quando e, por pura bondade, se digna a descer até seu povo.

Khaled já não precisa de fotografias para pintá-lo. Conhece o seu rosto de memória.

A visita guiada por entre as muitas caras de Saddam Hussein continua, inclusive, fora do Centro de Arte: podem ser encontradas nas praças e nas esquinas das ruas, nos restaurantes e edifícios públicos.

— É precioso, não é verdade? — indaga Taklef, o meu guia.

O presidente está por todos os lados: em cada um dos edifícios oficiais, nos cartazes, nas vitrinas das lojas. Aparece representando diferentes papéis em cada ministério: em frente ao Ministério da Justiça faz o papel da Justiça com a sua balança, junto ao Ministério da Defesa está sobre um tanque, no Ministério da Agricultura está de pé numa lavoura, no Ministério da Indústria ostenta um martelo e uma bigorna e, num enorme pôster na parede do Ministério da Comunicação, aparece falando ao telefone. Diante das mesquitas o vemos rezar, e numa casa de chá há uma pintura dele com um copo de chá na mão. As diferentes indumentárias e posturas corporais causam a sensação de que ele está em todo o lado e de que todo mundo o vê e o ouve. É simultaneamente o substituto dos reis da Babilônia e o homem simples surgido do povo.

— Saddam Hussein converteu o Iraque numa estrela fulgurante no mundo. Os norte-americanos pretendem nos destruir com sanções e bombas, mas nós resistiremos, venha o que vier.

A declaração que Taklef me faz não requer minha resposta: a intervalos que ele deve considerar oportunos, o meu guia diz frases sobre seu presidente como outros respiram ou tossem. E continua:

— Tudo o que fez no passado foi bom e tudo o que fará no futuro será bom.

Não consigo resistir:

— Como é que você pode ter tanta certeza?

— Sei disso pela minha fé no partido e na sua liderança.

De repente, Taklef me olha com receio e propõe terminar o passeio de hoje. Isso me provoca frustração e não entendo que tipo de jogo é este, nem sei até quando devo jogá-lo. Quanto terei de delirar com o brilho da cabeleira de Saddam Hussein? Quantas vezes terei que ouvir histórias do regime justo do Baath e das vitórias da revolução e de como tudo seria bom no Iraque se não fossem as sanções? Taklef sabe que mente e que eu sei disso; sabe que a recíproca é verdadeira. Mesmo assim, não digo nada, porque um dos deveres do guia é informar os superiores sobre as minhas perguntas e as minhas atitudes. Mas quero que o primeiro artigo que enviar para a Noruega trate de um assunto pouco conhecido, de como vivem as pessoas e o que pensam do seu país, dos Estados Unidos e da guerra que está por vir. Não posso telefonar para o jornal e pedir um espaço nas páginas de viagem; já estou imaginando: "Um guia pelo mundo da arte no Iraque; da Babilônia a Saddam ao pôr-do-sol." Não percam!

— Vamos ao Museu Nacional amanhã? — sugere o meu intérprete, e quando eu hesito em responder, acrescenta: — Tem 170 mil objetos e é muitíssimo interessante.

Não tenho nenhuma vontade de contemplar 170 mil objetos.

— E os monumentos da revolução? Ou a coleção de presentes de Saddam Hussein? Contém os milhares de presentes que recebeu de chefes de Estado de todo o mundo. O que lhe parece a mesquita de A Mãe de Todas as Guerras? Foi edificada para comemorar a Guerra do Golfo e há um Alcorão escrito com o sangue do presidente. Tem 650 páginas e, durante dois anos, o nosso líder doou 28 litros do seu precioso sangue para o terminar. Ou podemos ver a Arca de Dois Punhos, realizada com cópias ampliadas das mãos do presidente.

Faço que não com a cabeça e Taklef tenta uma nova abordagem:

— Amanhã, às 11 da manhã, os artistas de Bagdá vão se reunir numa manifestação a favor da paz.

Talvez eu encontre alguém que me sussurre alguns segredos, um intelectual, um livre-pensador, um artista.

— Tudo bem, vamos lá.

Ontem lady Macbeth e Medéia, Romeu e Otelo se manifestaram pela paz com grandes gestos. A elite cultural de Bagdá — encabeçada pelos atores — comparecera ao protesto contra o que no Iraque se chama agressão dos Estados Unidos. A interpretação do papel dos manifestantes foi convincente: andando pacificamente com uma imagem de Saddam Hussein na mão, o séqüito avançou decidido pelas ruas de Bagdá. O texto era fácil de decorar: "Saddam, Saddam, Saddam! No nosso sangue e nos nossos corações! Saddam, Saddam, Saddam! Que ninguém o leve!", soava em uníssono.

— Espero que sirva para alguma coisa — declarou Karim Awad, um dos atores mais famosos do país. — Como atores servimos de modelos e, por isso, devemos mostrar que apoiamos o nosso líder.

Awad formou-se como ator de teatro na Califórnia e atuou em vários filmes e programas de televisão. Entre os vários papéis que representou, afirma se identificar mais com o de Otelo, o nobre guerreiro que é atraiçoado pelo criado.

Participou, também, um grupo de anões que freqüentemente aparece nos filmes locais de entretenimento. Em torno deles rebolavam cantores e bailarinos famosos com roupas de cores exuberantes.

A uns quarteirões dali — no quartel-general da ONU, em Bagdá — o chefe da comissão de inspeção de armas da organização, Hans Blix, leu em voz alta os dez pontos do seu novo acordo com o Iraque. Os mais importantes se referem ao fato de que a ONU terá o acesso garantido a qualquer lugar, inclusive a casas particulares; as autoridades iraquianas encorajarão os cientistas do país a serem entrevistados pelos inspetores das armas; serão permitidas também entrevistas com especialistas em armamento sem as autoridades do país estarem presentes; e criarão a sua própria equipe para procurar ogivas. Hans Blix sublinhou que o regime agora entregara vários novos documentos, que estavam preparando outros e tinham prometido ainda mais.

— Solucionamos um grande número de problemas práticos, mas lamentavelmente não todos — declarou Blix ao abandonar a capital

iraquiana para apresentar o seu relatório na ONU a 27 de janeiro.

— Estou convencido de que o Iraque irá cumprir as suas promessas — enfatizou e repetiu que a guerra não era inevitável.

Segundo as apreciações da ONU, o país esconde tanto antraz e gás neurotóxico como mísseis Scud, já que o Iraque não apresentou provas de tê-los destruído.

— Ainda não discutimos esses pontos, mas vamos discuti-los — prometeu o chefe dos inspetores.

O regime do Iraque deu informações contraditórias sobre o programa de produção de gás neurotóxico. Os inspetores da ONU encontraram na semana passada ogivas químicas vazias, cuja posse o governo de Saddam não tinha comunicado. Responsáveis iraquianos afirmaram terem-se esquecido delas.

Depois da reunião, Hans Blix e a sua comitiva viajaram para o Chipre e dali dirigiram-se para Atenas para informar o presidente da União Européia antes de seguirem viagem para Nova York, onde se encontra a sede da ONU.

Até agora foram feitas quatrocentas inspeções de armas em diversos lugares do Iraque sem que se tenham encontrado provas de que o regime iraquiano tenha produzido armas, desacatando, assim, as resoluções da ONU. Somente ontem foram examinados dez lugares.

Mesmo que o governo iraquiano afirme estar disposto a colaborar, os jornais oficiais do país adotaram um tom mais duro: os cidadãos não devem ficar com a impressão de que o seu líder cedeu aos pedidos do Ocidente. A voz principal do partido Baath, Al-Thawra *[A Revolução], acusou os homens de Blix de serem oficiais dos serviços secretos dos Estados Unidos. "As inspeções são uma ingerência direta nos nossos assuntos internos", lia-se no editorial de segunda-feira passada. "Entram nas casas de cidadãos comuns, inspecionam os seus quartos e as suas cozinhas. Não respeitam os muçulmanos, não respeitam o nosso dia de descanso: insistem em realizar as inspeções, inclusive, às sextas-feiras e em feriados. No princípio pensávamos que os inspetores eram neutros; agora percebemos que são espiões norte-americanos. O objetivo deles não é encontrar armas de destruição em massa; além disso, nós não temos armas químicas, nem biológicas, nem nucleares, de modo que procuram em vão", concluía o Al-Thawra.*

A manifestação já começa a esfriar quando Satim Jasim percorre os últimos metros da marcha, rebolando numa calça jeans justa e usando saltos altíssimos. A diretora de um dos programas musicais de televisão mais populares do Iraque aparece muito maquiada e tem o cabelo comprido e oxigenado.

— O mais importante agora é apoiarmos o nosso líder. Temos que trazer inspiração ao povo, e no meu programa temos muitas canções de apoio ao presidente.

— Você tem uma favorita?

— Sim, todas.

— E são canções que falam da vida ou do amor?

— As canções a favor de Saddam são as mais bonitas; as mais bonitas e as mais importantes — assegura-me Satim e diz que todos os funcionários da rede de televisão estão aqui hoje.

— O que teria acontecido se algum deles não quisesse vir?

— Nada, estamos num país livre.

Algumas horas depois, a atuação acaba. Os punhos afrouxamse e os cartazes são recolhidos e as pessoas ficam conversando em pequenos grupos. Otelo e Desdêmona desaparecem na multidão, arrastando-se com passos lentos e com os ombros caídos. Fecham-se as cortinas.

O recepcionista Abdula me cumprimenta gentilmente com um aceno de cabeça e eu lhe devolvo o cumprimento de boa vontade, assobio aos canários, passo ao largo do macaco Mino e entro no instável elevador que me leva ao sétimo andar. De volta ao meu quarto caio na velha poltrona branco-acinzentada. Pelo menos escrevi o meu primeiro artigo sobre o Iraque e pude dar alguma informação, embora ninguém tenha dito nada, ou talvez por isso mesmo. O camareiro traz papel higiênico e toalhas limpas, agradeço e dou-lhe uma gorjeta. Instantes depois batem à porta outra vez: é ele de novo, desta vez com um televisor que põe numa mesa num canto, visivelmente orgulhoso; começa a me mostrar como funciona. Há cinco canais: o primeiro transmite discursos de Saddam Hussein; o segundo, a manifestação de hoje; o terceiro, música; o quarto, neve; e o quinto é de esportes.

"Said" apresenta-me os diferentes canais, pressionando os botões várias vezes de forma que vejo todos os canais uma e outra vez. Liga e desliga o aparelho repetidas vezes, assegurando-se de que eu entenda como funciona; e ainda que não compreenda o que me diz em árabe, já entendi o funcionamento. Decido mudar de estratégia e dou-lhe uma grande gorjeta, que deve servir de gratificação por alguns momentos, o que evitará eu ter que lhe abrir a porta constantemente. O homem beija o dinheiro e sai pulando de alegria.

O aparelho ficou sintonizado no canal um, que mostra Saddam presidindo uma grande mesa rodeada por homens fardados; provavelmente o ministro da Defesa e alguns generais. Reconheço um deles: é o filho do líder, Qusay, o comandante das Forças Armadas. Saddam Hussein fala sem parar e ouvimos parte do que diz, mas a melhor parte é transmitida sem som, acompanhada apenas por sedutores violinos. Ele balança o cigarro ao ritmo da música ou, por vezes, totalmente fora de compasso. De repente, o som é retomado. A única norma é que somente a voz do presidente deve ser ouvida: cada vez que um dos militares diz alguma coisa, o volume dos violinos sobe e não diminui até que Saddam Hussein volte a tomar a palavra.

Fico toda a noite encantada diante da televisão. Os programas começam e acabam com o tirano: as notícias e as transmissões religiosas, os programas de entretenimento e as gravações militares intercaladas com videoclipes, todos têm um só protagonista e uma só mensagem: Saddam! No decurso de um vídeo, em que o cantor é o foco de atenção da câmera durante apenas momentos fugazes, o presidente iraquiano aparece com todo o tipo de fantasias: de uniforme militar, com terno preto e camisa branca com suspensórios, com chapéu tirolês de pena verde, uma boina preta ou turbante, com túnica de beduíno, lenço palestino, gorro de pele de ovelha ou chapéu argentino. Sempre que possível, brandindo um rifle.

Além de Saddam Hussein, os operários são figuras que se repetem nos videoclipes: há um martelar e um soldar incessante, constrói-se e defende-se o país. Ou vemos imagens de ruínas históricas, camelos no deserto ou de rios e praias imponentes, intercaladas com outras de aviões de caça, porta-aviões e desfiles militares. Temos, por vezes, também a oportunidade de ver gravações recentes dos protestos mundiais contra a guerra; manifestações que claramente recebem a devida atenção na televisão iraquiana. Eles até conseguiram encontrar e filmar na Europa um homem exibindo um retrato de Saddam.

De repente, aparecem os inspetores da ONU na tela, na frente de um grande portal. São repreendidos por um iraquiano que balança ameaçadoramente o indicador no compasso da música, uma valsa de Viena. Os inspetores se movem com dificuldade em torno dele, alguns ouvindo-o e outros olhando para o chão ou para o espaço vazio. O espectador não consegue ouvir o que se diz, mas é claro que o iraquiano está pondo os intrusos no seu lugar. Os inspetores, com as suas mochilas e bonés azuis, lembram um grupo de colegiais em excursão, que não sabem exatamente onde estão ou onde fixar o olhar. Nunca os vemos inspecionar nada; somente observamos como recebem uma mensagem após a outra. As imagens dos estrangeiros se repetem nas notícias e fora delas; constituem nada menos que um cômico videoclipe com os inspetores da ONU ao ritmo de valsas, ritmo que não conseguem acompanhar. Apenas o ameaçador dedo indicador se mexe sempre no compasso. Bam-bam-bam-bam-bam-bam.

Li em algum lugar que, por vezes, Saddam faz com que a população participe das suas reflexões íntimas.

— Jamais passo noites em branco — confessou uma vez num discurso de TV bastante pessoal. — Adormeço mal pouso a cabeça no travesseiro e nunca tomo remédios para dormir.

Em outras ocasiões oferece palavras de consolo, instando os espectadores a viver tranqüilos.

— Não se preocupem se alguma vez não me virem sorrir, porque o sorriso está invariavelmente presente. Sorrio, porque os sionistas e os norte-americanos perderão com certeza: deveriam ter escolhido um país pequeno para fazer a sua guerra, não o poderoso Iraque!

A reunião militar chega ao fim e vê-se o presidente sentado atrás de uma mesa, falando para a câmera. Será agora que dá as suas indicações para dormir ao estilo de "Boa-noite, descansem bem, eu tomo conta de vocês"? Finalmente sai da tela em câmera lenta, cavalgando um cavalo branco.

No dia seguinte, Hans Blix faz uma coletiva de imprensa antes de partir para Nova York. Imaginávamos que se destinaria a nos mostrar o relatório definitivo que ia apresentar ao Conselho de Segurança da ONU. Chego a tempo ao Hotel Al-Kanal nos arredores de Bagdá e liberto-me, pela primeira vez, do censor que o regime iraquiano me impusera: os intérpretes não têm acesso ao território da ONU. Encantada, deixo para trás Taklef, na entrada, e vou sozinha para a sala de imprensa, onde Hans Blix e a sua comitiva chegam finalmente com uma hora de atraso. O simpático sueco nos fala de um modo neutro acerca dos últimos avanços nas inspeções de armas de destruição em massa: as imposições que os iraquianos já aceitaram e quais são os obstáculos. Os homens de Blix, no entanto, não chegaram a lugar nenhum. Segundo ele, o regime está cedendo e acabará por aceitar ainda mais exigências da organização internacional.

— Mas precisamos de mais tempo — diz.

Depois da sua declaração, várias mãos se levantam no ar. Os jornalistas competem entre si para apresentarem as suas perguntas, interrompendo-se aos gritos.

— Sr. Blix, Sr. Blix!

As respostas são tão diplomáticas quanto a introdução e me questiono sobre o que ele disse realmente e o que queria dizer. Significava guerra ou significava paz? Ou simplesmente queria dizer um adiamento da guerra?

— Última pergunta — cede Blix, olhando para a floresta de mãos no ar. — Mas tem de ser em sueco.

Não há nenhum sueco presente e todos se calam. Suponho que eu deveria ser capaz de construir algo na língua materna do diplomata da ONU, mas não me ocorre absolutamente nada: tenho um branco.

— Então, hoje não tem nenhum sueco aqui — constata Blix, dando por terminada a coletiva de imprensa. Ouve-se um barulho de cadeiras quando o seu cortejo deixa a sala.

"Senhor Blix, uma pergunta do jornal *Dagens Nyheter* de Estocolmo. O que o senhor *realmente* quis dizer com tudo o que acaba de dizer?" Isso era o que eu deveria perguntar-lhe; isso, pelo menos, era o que eu queria saber.

— Você é tão cheia de energia — lamenta-se Taklef. — Não entendo por que insiste em falar com tanta gente.

Pelo visto estou ganhando, penso: o intérprete não segue o meu ritmo. Estamos na bolsa de Bagdá, onde Taklef pensara que me bastaria uma breve entrevista com o chefe; eu, no entanto, desejo conversar com os agentes. É possível que tenha de entrevistar dez corretores até encontrar alguém que me diga alguma coisa interessante: não são muitos os que se atrevem a partilhar comigo os seus pensamentos e não tenho outro remédio senão continuar à procura para obter ainda que seja uma pequena idéia do que está acontecendo.

— Isto é muito interessante — explico exageradamente entusiasmada a Taklef. — É importante escrever que as cotações estão nas nuvens quando o mundo inteiro pensa que o país está se aproximando do fim.

O presidente da Bolsa me disse que nos últimos três meses as ações tinham subido quase 50%.

— Os investidores iraquianos desdenham as ameaças de guerra e investem tanto na indústria química como em bancos e hotéis — disse-me, enquanto eu procurava transmitir a imagem de uma jornalista cândida e simpática, cheia de energia e entusiasmo.

— A maioria das pessoas aqui fala inglês — disse-me, de repente, o meu intérprete. — E você vai se virar sozinha.

Regozijo-me quando o meu assistente imposto vai para o outro lado da sala, onde se senta numa cadeira, com ares ensimesmados, fixando o olhar no quadro de cotações na parede. A Bolsa é do tamanho de um ginásio, dividindo em duas baias, por um sólido tapume, os corretores e os compradores e vendedores. O fechado mercado iraquiano segue as suas próprias normas, que só permitem que as transações sejam feitas por naturais do país e unicamente com dinares iraquianos. Os especialistas internacionais denunciam que a economia do Iraque é caótica: um caos que em parte consiste numa certa liberalização da microeconomia, numa economia dirigida e numa burocracia sem concessões na macroeconomia. Mostra as marcas das sanções e da hiperinflação: há vinte anos um dinar valia três dólares, enquanto agora são necessários 2 mil dinares para comprar um dólar. No entanto, o socialismo do Baath permite muitos subterfúgios, e o contrabando, a corrupção e a lavagem de dinheiro são coisas comuns.

Paro em frente a um cavalheiro bem-vestido, que fala comigo num inglês fluente.

— As ações estão subindo — explica-me Telal Brahim, satisfeito. — Cinco por cento numa única semana. Não conseguirão nos derrubar!

Telal não investiu seu dinheiro numa empresa velha qualquer: comprou ações de uma fábrica química que recentemente teve a duvidosa honra de receber uma visita dos inspetores da ONU.

— É uma provocação, mas não deixa de ter a sua graça — diz o investidor. — Eu, que tenho ações na empresa, sei que não produz nada ilegal, fabrica objetos de plástico: caixas, sacos, garrafas... Produtos de PVC, plástico normal e comum! Quem poderia pensar em pôr na bolsa uma fábrica de armas químicas? — Telal Brahim suspira com o olhar fixo nos números do quadro de cotações.

As cotações são alteradas com apagador e giz. Os corretores correm entre os clientes e o quadro, e o que corre mais registra primeiro a sua marca: a informática não chegou à Bolsa de Valores de Bagdá.

— Ao contrário do que se esperava, o mercado está agitado! — declara o corretor Mohamed Ali. — A maioria pensava que as cotações cairiam por causa da ameaça de guerra, mas está acontecendo o contrário.

Era como se, contra ventos e marés, os iraquianos *quisessem* confiar na sua própria economia e aqueles que agora investem poderão colher grandes benefícios futuramente.

— A não ser que a guerra se prolongue — prognostica um corretor que viveu 14 anos em Londres, onde se doutorou em economia. — Londres é a minha outra casa — afirma sem deixar por isso de se gabar da resistência dos iraquianos. — Temos 250 mil soldados a ameaçarem as nossas fronteiras e, em vez de fugir, as pessoas investem na bolsa. É impressionante, não acha? Que venham os norte-americanos, se o que querem não é outra coisa senão as nossas riquezas — diz com o seu educado sotaque londrino.

Um outro que se deixou convencer pela ameaça de guerra, observa, de um canto, a atividade frenética com uma expressão um pouco triste. Yasir é um policial aposentado e investira todas as suas economias numa fábrica de bicicletas. Há uns meses vendeu as suas ações, com a certeza de que a guerra destruiria tudo o que tivesse valor no país.

— Quando vendi, a cotação estava a 11 dinares e agora está a 18 — conta, abatido e incapaz de se perdoar por ter se deixado levar pelo pânico. — Venho aqui três vezes por semana para verificar a cotação. Quando descer para 15, voltarei a comprar; não terei tantas ações como antes, mas já é alguma coisa. Espero que voltem a baixar...

Ao lado de Yasir encontra-se uma senhora, com um lenço branco e óculos grossos, dona de um milhão de ações do Banco de Bagdá, que aponta para os corretores sem parar. O nível de vida da maioria dos iraquianos baixou consideravelmente na última década, mas esse não é o caso de Suham.

— Tenho mais dinheiro agora do que quando começaram as sanções, mas não levo muito a sério; isto para mim é apenas um hobby — desculpa-se com um sorriso esta médica que possui uma clínica especializada em ginecologia. — Sim, é verdade que a situação de grande parte da população piorou — admite. — Agora as pessoas só vão ao meu consultório com doenças graves e muitas não podem pagar o tratamento. Acontecem muitas coisas terríveis neste país.

— Adeus, doutora — despede-se um dos corretores ao fechar a bolsa.

— Até breve — responde ela antes de sair pela porta, a caminho da realidade: a de suas pacientes que não podem lhe pagar.

Suham é uma das vencedoras, uma milionária em dinares — pelo menos, no quadro de cotações.

O centro de imprensa encontra-se no primeiro andar do Ministério da Informação, um edifício de oito andares. No andar de cima fica o gabinete do ministro Mohamed Said al-Sahaf: o mesmo que mais tarde seria apelidado de Ali, o Cômico pelas suas grandes mentiras. Mas, por ora, ainda se referiam a ele como "o de cima" ou "o ministro", e aquilo não tinha nada de engraçado. Foi um homem que nunca vimos, mas que decidiu, em última instância, o nosso destino no país: o tempo que pudemos ficar, o que pudemos ver e quando tivemos que partir. No sétimo andar estava instalada a INA, a agência de notícias iraquiana. Era dali que se tornavam públicos os decretos e as leis de Saddam Hussein, tanto pela televisão quanto pelos três jornais, que eram idênticos, mesmo com nomes distintos e publicando diferentes fotos de arquivo do presidente na primeira página. As notícias não nasciam ali: na realidade eram escritas no palácio presidencial e transmitidas para a agência de notícias, onde secretários e supostos jornalistas redigiam a matéria a ser publicada na imprensa do povo.

Todas as manhãs uma multidão dá a volta na esquina e entra apressada pela porta do ministério. Homens de terno e gravata e mulheres de salto alto, algumas com a cabeça descoberta e outras com o corpo escondido em roupas largas; fosse qual fosse o seu aspecto, todos parecem ir a caminho de algo importante. Como formigas trabalhadoras, levam pastas pesadas e fichários e dirigem-se para os diversos andares, corredores, gabinetes e cantos do formigueiro. Na hora do almoço saem em tropel e depois ficam passeando e conversando em frente ao ministério antes de voltar a entrar. À noite saem em enxurradas, sem a determinação da manhã, mas com a mesma pressa.

Os andares do Ministério da Informação funcionam de um modo estritamente hierárquico: o oitavo andar dá ordens ao sétimo que, por sua vez, manda no sexto e assim consecutivamente até as grandes salas de conferência, no segundo andar, onde al-Sahaf e as outras autoridades fazem as suas intermináveis reuniões de imprensa. Qualquer um que tenha o azar de estar no centro de imprensa quando estas reuniões são convocadas é obrigado a assistir na grande sala. Kadim, Mohsen e o engenheiro Walid, que é quem vigia os nossos telefones via satélite, fustigam-nos com chicotes invisíveis como se fôssemos uma manada. Se nos vêem, é impossível que façamos outros planos para aquele dia. O pior é quando aparece o ministro da Agricultura, o do Comércio, o da Saúde ou qualquer outro que não fale inglês. Durante uma hora e meia salmodiam em árabe e depois deixam espaço para um longo período de perguntas dos jornalistas dos países árabes; tudo isto sem qualquer intérprete. Podemos levar um intérprete particular, mas quem fizer isso uma vez não voltará a fazer, porque o ministro da Agricultura não dá informações sobre a situação do setor agrícola, mas antes elogia a força do exército iraquiano; o ministro da Saúde não nos fala sobre o estado dos hospitais, mas canta as glórias de Saddam; e o ministro do Comércio não faz menção às sanções e ao seu efeito na economia, mas declara como os norte-americanos vão sofrer se atacarem o Iraque. De todas as formas, cada um dos discursos tem a sua origem no mesmo lugar: no oitavo andar.

O andar dos correspondentes era o mais baixo e o mais pobre, dirigido pelo tolo Uday al-Tay que, embora não inspirasse o mesmo terror que o seu detestável homônimo, não deixava de ter um ar sinistro. Ao contrário do monstruoso filho do presidente, corpulento e manco por causa de um atentado sofrido sete anos antes, o nosso Uday era magro e firme e movia-se com ligeireza. Tinhas as sobrancelhas permanentemente franzidas e os ombros caídos, unhas feitas e ternos impecáveis. Sempre inspirava apreensão onde fosse; e ainda que nunca tivesse a gentileza de me cumprimentar, eu permanecia sempre numa posição firme e exibindo o meu olhar mais inocente, temendo que ele me pegasse por ter feito qualquer coisa recriminável ou dito algo imperdoável.

Uday al-Tay foi uma das peças impassíveis e eficazes que fazem parte de todas as ditaduras. Enquanto se aproximava a guerra, era ele quem decidia a nossa sorte e que aconselhava o ministro sobre quem podia ficar e quem devia ir embora. Era essa a nossa preocupação: podemos ficar no Iraque? Por norma, era concedido um visto de dez dias e só alguns eram suficientemente astutos e sortudos, importantes ou ricos, para poder continuar no país durante mais tempo e, neste caso, normalmente só por mais dez dias. O grande tema de conversa entre os jornalistas naquela primavera foi o visto de permanência e como obtê-lo através de dinheiro, astúcia ou bajulação. Quantos dias lhe restam? Você acha que vai conseguir uma extensão? Quem você subornou?

O assunto número dois era a própria guerra. Quando é que você acha que vai estourar? No início de fevereiro ou do mês seguinte, em meados de março, ou depois do verão?

Precisávamos de vistos de permanência para cobrir a guerra, e para consegui-los era preciso nos metermos na boca do leão Uday al-Tay. Quem quisesse falar com ele tinha que ir ao seu gabinete entre as nove e as dez da noite, já que até as nove Uday estava com o ministro. Assim, havia nesse momento uma longa fila de correspondentes, olhando uns para os outros com cara de poucos amigos, já que todos queriam tratar dos seus problemas a sós com o poderoso burocrata. Era preciso esperar a vez para entrar e ouvir os monólogos de Uday, que demonstrava um perverso prazer em ver-nos aplaudindo-o, bajulando-o e acendendo seus cigarros, correndo solícitos para satisfazê-lo na esperança de podermos apresentar o nosso pedido. Tudo por causa do maldito visto.

— Temos que lutar contra o imperialismo americano antes que eles submetam o mundo inteiro — sentencia o burocrata de alto escalão, dando uma tragada no cigarro.

O japonês do *Asahi*, a mulher branca e sardenta do *Guardian* e a elegante estrela da France 2 balançam a cabeça concordando. A parisiense bonita, mas um pouco sem graça, move ritmicamente os saltos altos das botas: é a sua maneira de dizer que não lhe estão dando a atenção que merece. O japonês inclina a cabeça e a mulher de Londres torce um enorme colar de couro e cerâmica. O produtor norte-americano fica impassível num canto da sala, sem aprovar nem protestar. Eu, por minha vez, adotei uma atitude séria, mas submissa, à espera de que me dê tempo para falar. Não sou suficientemente importante para dar uma opinião, nem me atrevo a dizer que sim com a cabeça com medo de o fazer na hora errada. A inglesa não pára de intercalar comentários afirmativos: ela e Uday parecem estar de acordo em quase tudo. A francesa também acaba por fazer uma crítica feroz aos Estados Unidos. São quase dez horas e temos pressa para apresentar os nossos pedidos. *The Guardian* quer ir a Basra, enquanto a francesa deseja entrevistar Tareq Aziz, o vice-primeiro-ministro cristão do regime Baath. O produtor norte-americano precisa de uma autorização para trazer outro telefone via satélite, e o japonês, de um escritório no edifício. Eu quero estender o meu visto.

— Vocês são todos uns serviçais dos Estados Unidos, ninguém diz a verdade nas reportagens! — vocifera o burocrata.

O ar da sala está impregnado de fumaça e o obrigatório retrato do presidente nos olha da parede. Atrás de Uday há pequenos recortes de jornais e imagens de canais de TV de todo o mundo, além dos incessantes videoclipes. Como se respondesse à atenção que lhe dão, permite à francesa e à inglesa que apresentem os seus pedidos; o japonês, por outro lado, é gentil demais para ser levado em conta, e o norte-americano orgulhoso demais. No que me diz respeito, estou com a garganta seca por causa da fumaça dos cigarros, e me afundo cada vez mais no sofá. Tenho medo de dizer algo impertinente e de despertar a ira do burocrata. Correm várias histórias de correspondentes com quem isto aconteceu — merecida ou imerecidamente — e foram deportados no primeiro vôo.

De repente Uday dá por finalizada a visita e levanta-se, despede-se e sai apressado. Noto que seus olhos sob as sobrancelhas grossas fixando-se em mim, talvez me atravessando. Que inferno, agora vou ter que voltar amanhã!

Com as mãos vazias volto para o hotel, onde me esperam os exercícios de paciência de Gertrude Bell, mas, no estacionamento, Josh me detém:

— Quer vir jantar?

Josh é engenheiro da Sky News e responsável pelo sistema de satélite que permite ao canal transmitir reportagens a qualquer momento de qualquer lugar do mundo. Tem um riso contagiante e o sotaque escocês mais forte que já ouvi. Não entendo metade do que ele diz, mas a outra metade costuma levantar o meu moral. Nos últimos anos nos encontramos sempre em diferentes partes do mundo: num acampamento de refugiados na Macedônia, cobrindo manifestações em Belgrado, no topo das montanhas de Hindu Kush, em pleno deserto de Kandahar e, agora, esperando a guerra em Bagdá. Josh esteve no Iraque como soldado britânico na última Guerra do Golfo. Foi soldado por 11 anos antes de ser contratado pela Sky News. Muitas redes de televisão contratam técnicos ou operadores militares. Os ex-soldados têm resistência e experiência bélica, trazem uma certa segurança à equipe com os seus conhecimentos de psicologia de combate e de primeiros socorros, sabem a diferença entre fogo amigo e fogo inimigo e quase nunca reclamam. Alguns correspondentes também fizeram carreira no exército.

É provável que pareçamos um bando de *hooligans* ingleses quando entramos desordenadamente pela porta do restaurante Al-Finyan. Somos toda a equipe do Sky News — o correspondente, o produtor, o operador de câmera, o técnico e o editor — e mais outros colegas. Os britânicos são clientes habituais e os garçons fazem tudo o que podem por nós, começando por nos levar até uma grande mesa onde nos servem cerveja em xícaras, para não provocar os freqüentadores da mesa ao lado. O consumo de álcool foi proibido em meados dos anos 90 como parte da campanha de islamização do país.

Desapareceu o uísque, insistiu-se nas orações e no uso do lenço, e Saddam Hussein — ateu até essa época — começou da noite para o dia a ser fotografado rezando em frente às mesquitas. O gerente do restaurante em que estamos é um armênio cristão, que usou os seus contatos na administração para burlar as restrições.

Falamos da guerra que se aproxima, das guerras que cobrimos, de onde será a próxima e em que hotel devemos estar hospedados quando começarem os bombardeios. O Al-Rashid fica em plena selva de ministérios; o Al-Mansur, entre o Ministério da Informação e uma das pontes mais importantes; o Hotel Palestina, em frente ao palácio presidencial. O pequeno Al-Fanar, onde estou hospedada, é motivo de chacota entre todos os presentes.

— Esse edifício é tão frágil que vai desmoronar com a primeira bomba que cair.

Os garçons trazem novos pratos e enchem os copos sem parar e tento imaginar a situação inversa: o Reino Unido à espera de ser atacado pelo Iraque, as bombas cairão sobre Londres e dizem que os inimigos pretendem ficar no controle de várias das indústrias do país, das empresas de petróleo e do tráfego marítimo. No caso de vencerem os inimigos, supõe-se que vão ficar no poder durante muito tempo antes de instalar um regime amigo que sirva os interesses árabes. Muitos britânicos tentam fugir, mas somente a Irlanda lhes dá as boas-vindas. No meio de todos estes rumores, chegam muitos jornalistas iraquianos a Londres, instalam-se nos melhores hotéis, alugam quartos extras para o equipamento e, com dinheiro, querem manter os seus próprios hábitos. Trazem máscaras antigás e coletes à prova de bala, compram água engarrafada e comida em lata, coisa que a população não pode se permitir. Reúnem-se em volta das mesas dos restaurantes todas as noites e só esperam uma coisa: que o seu presidente dê ordem para destruir Londres. Como teriam sido recebidos pelos habitantes de Londres, pelos garçons, pelo Ministério da Informação?

De volta ao quarto 707 vejo que o camareiro idealizou outra novidade para a decoração interior: tenho um novo tapete. A sua presença em vermelho, amarelo e preto adorna o pequeno espaço aos pés da cama. Com "Said" por perto, a pessoa se sente querida e bem-vinda. E eu, como teria preparado o quarto para alguém que vem para dar informações sobre a destruição do meu país?

Passo os dias entrevistando pessoas que não querem falar, ajudada por um intérprete nada colaborador, num país que tem olhos e ouvidos por todos os lados. Nunca trabalhei em condições tão difíceis. Não é que não haja água corrente, que sejamos ameaçados pela guerrilha ou que não haja como fazer os artigos chegarem aos meios de comunicação: as infraestruturas funcionam. O problema é que não tenho nenhuma informação para enviar. A lista de lugares que entreguei a Mohsen não serviu para nada.

— Não pode ser.

— Está bem.

— Impossível.

— De acordo.

— Você não tem acesso.

— Não tem importância.

— Não é permitido.

— OK.

— Nem pensar.

— Mas...

— Talvez.

— Muito bem!

— Tenha paciência.

— Sim.

Acabo indo todos os dias ao lugar que o meu intérprete me sugere.

— Quer ver como as sanções afetam os nossos hospitais? — pergunta-me. — Centenas de milhares de crianças morrem porque não nos deixam importar medicamentos essenciais.

— Eu já li isso várias vezes.

— Mas não viu com os próprios olhos.

— Não podemos todos escrever sobre as mesmas crianças atingidas — respondo de mau humor e percebo que Taklef fica surpreso por eu confrontá-lo pela primeira vez.

Decidimos ir a um dos postos onde distribuem em todos os bairros as rações de comida das quais depende a maioria dos habitantes do país. Agora, com a expectativa de uma longa guerra, as autoridades concedem rações de arroz, farinha, favas e lentilhas para vários meses. A primeira coisa em que me fixo é nos sacos de areia, o único sinal visível das preparações bélicas do lado iraquiano. Em cada esquina há soldados fazendo barricadas com sacos marrons, mas as pequenas fortalezas tornam-se mais cômicas do que eficazes, como se pertencessem ao passado.

Paramos em frente a uma pequena loja com grandes sacos e caixas no chão ao lado de uma balança, na qual a proprietária pesa os mantimentos. As pessoas que estão lá dentro mostram frieza e nos dão as costas quando entramos. Taklef não parece perceber isso, ainda que, inclusive, a proprietária evite olhar nos olhos enquanto traz grandes pesos para garantir que cada um receba o que lhe é de direito. O meu intérprete descobre uma senhora olhando absorta para a seta da balança e traduz longamente as suas respostas às minhas perguntas. Quando a senhora acaba de encher os seus sacos de arroz e farinha, Taklef me pergunta se já estou satisfeita e se posso deixá-la ir embora.

— É claro, ela pode ir quando quiser — replico, e o meu intérprete explica que a senhora pediu várias vezes para ir embora.

— Mas eu lhe disse, obviamente, que não — acrescenta. — Tinha que terminar a entrevista primeiro.

O marido da senhora estava doente em casa e ela queria voltar o quanto antes para cuidar dele. Durante toda a longa entrevista, ela estivera inquieta, enquanto eu — sem perceber — anotava cuidadosamente tudo o que me respondia, ou melhor, o que Taklef minuciosamente me traduzia.

— Deixe-a ir embora agora mesmo! — grito indignada.

Aqui ninguém se nega a ser entrevistado. Param sempre, têm sempre tempo para qualquer coisa. Agora entendo por que: são obrigados a responder às perguntas que Taklef lhes faz, como se ele fosse um agente da polícia. Na maioria dos países, as pessoas passam ao largo, apressadas, quando se pede uma entrevista; no Iraque não podem recusar-se.

Fico com uma vontade irreprimível de me livrar de Taklef. Mas os intérpretes não podem ser mudados, quem muda somos nós, os correspondentes. “Centenas de jornalistas estão à espera em Amã para entrar no país”, ouve-se sempre a qualquer comentário crítico que se faça.

— Você tem que ir embora! — exclama Uday.

Estamos no final de janeiro e é a minha última oportunidade para pedir a prorrogação do visto. Um só dia a mais e estarei aqui ilegalmente, é tudo ou nada.

— Por favor, apenas mais dez dias — suplico.

— Não!

— Por favor!

— Não!

— Por favor!

— Não!

Não posso ir embora, vi pouco e entendi ainda menos do que acontece aqui.

— *S'il vous plait, monsieur Uday* — disse, mudando de língua.

Porque se este burocrata tem uma fraqueza, é o francês. Estudou na Sorbonne e tem muitos amigos e hábitos franceses depois de ter trabalhado alguns anos na embaixada iraquiana em Paris. Os que o conhecem sabem que a sua paixão são os queijos franceses e o enchem de camembert e brie a troco de uma autorização e de um pouco de boa vontade. Eu não tinha trazido para o Iraque nem chèvre nem roquefort; opto, portanto, por seduzi-lo *à la française*; a única coisa que me falta é o som dos saltos altos.

— *D'accord, je vous donne cinq jours.*

— Somente cinco dias? Mas isso é muito pouco... — protesto.

— *Oh, la la! Quelle femme! Dix jours, ça vous va?*

Saio saltitante do seu gabinete e dirijo-me ao restaurante Nabil para comemorar a minha prorrogação. Dez dias mais! O restaurante tem paredes cor-de-rosa, sofás confortáveis e um menu com tudo, desde as especialidades do Oriente

Médio até as ocidentais. Além disso, há uma oferta de vinhos libaneses, italianos e franceses meticulosamente cobertos por um guardanapo, cujas garrafas são postas debaixo da mesa quando são servidas e retiradas logo que esvaziadas. Da mesma maneira que Celaw, o dono do Al-Finyan, Nabil pertence à minoria cristã do país, e nesta noite de janeiro está com medo, porque as inspeções de armas não avançam e o discurso dos norte-americanos se torna cada vez mais agressivo. Nabil, que é recém-casado, acaba de ser pai de gêmeos e diz que a sua família vai fugir em caso de guerra. Talvez para Londres, resmunga; poderia fechar o restaurante e voltar quando tudo tivesse passado.

— Acreditam que haverá guerra?

— Será difícil evitar.

— Quando será?

— Não há como saber, temos que aguardar.

Enquanto não estoura o conflito, Nabil faz o que pode para esquecer as nuvens negras ameaçadoras. O seu cardápio é variado e um colega seu que viveu na Itália ensina-o a preparar uma pizza Margherita.

— Venha no Dia dos Namorados!* — me convida. — Vamos dar uma grande festa!

Diariamente, o meu assistente imposto pelo partido Baath me fazia passar um mau bocado, coisa que já deve ter acontecido com ele várias vezes. Eu fazia de conta que era flexivel; mesmo assim, a nossa colaboração tornou-se cada vez mais frágil. Vingando-me de um modo infantil, eu pronunciava o

*Valentine's Day, comemorado no dia 14 de fevereiro em vários países. (*N. da E.*)

nome dele de tal modo que, na minha própria língua, expressava o incômodo que me causava; fazia isso para poder, pelo menos, me divertir um pouco. Ele, por sua vez, transformara o meu nome num desagradável som árabe, que não tinha nada a ver com a pronúncia norueguesa normal.

Numa manhã me fiz de doente, dizendo-lhe com voz fraca que ia ficar no hotel. Na realidade, ia sair com dois psicólogos de crianças, Magne Raundales e Atle Dyregnov, que — ao contrário de mim — tinham uma boa intérprete, uma mulher que levava a sério os seus compatriotas. Ela também era, obviamente, contratada pelo regime iraquiano, mas deixava as pessoas falar e não aterrorizava ninguém.

— O truque é ir por uma rua escolhida ao acaso — explicou-me Magne. — Então, batemos numa porta qualquer e perguntamos se há crianças na casa.

— Mas primeiro temos que pedir autorização — objetei, já adaptada à burocracia do país.

Porém, ao que parecia, as regras impostas aos psicólogos de crianças eram diferentes das dos correspondentes. Assim, fomos de carro para uma rua qualquer. Atle se encaminhou para as habitações do lado direito, Magne e eu, para as do lado esquerdo. Tocamos a campainha que estava pendurada na frente da primeira casa; apareceu um homem, a intérprete explicou o motivo da visita de Magne, e a família nos deixou entrar. Era assim tão fácil? Pela primeira vez entrei na casa de uma família iraquiana, e toda ela estava reunida porque era dia de festa. A casa pertencia a Abu Khan, "o pai de Khan": os patriarcas árabes recebem o nome do seu filho mais velho. Os oito filhos e os cerca de trinta netos estavam com ele no salão preparando o almoço quando nós batemos na porta.

O objetivo de Magne era investigar que traumas e que problemas psicológicos surgem nas crianças que estão à espera de uma guerra. Depois de ter explicado isso ao patriarca, recebeu autorização para começar a entrevista e, apesar de ser uma "invasora", foi incisiva ao pedir aos pais que se mantivessem à parte, sem interromper, e juntou as crianças em volta dele.

— Normalmente peço aos pais que saiam do quarto, mas neste caso não posso fazer isso, até porque interrompemos uma reunião de família — disse.

— *Você tem medo de alguma coisa?*

— *O meu irmão tem medo de cachorro.*

— *E você?*

— *Eu não tenho medo de nada.*

Hamza olha nos olhos de Magne, brincando com um botão do seu macacão e o psicólogo de crianças volta a fazer a mesma pergunta:

— *Você não tem medo de nada mesmo?*

O menino olha fixamente para o entrevistador com um silêncio desafiador que ninguém quebra. Então, parece que Hamza decide que, aos 7 anos, tem direito a ter medo.

— *Tenho medo de que o meu pai e a minha mãe morram — reconhece, olhando para o chão. — Tenho medo de ficar sozinho e de que morra muita gente da minha família. Tenho medo de que atirem contra a gente ou de que usem armas que possam causar doenças perigosas. Tem armas que podem provocar doenças que você não percebe, nem no comecinho. Depois você fica doente, dói muito e, no final, morre.*

— *Quem é que tem essas armas?*

— O Bush e o Sharon.

— Por quê?

— Não sei. Não vamos falar disso.

Todo mundo ouve Hamza falar, somente uma menininha fica dando voltas, murmurando, com os olhos bem abertos, espantada pelo silêncio repentino quando ele se cala. Agora é a vez de todas as suas primas, Shahad, Hind, Sahar e Reem, todas amontoadas na mesma poltrona, falar.

— Às vezes não consigo dormir de noite com medo das bombas — diz-nos Shahad, de 11 anos. — Sonho que a família toda está em casa e que não podemos fugir. Justamente quando a bomba cai e explode, eu acordo. A mamãe me contou que uma vez havia muitas pessoas e foram bombardeadas e queimadas vivas. Ficaram enterradas debaixo de um monte de terra, completamente esmagadas.

— Temos que resistir ao inimigo. Somos fortes e temos que lutar — afirma Reem, que tem 15 anos e nos diz que o inimigo são os EUA. — Do mesmo jeito que os palestinos, nós lutamos contra o sionismo e contra os EUA. Estamos trancados como os palestinos e nós temos que expulsar os estrangeiros do nosso país.

— O comentário de Reem é típico — explica-me o psicólogo. — Os adolescentes já aprenderam o que devem dizer e usam as mesmas palavras que Saddam Hussein. Mas as crianças menores misturam tudo nas suas cabeças: medo, fantasia, coisas que talvez tenham ouvido alguma vez.

— Eu não acredito que possam matar tantas crianças — irrompe Shahad. — Ninguém aceitaria uma coisa dessas. Eu acho que as pessoas devem pensar bem de nós, porque somos pacíficos e não queremos atacar ninguém — acrescenta, mas os outros não estão de acordo.

— Sei que vão bombardear a gente, tenho certeza — afirma Reem. — Mas quando o Bush vir todas as crianças mortas, vai se arrepender.

O entrevistador anota o que dizem e pede-lhes que façam um desenho do interior deles próprios. Quanto medo têm, quanta tristeza, quanta raiva? As crianças desenham círculos e os dividem. Shahad tem sobretudo medo, enquanto Reem está zangada.

— A mídia semeia o medo — explica-me Magne. — As crianças raramente conversam com os pais sobre o que vêem na televisão, apenas armazenam as informações e depois ficam angustiadas durante a noite ou quando estão sozinhas. O que uma criança mais teme numa guerra é ficar só ou ser o único sobrevivente.

E como se os meios de comunicação social não bastassem, o avô contribui com suas histórias:

— Eu era soldado quando os ingleses nos atacaram em 1941. Foi terrível. Mas a Guerra do Golfo e as bombas dos americanos foram ainda piores. Esta guerra vai ser terrível e sabem por quê? Porque as armas agora são ainda maiores e mais potentes, será impossível nos protegermos delas. As novas bombas vão matar todos nós — prognostica. Levanta-se da cadeira e adverte com o dedo indicador: — Mas temos que lutar.

O psicólogo agradece. Os adultos continuam a preparar o almoço e as crianças vão brincar. O Conselho de Segurança da ONU reúne-se para decidir o que fazer sobre o Iraque e o presidente norte-americano fica impaciente.

Passei vários dias sem ver Taklef, com a desculpa de que estava no hotel escrevendo, lendo ou descansando, enquanto, na realidade, saía diariamente ao amanhecer para trabalhar com o psicólogo. Porém, numa tarde em que o meu assistente telefonou de novo, percebi que não podia continuar a evitá-lo e marquei um encontro para a manhã seguinte às nove. Saí de madrugada para entrevistar Shaima, uma menina de 6 anos que me contou como os americanos iam enterrar a sua casa com areia, de toda a areia que cobriria a casa, de como esfregaria os olhos sem conseguir tirar a areia e de como todo mundo acabaria asfixiado pela areia que cobriria tudo. As histórias de Shaima me impressionaram tanto, que me esqueci do encontro com o intérprete. Quando cheguei finalmente com uma hora e meia de atraso, ele estava furioso.

— Quem você pensa que é? — gritou. — Fica saindo escondida, vai ser expulsa do país!

O representante do regime havia feito o seu trabalho; perguntara no hotel, e o recepcionista o informara de que eu saíra por volta das seis da manhã. Taklef tremia de raiva, mas também de medo: se eu fizesse alguma coisa ilegal, a culpa seria dele. Resolvi mentir.

— É que o meu editor me pediu para entrevistar dois psicólogos de crianças do meu país que iam voltar para a Noruega hoje de manhã: não tive outra alternativa senão ir bem cedo me encontrar com eles. Você pode confirmar no hotel Al-Rashid.

— Não, não, tudo bem — murmurou o intérprete. — Mas não faça isso de novo, porque, caso contrário, terá que ir embora. Perdi muito dinheiro nos dias em que você não veio.

Taklef tinha a faca e o queijo nas mãos: uma palavra sua e a minha viagem ao Iraque chegaria ao fim. Mas eu também tinha os meus receios. E uma carteira cheia de dinheiro.

— Sinto muito por ter deixado você esperando, vou lhe pagar o dobro pelos dias que faltei.

No dia seguinte entreguei a ele centenas de dólares num envelope branco, e ele, por sua vez, me contou que tinha recebido uma oferta de emprego da ZDF, a rede de televisão alemã. Para mim era fantástico, eu não tinha nenhum problema em ceder Taklef aos alemães.

— A televisão! — exclamei. — Que grande oportunidade! E você sabe de uma coisa? — acrescentei com voz insinuante. — Quando os alemães dizem nove, é nove mesmo, e não dez e meia!

Depois de ter me despedido educadamente de Taklef, senti-me livre como um pássaro. Mas a minha alegria transformou-se rapidamente em frustração, pois como poderia trabalhar sem intérprete? Sentei-me diante do computador instalado numa mesa de plástico suja em frente ao Ministério da Informação, justamente atrás da grade que separa o edifício da rua. Aqueles que não podiam pagar por um escritório na residência oficial tinham a estreita e poeirenta zona ao ar livre entre o ministério e a rua. Por sorte não chovia muito em Bagdá, mas, às vezes, fazia frio, porque no deserto a temperatura cai muito com o pôr-do-sol. Assim, tiritava com o meu sobretudo, desanimada com essas condições de trabalho, enquanto mandava e-mails para casa. O telefone via satélite estava virado para a rua, com a antena apontada ao sudeste para captar o melhor sinal. Eu estava sem intérprete, sem um novo visto e sem nada para escrever. Ao meu lado estava uma jovem com ar decidido, em pé, lendo jornal. Calçando sapatos velhos, uma saia de lã felpuda e um casacão grosso, parecia funcionária do ministério. Dirigi-me a ela em inglês:

— O que dizem os jornais?

— O mesmo de sempre — respondeu e soltou um sorriso. — Quer que eu traduza?

A jovem leu, resumiu e explicou. Foi um prazer em comparação com Taklef, que traduzia sempre palavra por palavra, tropeçando no tortuoso árabe do jornal. O seu nome era Aliya e trabalhava na agência de notícias do Ministério da Informação, traduzindo para inglês os decretos do presidente e as notícias de imprensa da INA.

No dia seguinte eu a contratei. Ela havia obtido permissão dos seus chefes para trabalhar com estrangeiros. Havia cada vez mais jornalistas estrangeiros no país, aumentava a necessidade de mais intérpretes e julgaram Aliya confiável.

— Todo mundo parece que me conhece quando me vê pela primeira vez. E você sabe por quê? Porque sou parecida com todas as outras — disse-me pouco depois de nos conhecermos.

E era verdade. Com o cabelo comprido ondulado, o quadril arredondado, os lábios grossos e os belos olhos castanhos com pestanas grandes e espessas, ela era parecida com qualquer outra mulher dali; era a típica mulher do Oriente Médio. Rapidamente me confessou que o seu sonho era viajar; gostaria de ir a Dubai, nos Emirados Árabes Unidos, e trabalhar como tradutora de uma empresa estrangeira na qual pudesse fazer dinheiro. No entanto, as referências a este sonho nunca vinham acompanhadas de crítica à vida no Iraque. Aliya era filha do regime, tinha crescido com Saddam Hussein como líder indiscutível.

Na realidade, não foi tão mais fácil trabalhar com a nova intérprete do que com o anterior. Tal como Taklef, Aliya complicava tudo. Um dos meus editores queria um artigo sobre o Baath; é fácil, pensei, o partido é o proprietário de tudo neste país, está em toda parte. Mesmo assim, não consegui entrevistar um único militante do partido. Um não podia, outro não queria, o terceiro estava viajando, o quarto não respondia. A minha nova intérprete não era membro do partido, ainda que isto fosse norma no Ministério da Informação.

— Não é necessário; todos os iraquianos são do partido — disse-me como que de brincadeira, embora parecesse falar sério.

Não conseguia entender realmente qual era a opinião de Aliya sobre a situação. Era mais simpática que Taklef e me adotou desde o primeiro dia como uma irmã; mesmo assim, eu falava com cautela. Seu trabalho incluía informar de tudo o que se passava, sobre onde tínhamos estado e com quem tínhamos falado. Não discutíamos, portanto, política, mas, ao contrário de Taklef, pelo menos Aliya tratava as pessoas de um modo normal e não como se estivesse fazendo um interrogatório político.

Convidei Aliya para almoçar. Comemos kebabs numa das lanchonetes de Bagdá, enquanto eu pensava, como de costume, no que iria escrever para o dia seguinte. Já eram três da tarde e tinha que enviar o artigo dentro de algumas horas. Nessa mesma noite, o relatório de Blix fora apresentado em Nova York. Talvez pudesse perguntar às pessoas sobre a opinião delas a esse respeito. Seria uma idéia interessante, até demasiado interessante numa ditadura. De qualquer maneira, Saddam Hussein tomaria a decisão apropriada, tinha feito assim no passado, estava fazendo agora e o faria no futuro.

Na mesa ao lado estavam sentadas algumas jovens moças, um grupo moderno, todas de banho tomado e maquiadas. Podiam ser clientes de qualquer café ocidental.

Fiz das tripas coração e perguntei à minha intérprete se podíamos entrevistá-las.

— Claro. Agora?

Foi um sinal de alegria: isso não teria sido possível com Taklef. As jovens nos convidaram a sentar e nos contaram que estavam reunidas para uma despedida. Na manhã seguinte Noor iria embora do país, porque os seus pais temiam que a guerra começasse dentro de poucos dias.

— Vamos para a Jordânia, trancamos a casa e vamos embora — explica Noor.

A sua família era das poucas que, no início de janeiro, já haviam decidido abandonar o país. Não eram muitos os que tinham essa possibilidade e eram poucos os países que recebiam os iraquianos. Mas a família daquela moça tinha parentes na Jordânia.

— Talvez nos vejamos no paraíso — suspirou Noor.

— Ai, não fala assim que eu começo a chorar! — respondeu-lhe Hadil, que não podia ir. — O meu pai é comandante do exército e tem que defender o nosso país se nos atacarem. Quem nos defenderá se não for o exército? Se morrermos, morreremos juntos.

— Ninguém quer esta guerra — sublinhou Noor. — Exceto os americanos. Querem o nosso petróleo e, aqui, todo mundo morre de medo. É estranho que os americanos não entendam isso, deveriam saber o que é o medo depois do 11 de setembro...

As cinco amigas ao redor da mesa estavam no segundo ano de Medicina na Universidade de Bagdá. Nenhuma delas cobria a cabeça e pertenciam claramente à classe média alta do Iraque, que se permitia sair do país por ter dinheiro, contatos e parentes no estrangeiro. O irmão de Noor morava em Londres.

— Foi lá que comprei esta roupa — disse, referindo-se ao seu conjunto de calça e casaco de algodão imitando veludo. — No H&M — acrescentou com um sorriso antes de se lembrar novamente do motivo daquele almoço.

— Começaram a abrir poços na faculdade, vi hoje de manhã — comentou Isra.

— Nós também fizemos um no jardim de casa — disse Mina.

As amigas pensavam, como tantos outros, que os abastecimentos de água e eletricidade seriam os primeiros a serem cortados em caso de guerra. Por isso, quem não tinha possibilidade de cavar um poço juntava água em tanques e cântaros, e todos compravam aquecedores a gás, lâmpadas, lanternas e pilhas. Mas enquanto grande parte dos iraquianos respondia com apatia e abatimento ao ser questionada se temiam uma guerra, essas jovens estavam indignadas.

— Sei que a maioria dos europeus é contra a guerra, quase todos os ingleses são; vi na televisão que se manifestaram nas ruas de Londres. Toda esta gente não poderá fazer nada para pressionar Blair? Os protestos não servem para nada? — perguntou Hadil, que já havia ajoelhado numa mesquita e acendido velas numa igreja para rezar.

— Eu me pergunto se vou voltar a ver a minha casa — disse Noor com tristeza. — Levo comigo para o estrangeiro as minhas jóias e fotografias, os livros escolares e os meus diários; não posso deixar aqui os meus diários, é tudo o que eu tenho.

Antes de me despedir das meninas, pedi-lhes os números de telefone para poder contactá-las mais tarde. Um pouco mais afastado, numa mesa, estava um rapaz sentado sozinho; pertencia ao círculo de amigos das jovens e ficara para trás quando elas foram embora. Com a intérprete ausente por uns instantes, disse-me em voz baixa:

— De qualquer maneira, ninguém diz o que pensa, ninguém pode dizer o que pensa de verdade.

Depois foi embora e nesse momento Hadil voltou com um cavalheiro que tremia de raiva.

— Nem pense em telefonar para nós! — exclamou o pai da moça, o comandante do exército que ia defender o país dos bombardeios. Os militares iraquianos tinham ordens estritas de não ter o menor contato com estrangeiros. — Onde anotou o número? Onde? Me dê isso — disse, e arrancou a página do caderno onde a filha tinha anotado o número de telefone, amassou-a, enfiou no bolso e deu meia-volta.

Saiu do café com passos decididos levando a filha assustada, e nós nos sentamos de novo. Aliya estava exasperada e assustada. A situação era completamente absurda: o pai da jovem tinha medo da intérprete e ela dele.

Quando mais tarde escrevi um artigo sobre este almoço de despedida, perguntei-me o que fazer com o comentário do rapaz; escrevi-o, mas depois apaguei. Provavelmente alguém o teria visto e poderia identificá-lo. Guardei, no entanto, as duas breves frases na minha memória: foi o primeiro sinal de crítica que ouvi em Bagdá.

Há algum tempo eu insistia com a minha nova intérprete em visitar uma redação de jornal ou uma rede de televisão. Ela mostrou-se de acordo, mas não aconteceu absolutamente nada. Insisti e nada; insisti mais uma vez, à toa; discuti com ela e nada, exceto que Aliya se zangou comigo. Ela havia feito a solicitação, mas não recebera resposta. Decidi tentar a sorte com uma provocação.

— Se não formos hoje à televisão, redação de um jornal ou a um estúdio de rádio, não vou ter nada para escrever. E você não terá nada para traduzir e, portanto, eu não terei que lhe pagar nada. Pouco importam as horas de espera que nós passemos no ministério; desse jeito, não tem salário.

Aliya olhou para mim furiosa, mordendo os lábios, os olhos contraídos. Finalmente, levantou-se da cadeira de madeira para se dirigir ao centro de imprensa. Ao fim de alguns instantes regressou; a resposta fora categórica: não.

— É estritamente proibido; os meios de comunicação audiovisuais são considerados alvos estratégicos sensíveis.

Sentada numa mesa de plástico em frente ao centro de imprensa com as pernas penduradas, desafiei:

— Não desista diante do primeiro obstáculo.

Aliya voltou ao ministério humilhada e, após mais alguns momentos de espera, informou-me que receberíamos uma resposta dentro de uma hora.

— Enquanto isso, posso traduzir originais para você? — ofereceu.

A única coisa de que realmente gostava era traduzir, se possível dos jornais, e, de preferência, algo que falasse de Saddam Hussein, o que não era nada difícil de encontrar.

— Sim, por favor.

— As preparações de guerra devem se intensificar — leu a intérprete.

Era o título principal do *Al-Qadisiya*, o jornal do exército iraquiano, como o era também o título de *Al-Thawra*, o jornal do governo, e o de *Babel*, o jornal de Uday Hussein. Quem se tinha pronunciado era Saddam Hussein. Assim, quando Aliya me leu metade do discurso presidencial sobre a guerra que se avizinhava, mandei-a parar: já tinha ouvido quase tudo aquilo antes.

— Talvez devêssemos ver se já nos deram a autorização — interrompi, olhando expressivamente para o meu relógio: estava ficando tarde.

Aliya protestou, porque não tinha terminado o artigo.

— Podemos acabar de ler no caminho, não é? — sugeri com um sorriso.

Na volta do centro de imprensa, a intérprete caminhou um pouco mais rápido que de costume e, em vez de olhar para o chão, olhou-me nos olhos. Trazia na mão a autorização.

Na recepção do *Al-Irak*, o jornal oficial do Ministério da Informação, havia, pelo menos, 13 retratos de Saddam Hussein. Tive uma grande vontade de fazer comentários, mas desisti... como de costume. Aliya e eu não tínhamos o mesmo senso de humor. Apareceu uma pessoa para nos servir de guia e perguntou-nos o que queríamos ver.

— Tudo — respondi. — E gostaria de entrevistar o chefe de redação.

No primeiro gabinete havia dois homens olhando para o vazio: eram os revisores que estavam à espera do texto para o dia seguinte. Acima deles estava o décimo quarto retrato do presidente que aquele lugar ostentava.

O chefe de redação, Mohan al-Daher, recebeu-nos no seu gabinete, onde estavam pendurados outros quatro retratos do grande líder. De uma vez só, falou-nos da força dos iraquianos e da covardia dos americanos, o inimigo que precisava ser destruído. Quando estava terminando, fiz uma pergunta para impedir que começasse outro interminável discurso pronto.

— Ontem, Bush fez um pronunciamento áspero no Congresso norte-americano. O que o *Al-Irak* escreverá a esse respeito?

— O texto ainda não chegou — respondeu o chefe de redação.

— O texto?

— Sim, o texto da INA.

— Então, é a agência de notícias que faz o seu jornal? — inquiri, pensando que já devia ter percebido antes.

— Claro que sim — afirmou Al-Daher, como se fosse a coisa mais natural do mundo.

— Você acha que sairá ainda hoje no seu jornal?

— Não tenho opinião a esse respeito; é uma decisão que será tomada pelas pessoas mais indicadas para isso.

Independentemente do tema do texto, o *Al-Irak* podia já começar a escolher a fotografia da primeira página: o motivo era sempre o mesmo.

— Somente o presidente é digno de sair na primeira página.

Dezenove, vinte, vinte e um, vinte e dois. Fui contando os retratos das paredes. Vinte e três. No subsolo, o texto da INA chegava por telex e era impresso em letras vermelhas num grande rolo; as teclas soavam como uma antiga máquina de escrever. Recebido todo o texto, um funcionário tirou o papel do rolo, pendurou-o diante do seu computador e passou o texto para o sistema do jornal. Uns dez homens passavam diferentes trechos do rolo para muitos computadores e um deles me mostrou o arquivo de fotos no Word. Clicava, abria e ampliava outra infinidade de fotografias do presidente. ... 24, 25, 26, 27 ... 44, comecei a me confundir, 62, atinei, 118. Um total de aproximadamente 794 retratos de Saddam. Esqueci de perguntar aos homens se eles podiam escolher as fotos eles mesmos.

Um senhor de ombros largos entrou com algumas folhas amassadas, escritas à mão e atirou-as para um dos digitadores. Santo Deus, pensei, um jornalista de verdade. Aproximei-me e perguntei-lhe se ele mesmo tinha escrito aquelas folhas, o que era verdade.

— O que é que escreveu?

— A página 11.

— A página 11?

— A página de esportes — explicou-me antes de desaparecer pelas escadas acima.

Ou seja, a página esportiva era escrita pelos próprios funcionários do jornal.

Ao me preparar para sair, fixo o olhar num dos copistas que me observa intensamente por detrás do computador com seus olhos escuros que seguem todos os meus movimentos. É um homem magro, com o rosto chupado e uma calvície avançada, mas não é velho. Quando passo diante dele, apaga o cigarro num cinzeiro sujo. Mal ouço a sua voz.

— Você não consegue ler os meus pensamentos.

Detenho-me como se procurasse algo na bolsa, sem olhar para ele e meio de costas, em sinal de querer ouvir mais.

— *We want freedom* — sussurra por debaixo do retrato do líder onipotente na parede.

Os meus redatores querem um artigo extenso para o fim de semana e reservam uma página inteira. Recuso; tenho medo de não ter material suficiente, de não ser capaz, nem ter falado com bastante gente.

— Não tenho nada para escrever — protesto, em vão.

— Já reservamos a página.

E nessa página querem algo sobre o Iraque.

"Algo sobre o Iraque?"

Só tenho trechos dispersos que tento organizar mentalmente. Reviro tudo o que ouvi e volto a escutar as vozes das pessoas.

"Houve um tempo", contam os iraquianos com nostalgia, "em que éramos a primeira civilização do mundo, os assírios, os sumérios, a Babilônia... E houve um tempo", continuam, "em que éramos capazes de alimentar todo o Oriente Médio e as escolas não eram iluminadas com velas." Isso foi antes da guerra contra o Irã e antes de atacarem o Kuwait. Lamentavelmente, as memórias de um passado dourado não podem iluminar a triste realidade atual, em que os especuladores e os senhores do mercado negro se enchem, enquanto o resto da população é reprimido por meio do terror e da pobreza.

Sete peixes gordos do rio Tigre nadam lentamente no tanque de pedra, os rabos oscilam com placidez. De vez em quando, um deles sobe à superfície, e as escamas avermelhadas cintilam à luz do Sol. Pequenas palmeiras ondulam sobre a grama bem-cuidada junto ao pântano. Ao lado da grelha, Ali está à espera de que alguém queira peixe assado; o restaurante começa a encher. Ainda é inverno, o calor não vem até março, mas o lugar tem chaminés no exterior e aquecedores que se colocam debaixo das mesas, porque quem tiver as pernas quentes não passa frio. Uns vinte garçons acorrem solícitos ao menor sinal.

"Antes estava sempre cheio, vinha gente comum", conta Ali, enquanto reduz as chamas com um pouco de água. "As pessoas têm menos dinheiro agora e comem em casa."

Ali ganha cerca de 65 euros por mês, o que basta para ele e sua família e é um salário relativamente bom no Iraque. Os garçons ganham por volta de 25 euros "que não é suficiente, não é", murmura um deles ao pôr a mesa. É melhor não falar com estrangeiros, as paredes do local têm ouvidos e quem se queixa não é bom patriota.

Mahmud é um dos que têm condições de comer peixe assado na grelha. Antes era dono de uma fábrica de móveis, mas foi obrigado a vendê-la por causa das sanções. Agora, este homem de negócios de meia-idade administra algumas coisas de outros, explica sem entrar em detalhes.

"O sistema", murmura. "O sistema. Muitos tornaram-se mais pobres, somente uns poucos ficaram mais ricos. Estão sentados aqui mesmo", diz e faz um gesto quase invisível com a cabeça em direção a outros clientes, quatro homens, em mesas mais adiante, com correntes de ouro, malas pretas e walkie-talkies. *Estes últimos são um luxo para poucos e um bem estritamente controlado pelas autoridades. Não há telefones celulares no país.*

De repente, todas as mesas se enchem com uns cinqüenta homens que agem como se tivessem direito a ocupar meio restaurante.

"O Ministério do Comércio", explica-me Mahmud num sussurro. "São importantes e têm dinheiro. Os que participam ficam ricos", diz em alusão aos simpatizantes de Saddam Hussein. "Os homens de negócios, os subsecretários de Estado. Mas têm sempre a espada no pescoço, e quem protesta ou muda de lado pode acabar assassinado. Eu mesmo participo", continua. "Tenho 11 filhos e os mais velhos estão estudando na universidade, não tenho opção. Mas tenho que viver sob a ameaça constante da espada."

Mahmud não fala à toa. O partido Baath se manteve no poder por meio de um sistema complexo de delatores, de violência e de brutalidade que tem como objetivo aniquilar qualquer oposição. O sistema é fundado numa combinação de pavor e numa rede sofisticada de segurança, mas oferece também a possibilidade de operar na fechada economia do país. Deste modo, ainda que as sanções tenham diminuído o poder aquisitivo da maioria dos habitantes, um crescente contrabando fez enriquecer uns poucos. De fato, as sanções impostas ao Iraque tornaram a população ainda mais dependente do regime. Isolaram o país do mundo, favorecendo assim os leais e castigando os opositores. É quase impossível operar em grande escala sem ser vigiado pelo regime.

O racionamento dos alimentos tem como objetivo que a população não passe fome, ao mesmo tempo que o monopólio, conseqüência das sanções, favorece os seguidores. Estes também não devem tornar-se muito poderosos ou independentes, e podem ser castigados com a morte por corrupção e o comércio ilegal como uma advertência ao setor privado de que não deve sair da linha.

Al-Arasat é como os Champs-Élysées de Bagdá. Aqui estão à venda os caros ternos Armani, os confortáveis sofás de veludo, todo o tipo de charutos, perfumes e outros artigos de luxo. Aqui se encontram os mais recentes modelos de computadores, televisores de design exclusivo, aparelhos de som, vídeo e outros artigos eletrônicos. Apesar das sanções, o lixo e o cascalho que substituem, em alguns lugares, as calçadas indicam que Al-Arasat também entrou em decadência. Ainda assim, as luzes de neon brilham. E é aqui onde se encontra o restaurante e cabaré Black & White com a grande piscina no jardim onde os abastados celebram seus casamentos e aniversários. Aqui são exibidos vídeos de música ocidental — algo inédito nos canais estatais de televisão — e pode-se beber álcool, contanto que se seja discreto ao servir o copo e se esconda a garrafa debaixo da mesa. Houve um tempo em que o Iraque foi um dos países mais liberais do mundo árabe; mas há alguns anos Saddam Hussein percebeu que o islamismo podia ser útil a ele. Em conseqüência, o álcool desapareceu dos restaurantes e cada vez mais mulheres na rua com as cabeças cobertas passaram a ser vistas. Até o próprio Saddam, que antes teria preferido ser retratado posando com um rifle, agora se deixa pintar rezando.

A hiperinflação da década de 1990 alterou profundamente a hierarquia social do país. Houve um tempo em que o Iraque tinha uma classe média educada e abastada. Agora não tem mais. Muitos assalariados afundaram-se na miséria.

A 15 minutos de carro de Al-Arasat, num bairro pobre, Wahida e o filho esperam a ração do mês. Nessa zona da capital, as ruas não foram asfaltadas e estão cheias de buracos, e as portas das casas e das barracas encontram-se todas tortas. Hoje, Wahida e o filho receberão comida para dois meses. Como ninguém sabe se será possível distribuir alimentos no próximo mês, a ONU decidiu, pela primeira vez, juntar as rações de dois meses. Nos últimos sete anos, a família de Wahida teve suas necessidades básicas cobertas pelo programa Petróleo por Comida, o que significa que o Iraque tem autorização para exportar petróleo sempre e quando as entradas de divisas são destinadas à ajuda humanitária. Atualmente, exportam-se cerca de dois milhões de barris por dia com este programa.

Cada pessoa recebe 9 quilos de farinha de trigo, 3 quilos de arroz, 2 quilos de açúcar, 200 gramas de chá, meio quilo de sabão em pó para lavar roupa, 250 gramas de sabão, um pouco de feijão, cereais, azeite, sal e leite em pó.

O Programa Petróleo por Comida, que começou há sete anos, conseguiu reduzir o número de desnutridos ou subnutridos em conseqüência das sanções. Estas começaram em 1991 como reação à invasão iraquiana do Kuwait e, quando o Iraque se rendeu, mantiveram-se vigentes a fim de pressionar o país para que eliminasse as armas de destruição em massa. Contudo, ainda que o programa Petróleo por Comida tenha minimizado o problema, um quarto das crianças *iraquianas sofre de desnutrição crônica, e a diarréia e a subnutrição estão entre as causas de morte mais comuns entre elas.*

A delegada neste bairro chama-se Karima e foi encarregada de uma pequena loja desde que o seu marido faleceu.

"Houve um tempo em que tínhamos dez tipos de chá, sabonetes de todas as cores e fragrâncias. Hoje em dia tenho só um tipo de chá e um tipo de sabão; e não tenho bolachas. Quando as pessoas recebem chá nas rações, não compram outro chá a não ser que haja uma ocasião muito especial. O chá do programa de racionalização é medíocre, como todas as outras coisas que recebemos; nem bom nem ruim. Como a farinha, que não é nem a mais fina nem a mais grossa; tudo é assim-assim e medíocre..."

Wahida acena com a cabeça, enquanto o seu filho retira da loja os grandes sacos com as rações dos seus parentes. Todos os alimentos do programa são fortemente subvencionados pelo governo e cada pessoa paga somente 250 dinares por ração, o que corresponde a cerca de 15 centavos de euro. Mas tendo em conta que o salário médio mensal não chega a 6 euros, é óbvio que o dinheiro voa. Se as famílias precisam de mais alguma coisa, custa caro e a maioria tem que cortar em todas as despesas de alimentação, roupa e de casa.

"A vida ficou mais dura", reconhece Wahida. "Antes eu era apenas dona-de-casa. Agora, levanto-me todos os dias às cinco da madrugada para fazer queijo e iogurte, que vendo numa banca em frente de nossa casa. Só no meio da manhã é que volto para cuidar da minha família", suspira Wahida.

O seu marido também tem agora dois empregos, tal como muitos iraquianos. A pequena mulher vestida de preto passa pela porta sem ter comprado doces turcos, sementes de girassol ou frutas secas como em outras ocasiões, nem produtos da pequena mostra de xampus e pastas de dentes que Karima tem. As pessoas do bairro usam cada vez menos de tudo e, assim, os 250 gramas de sabão do racionamento são usados para o corpo, para o cabelo e para as mãos, se é que a família se pode permitir ficar com toda a ração. Outros vêem-se obrigados a vender uma parte no mercado.

Wahida e o seu filho carregam os sacos num carrinho enferrujado que pediram emprestado. Nota-se a nostalgia no rosto da senhora mais velha quando evoca o tempo em que os iraquianos podiam desfrutar da riqueza do petróleo. Houve um tempo em que as crianças recebiam os livros na escola, em que 4 milhões de pessoas ainda não tinham fugido do país, em que os habitantes não trocavam suas jóias por um pedaço de carne ou antibióticos. Wahida acenou com a mão cansada quando o carro se afastou aos solavancos sobre os buracos. Houve um tempo em que as pessoas tinham uma vida...

Um dia, um pedaço de papel num quadro fora do gabinete de Uday anuncia um desfile militar em Mossul. Significa que, finalmente, podemos sair de Bagdá, acompanhados pelos nossos intérpretes, obviamente, todos juntos e somente para Mossul, mas já é alguma coisa. A cidade fica no Norte do Iraque, faz fronteira com a zona autônoma curda e é uma das cidades mais antigas e de maior importância do país. Lembro-me de que a musselina é originária de Mossul e todos damos pulos de alegria, como se fôssemos crianças, no Ministério da Informação, celebrando o fato de irmos para o campo e tomar ar fresco. Conto com orgulho a Abdul, na recepção, que não voltarei ao hotel essa noite, porque vou a Mossul.

Com a música no volume máximo e a 120 quilômetros por hora dirigimo-nos ao Norte pela auto-estrada; Aliya vai na frente com Hayad, o motorista de Janine, que vai a meu lado no banco traseiro. Janine é a primeira-dama do centro de imprensa; usa sapatos Prada e camisas Ralph Lauren, e as pessoas fazem fila para entrar nos quatro metros quadrados do seu gabinete. Onde Janine está sempre acontece alguma coisa, ela é desenvolta e eficiente, compartilha suas idéias e, sem dúvida, é a mais informada sobre as últimas novidades. Durante 15 anos cobriu conflitos e guerras e ganhou todo tipo de prêmios no Reino Unido pelas suas reportagens no Oriente Médio, na Tchetchênia, na Bósnia e no Afeganistão. É uma das correspondentes mais bem-humoradas e escreve para o jornal *The Times* e para as revistas *Vanity Fair* e *National Geographic*. Quando não está cobrindo uma guerra ou escrevendo um livro, freqüenta a alta sociedade londrina e parisiense. Está me contando da sua última temporada num balneário quando vemos uma sinalização para Tikrit.

— Paramos em Tikrit e tomamos um chá? Estamos precisando de uma pausa — pedimos.

— Vocês estão loucas? — grita Aliya. — Tikrit! A nossa autorização é somente para Mossul — acrescenta, agitando o documento carimbado diante dos nossos narizes.

Parece quase desesperada, como se tivesse medo de que fizéssemos um motim, tomássemos o volante e nos dirigíssemos a Tikrit com ela como refém. Mas o seu medo é absurdo. O motorista acelera e deixamos para trás o desvio, nós que vamos no banco traseiro sabemos quem manda e Saddam pode ficar com a sua cidade natal.

Grande parte do caminho entre a capital e o nosso destino é o deserto. Onde estão as planícies exuberantes sobre as quais li? Durante séculos, elogiaram-se os campos férteis, regados pelas águas do Eufrates e do Tigre, as frutas suculentas, as maçãs, as peras, as uvas e as romãs. Agora, é tudo areia. No entanto, o deserto também é fértil à sua maneira: desta região provêm os primeiros relatos do que seria mais tarde a fonte da riqueza do Iraque e, ao mesmo tempo, a sua maldição: o petróleo. As pessoas, naquele tempo, pensavam que o fluido negro tinha propriedades curativas e banhavam-se nele quando estavam doentes. Assim, o viajante Ibn Jubair escreveu no século XII sobre o ouro negro: "À direita do caminho para Mossul há uma depressão no solo. É escura, como se se encontrasse debaixo de uma nuvem. Dali, Alá deixou emanar fontes pequenas e grandes que jorram alcatrão. De vez em quando, um dos jorros lança pedaços quase sólidos, como se estivesse fervendo. Construíram-se tanques em volta para recolhê-los. Em volta desses mananciais há um charco negro cuja superfície está coberta por uma fina camada de espuma preta, que flutua até as suas margens, onde coagula. Pode ser confundida com lodo; é viscosa, escorregadia, reluzente e exala um forte odor. Desta forma pudemos presenciar um milagre com os nossos próprios olhos. Explicam-nos que este barro é queimado para dele se extrair o breu: as chamas consomem as partes líquidas e depois o breu é cortado em pedaços para poder ser transportado. Alá cria o que quer, louvado seja o seu nome!"

As luzes dispersas de Mossul cintilam a nossa frente e sentimos uma fome voraz. Ainda que, na realidade, tenhamos mais vontade de beber uma cerveja e queiramos sair à procura de bebidas. Hayad pede-nos em vão que desistamos dessa idéia: não encontrarão álcool, diz, não é seguro duas mulheres andarem sozinhas. Ele, por seu lado, nega-se a deixar o carro, um grande Chevrolet Caprice verde-escuro com bancos confortáveis de cor bege. Diz-nos que quer comprar um carro novo, mas nós o aconselhamos a esperar que a guerra acabe. Ele concorda, diz que temos razão, tudo pode acontecer durante a guerra.

— Talvez precise do dinheiro para coisas mais importantes.

Andamos de restaurante em restaurante e acabamos num local de um tom azul fluorescente e com mesas de plástico. Toda a imprensa mundial veio esta noite à cidade da musselina pela simples razão de que foi autorizada. Agora estamos sentados nos restaurantes do bairro noturno de Mossul, as mulheres de um lado e alguns homens do *Le Figaro* e do *Libération* do outro. Nas outras mesas há somente homens; como na maioria dos países árabes, raramente se vêem mulheres pelas ruas à noite, a não ser que se comemore algo importante, como um casamento ou um aniversário. Recebemos uma tigela de plástico com cebola picada e uma outra com tomate e salsinha, e depois trouxeram uma peça inteira de frango para cada uma de nós. Os rumores de que serviam cerveja não eram verdadeiros; neste local só se serve chá, água tônica ou Pepsi.

Saciadas e mortas de cansaço, chegamos ao hotel, onde os procedimentos para a hospedagem quase superam os interrogatórios do Ministério da Informação. Uma infinidade de papéis deve ser preenchida e uma grande quantidade de perguntas respondidas antes que possamos subir as escadas de concreto para os quartos. Não olho pela janela até a manhã seguinte, quando descubro que o Tigre me seguiu desde a capital. A vista é como a que tenho no meu hotel em Bagdá, mas aqui o rio é mais largo e a paisagem ainda mais plana. A neblina da manhã estende-se espessa por cima da água, atenuando-se mais acima. O ar é mais fresco, e tremo de frio enquanto escuto o alvoroço dos voluntários chegando à rua principal para demonstrar que todos os iraquianos lutarão por Saddam Hussein. E o que pode ser mais natural do que uma manifestação de voluntários em Mossul, cidade com 8 mil anos de história e outrora o povoado mais desenvolvido do reino? É, também, uma das cidades mais miscigenada do país: aqui convivem árabes, armênios, curdos, sírios, turcomanos e assírios. Uns são muçulmanos, outros cristãos ou judeus, e as mesquitas e igrejas encontram-se umas ao lado das outras.

São as tropas de reserva que farão hoje uma exibição da sua força, um dia antes de Collin Powel apresentar as suas provas supostamente decisivas contra o Iraque. As tropas de reserva chamam-se Al-Quds, o nome árabe de Jerusalém, e foram criadas por Saddam Hussein na primavera de 2001 com o intuito de reconquistar e libertar Jerusalém dos israelenses. Cerca de um terço dos iraquianos está organizado em Al-Quds por meio do seu trabalho ou do seu bairro, mas sobretudo através do partido Baath. Dentro das tropas de reserva existe, também, uma unidade paramilitar bem treinada. O verdadeiro exército do Iraque não está presente. Ao que parece, há algum tempo, foi enviado para as fronteiras do Norte e do Sul, para o deserto ou para as diferentes linhas de defesa em redor da capital.

Um grupo de mulheres vestidas de preto com longos véus e a cabeça coberta espera que comece o desfile. Mesmo que só se vejam os seus olhos, elas não conseguem esconder a curiosidade quando nos aproximamos e riem dissimuladamente atrás dos xales. Como todos, só respondem de acordo com as instruções do partido.

— Vamos comer os americanos como se fossem coelhos — ameaça uma que se chama Muntaha. — Vamos nos defender com paus e pedras. Preferimos beber o nosso petróleo a deixá-lo para eles.

Muntaha recebeu instrução militar nos Al-Quds por três vezes nos últimos dois anos em períodos de dois meses.

— Aprendemos a manejar armas e a usar o equipamento de comunicação, assim como a redigir relatórios militares. Da última vez, também disparamos com artilharia pesada e aprendemos a sobreviver sozinhas no deserto — relata esta mãe de três filhos.

Várias mulheres juntam-se à nossa volta, excitadas com descrições cada vez mais fervorosas de como aniquilariam os norte-americanos. Não passa muito tempo até a chegada de um oficial carrancudo que diz qualquer coisa a Aliya, que assente com a cabeça e nos informa de que temos que ir embora. Começa a atravessar a rua sem dar tempo a Janine e a mim de reclamar.

— Pára! — grito-lhe e faço-a voltar. — O que foi que ele disse?

— Que precisamos de uma autorização para fazer entrevistas.

— E onde podemos obter essa autorização?

— Temos que recorrer ao prefeito.

Imagino, então, que teremos de ir de gabinete em gabinete até que a concentração de pessoas se disperse e já não sobre ninguém para entrevistar; assim, arrisco um tom severo.

— Escute uma coisa: por que o senhor acha que estamos aqui? Imagina que viemos por nossa conta? — digo dirigindo-me ao antipático oficial. — Pois fique sabendo que não, foi o Ministério da Informação que nos mandou vir aqui, temos autorização do próprio ministro. Mostre-lhe a autorização, Aliya. Nela subentende-se que possamos falar com as pessoas; caso contrário, como faríamos o nosso trabalho? De fato, não só temos autorização para estar aqui, como também tivemos ordem de vir. Se o senhor nos impede de cumprir esta ordem de visitar Mossul e escrever sobre a manifestação, está desobedecendo ao ministro da Informação do Iraque. Será que pensa que está acima do ministro da Informação do país? O ministro que o próprio Saddam Hussein escolheu? A propósito, como o senhor se chama?

Olho o oficial nos olhos sem pestanejar. Ele ouviu o meu discurso traduzido por Aliya e sopra algumas vezes, ofegante, diz umas palavras em árabe e vai embora. Digo à minha intérprete que é assim que se deve fazer, mas ela só abre os lábios cerrados para me chamar a atenção para que me comporte bem e a siga.

A manifestação começa e o barulho ensurdecedor impede que entrevistemos quem quer que seja. As alas femininas encabeçam a marcha, muitas com a sua roupa do dia-a-dia. Ondulam as blusas com rendas e os casacos de confecção caseira; balançam as saias com ou sem corte, plissadas ou justas. Todas compridas. A cor depende de cada unidade, e o mais comum entre as mulheres é a blusa branca e a saia preta. Apesar do treinamento duro já descrito, não chegariam longe em combate com os calçados que exibem durante o desfile militar; *escarpins* de saltos muito altos, sandálias com fivela dourada, chinelos que escorregam o tempo todo.

— Hoje é um dia de festa, uma celebração; não saímos para lutar numa batalha — explicou uma das jovens quando comentei algo sobre os seus sapatos de salto alto antes que a marcha começasse.

Agora, vejo-a numa das primeiras filas; ela marcha pelas ruas de Mossul, gritando da mesma maneira que os outros *Na'm, na'm Saddam*, "sim, sim a Saddam".

Depois da ala feminina, vem a masculina. Um homem chama-me a atenção: não pela indumentária, igual a de todos da sua unidade — traje curdo tradicional, camisa e calças largas com um cinturão florido na cintura — nem pela sua forma de marchar, que é como a dos outros, levantando os joelhos bem alto. O que o torna diferente são as sete rosas de plástico que colocou no turbante, atrás das quais está preso um retrato de Saddam Hussein. Na parte da frente do turbante leva outro retrato do presidente e, no peito, mais outro. Saúda à direita, onde os homens poderosos do país observam a marcha da tribuna, à esquerda, onde o povo está sentado. Alguns espectadores seguram no colo pedaços retangulares de papel-cartão que foram distribuídos e, ao grito de *Na'm, na'm Saddam*, viram os pedaços de papel, formando uma enorme imagem do presidente. O herói Saladino, o guerreiro que expulsou os cruzados de Jerusalém em 1187, também encontrou lugar neste mosaico. Ambos são de Tikrit.

Operários e camponeses, professores e aposentados marcham lado a lado, alguns com uniformes e outros com roupa de trabalho. Muitos levam cruzado no peito um pendão com duas bandeiras, a iraquiana e a palestina, ou com slogans como "Levante a cabeça, você é iraquiano!". Na última unidade do desfile marcham os grupos de suicidas. Usam capuz e túnicas brancas, que os cobrem dos pés à cabeça, levam dinamite na cintura e granadas nas mãos. "Estamos prontos para o martírio", anuncia um cartaz. Uma mãe, acompanhada pelo filho, olha tranqüilamente para o desfile.

— Sou viúva — conta-me. — O meu marido morreu na Guerra do Golfo.

Na mão tem um saco plástico todo sujo, cheio de pedacinhos de papel colorido que ela e o filho jogam nos manifestantes. A viúva também pertence às tropas de reserva, mas está de baixa por doença. O seu filho de 12 anos diz estar orgulhoso de ter a sua mãe nos Al-Quds.

— Ele também vai começar em breve o seu treinamento — explica a mulher. — Os americanos vão ver que os nossos filhos são feitos de fogo e de aço.

Num canto, um rapaz está enfeitiçado pelos soldados com os seus uniformes e com os veículos militares. Atrás do seu blusão está escrito "Titanic".

— Que irônica coincidência — comenta um homem em voz baixa. — Vai naufragar ao primeiro bombardeio americano.

Quando volto de Mossul, noto algo diferente no quarto. É o cheiro. Uma pequena palmeira ao lado do espelho me acolhe e não me dá tempo de fechar a porta antes que "Said" apareça, radiante, mal conseguindo se conter. Aponta para a planta, agradeço-lhe e rio com ele. Um pequeno mosquito sai voando do vaso: não precisarei mais dormir sozinha.

No dia seguinte à manifestação paramilitar, todos os correspondentes são convidados para uma das salas do segundo andar do ministério. Montou-se um telão e nos sofás junto às janelas está o ministro da Informação com Uday e mais alguns homens sisudos. Além dos jornalistas, a sala está cheia de representantes de diferentes organizações a favor da paz, entre elas a norte-americana Mulheres de Rosa é a que mais chama a atenção. Vestidas com diferentes tons de rosa, colocaram-se no centro da sala com uma bandeira rosa que pede a paz. Tenho visto estas mulheres por todo o lado nos últimos dias; instalam-se geralmente em frente ao centro de imprensa ou diante dos hotéis, porque sabem que ali estão as câmeras. Na praça do Paraíso, em frente ao Hotel Palestina, passaram um dia inteiro debaixo de guarda-sóis cor-de-rosa, gritando palavras de ordem e distribuindo pequenos objetos de plástico cor-de-rosa às crianças que corriam para elas. E os seus protestos surtem algum efeito. Pelo menos aparecem na televisão, e são, sobretudo, populares nos canais árabes. Na sala de conferências, as Mulheres de Rosa parecem dar entrevistas sem parar e procuram, muito vaidosas, mais entrevistadores.

— O mundo deveria ser governado por uma atitude vital cor-de-rosa — ouço uma mulher com forte sotaque californiano dizer.

Ao seu lado está a organização espanhola Mulheres pela Paz, com um estandarte que diz “Não passarão!”. Mas não podem competir com as americanas e acabam se sentando nas cadeiras enquanto esperam o início do espetáculo. Vozes no Deserto, Sacerdotes pela Paz, estão todos aqui, e um pastor levanta-se e declara que a guerra é pecado. Alguns gregos da organização Médicos do Mundo estão sentados num canto, vestidos com os seus uniformes brancos, e uma grande delegação do Parlamento da União Européia dá voltas sem saber o que fazer: vieram para pedir aos parlamentares do Iraque que colaborem com os inspetores de armas e não se sentem bem nem entre os militares do Baath, nem entre os colares de plástico rosa.

A televisão é ligada. Estamos preparados com os blocos de anotações e o ar está impregnado da fumaça dos cigarros. A BBC e a CNN mostram as mesmas imagens, e após alguns instantes zapeando de canal em canal, escolhem o inglês. Joschka Fisher cumprimenta o seu colega francês, Dominique de Villepin, e comparecem os inspetores Hans Blix e Mohamed el-Baradei, seguidos por subalternos carregando pastas. Colin Powell passa sorridente e cheio de si pelo corredor até a sala principal do Conselho de Segurança da ONU com uma pasta: as provas.

O ministro da Informação iraquiano, Mohamed Said al-Sahaf, observa as imagens recostado numa cadeira, mas o seu olhar fixo no telão parece procurar na linguagem corporal do norte-americano algo que revele o conteúdo da pasta. Uday também adotou a postura relaxada do seu superior, mas observa com um olho o telão e com o outro o ministro. A sessão dura quase uma hora e meia, durante a qual o secretário de Estado norte-americano pretende demonstrar com fotografias e esboços que o Iraque transporta armas de destruição em massa por todo o país. Mostra imagens do que chama de laboratórios móveis e sustenta que o Iraque tem fortes laços com a al-Qaeda.

Olho para Al-Sahaf e para Uday enquanto Powell expõe as suas provas, mas não parecem afetados; observam a apresentação impassíveis, sem trocar uma palavra. Quando Powell termina, o ministro do Interior britânico, Jack Straw, aplaude, mas Fisher exige mais tempo para os iraquianos, e De Villepin diz que é preciso dar a eles mais oportunidades para colaborar. Blix está de acordo, mas enfatiza que também não é possível dar-lhes muito mais tempo.

Quando acaba a transmissão, os homens sentados nos sofás levantam-se e saem muito eretos da sala, sem titubear e sem olhar ninguém nos olhos. Os correspondentes ficam para trás, analisando o discurso de Powell, e nos perguntamos que tipos de provas na realidade eram aquelas. Duas das ativistas pela paz desatam a chorar e as suas compatriotas espanholas aproximam-se para consolá-las. As Mulheres de Rosa enrolam a sua bandeira e os repórteres de televisão correm para o terraço para comentar as reações iraquianas, mas não houve reações: limitaram-se a abandonar a sala com caras inexpressivas e sem pronunciar uma palavra.

Um parlamentar sueco caminha lentamente pelo recinto.

— Isto não me cheira nada bem — diz. — Não parecem ter entendido a gravidade da situação.

A cada dia fico mais surpresa de que as autoridades iraquianas me deixem ficar. Na parede exterior do gabinete de Uday continuam a aparecer listas dos que têm que partir. Um dia são expulsos cinqüenta jornalistas, em outro, vinte, muitas vezes com 48 horas para sair do país. São os menos importantes, correspondentes de países menores: a minha categoria.

E depois de três semanas no Iraque, o meu tempo também se acaba. Terminam os dias que Uday me concedera, não prorrogam mais o meu visto e tenho que ir embora. Faço planos mirabolantes de me esconder e não sair do esconderijo até que o regime tenha sido derrubado, fantasio que o ministro da Informação tenha sido aniquilado e Uday tenha fugido. Mas não é fácil passar à clandestinidade num país tão controlado: os hotéis estão sempre verificando se os hóspedes estão com os vistos de permanência em dia e nos escondermos numa casa particular está fora de questão. Seria impossível me manter escondida dos vizinhos num país onde todos se espionam e onde cada rua ou edifício tem um vigilante. Além disso, não conheço nenhum iraquiano a quem pudesse fazer um pedido assim. E os beduínos do deserto? Como Gertrude Bell. Imagino a seguir: *A rainha do deserto II.* A fuga fantástica só se dá na minha imaginação e, sendo assim, começo a fazer as malas, peço uma passagem para Amã e penso no que vou fazer agora. Voltar para a Noruega? Esperar na Jordânia? Estou consciente de que, depois de ter saído do Iraque, é praticamente impossível voltar. Centenas de outros correspondentes estão preparados e esperando no país vizinho, muitos já se encontram ali há semanas. O destino do Iraque vai ser decidido e não vou estar presente. Que inferno.

No último dia, antes da partida, vou ao Ministério da Informação para saldar contas: os jornalistas estrangeiros devem pagar 225 dólares por dia para que, na sua grande misericórdia, nos deixem estar no país, e eu já devo vários milhares. Enquanto procuro o dinheiro na bolsa, Kadim, o segundo depois de Uday, e muito mais simpático que ele, sussurra-me ao ouvido se quero ficar.

— Claro. Mas vocês estão me mandando embora!

— Eu sei, mas posso ajudá-la.

Faz-me um gesto que significa que a sua ajuda será clandestina e pede-me que o encontre uma hora depois no fundo de um corredor que ninguém utiliza.

— Você tem que entender. — Tosse quase timidamente logo que chegamos ao fundo do corredor. — O acordo deve beneficiar os dois lados.

Kadim olha para mim fixamente. Até agora me parecia um homem simpático, brincava freqüentemente com Aliya e comigo, a única equipe jornalística em Bagdá exclusivamente feminina. Tenho dificuldade em encaixar a sua personalidade flexível no duríssimo serviço de informação a que pertence.

— Beneficiar os dois lados? O que isso quer dizer?

— Você vai ter que pagar.

— Quanto?

— Isso é você quem decide. Eu não sei quanto dinheiro tem. Traga tudo o que puder amanhã e o caso será resolvido... por enquanto — conclui Kadim antes de desaparecer com um passo ligeiro pelo corredor.

A sua oferta é ousada num país que, mesmo corrupto, castiga duramente o suborno. Compreendo, porém, a ambição de Kadim de acumular o possível, antes que tudo desmorone. O que será uma soma adequada? Não pode ser dinheiro demais, para que não pense que sou uma fonte inesgotável, nem muito pouco, para que não se zangue. Além disso, não sei se é somente para os próximos dez dias. Acabo deixando quinhentos dólares num envelope e espero que tudo corra bem.

Kadim não pode tomar a decisão sozinho, tem que apresentar o caso ao comitê, no oitavo andar, e cujos membros não conheço. Em cada reunião ele pode propor que alguns jornalistas sejam liberados da norma de dez dias. Trata-se, sobretudo, dos correspondentes das grandes redes de televisão e de jornais que pagam milhões para poder ficar. O fato de eu ser de um país menor complica as coisas para Kadim, e ele me pede que o informe detalhadamente sobre todos os meios de comunicação para os quais trabalho.

Desta vez, tenho sorte, mas a qualquer momento o meu nome pode aparecer na lista dos indesejáveis do gabinete de Uday. Um correspondente após outro deixa o país ao fim dos dez dias autorizados, e me pergunto se o que decidiu a minha sorte foram realmente os quinhentos dólares.

Não eram só os habitantes do Iraque que temiam a severidade do regime, mas também os jornalistas estrangeiros. Era proibido qualificar Saddam Hussein como ditador, e se alguém ousasse escrever sobre as torturas ou as penitências, era expulso no mesmo instante. Por isso, a grande maioria dos artigos críticos eram obra dos colegas de redação, não dos correspondentes presentes no Iraque. Custava caro demais conseguir um visto de permanência para jogá-lo fora à custa de um artigo demolidor. Entramos com os olhos muito abertos no mundo da autocensura.

Janine reescrevia e alterava profundamente os seus textos para poder ficar. Mesmo assim foi chamada ao gabinete de Uday para levar uma advertência em função dos editoriais e comentários publicados no *Times*, que tinha tomado uma clara posição a favor da guerra. Melinda, a correspondente da *Newsweek*, costumava enviar meros fragmentos dispersos, que depois eram usados em artigos assinados por outros. Um dia, Remy, do *Le Monde*, recebeu ordens para pegar o primeiro vôo e sair do país. A embaixada iraquiana em Paris tinha mandado uns artigos, por fax, para Uday, num dos quais Remy tinha citado um homem da rua que tinha dito: "Que bombardeiem: assim nos libertaremos finalmente do ditador."

— É impossível que alguém lhe tenha dito algo assim! — vociferou-lhe Uday. — Isto foi inventado por você.

— Eu não invento coisas — respondeu o jornalista francês.

— O seu intérprete será castigado por ter traduzido uma coisa destas. Onde é que ele está?

— Ele não estava; eu encontrava-me sozinho.

— Não tem autorização para sair sozinho, você quebrou as normas. Rua! O seu intérprete será castigado por não o ter vigiado bem.

— Saí escondido — disse Remy para proteger o intérprete.

— A mim parece que foi você quem inventou tudo isto.

— Não é verdade.

— E se alguém lhe disse isso, por que razão o escreveu? Por quê?

— Porque...

— *Vous n'existez plus pour moi!* Você não existe mais para mim! Rua!

Remy recusou-se a sair do gabinete; sabia que mal saísse dali, tudo estaria acabado para ele. Tentou discutir com Uday, mas o alto dirigente iraquiano já não o ouvia. Foi então que Giovanna, uma bela estrela do canal italiano RAI, entrou na sala. Uday tinha um certo fraco por esta beleza loira que simpatizava com Remy. A italiana entendeu de imediato a situação.

— Mas, Uday, por que Remy? O que ele fez? Ele é o homem mais gentil do mundo, já faz parte da família. Dê uma outra chance a ele, por favor, eu me responsabilizo para que não volte a dar nenhum passo em falso. Garanto...

Como um psicopata, o burocrata mudou de semblante ao olhar para Remy e depois para Giovanna. Por ora, permitiu que Remy ficasse, e este não voltou a escrever nenhuma crítica aberta ao regime iraquiano. Não queria perder a guerra por nada deste mundo.

O Iraque não tinha embaixada na Noruega. Eu ficava preocupada com a embaixada na Suécia, mas tinha me informado de que mal sabiam inglês e muito menos sueco. Depois de sondar várias pessoas entendi que ninguém estava me controlando e que podia escrever o que via e ouvia. Mas isso era muito pouco, procurava alguma coisa que valesse a pena escrever! Não tinha sentido enviar aos meus redatores as tolices oficiais do regime e não podia ler os pensamentos das pessoas.

Surpreendentemente, um dia recebemos autorização para ir a uma das cidades que mais fazem oposição ao regime, Karbala, um dos locais sagrados para os xiitas. E como se não bastasse, foi no *eid*, o final do mês sagrado do Ramadã, celebração para a qual se esperava uma mobilização de centenas de milhares de peregrinos. A história de Karbala era explosiva, e para nos vigiar não bastava Aliya, assim também veio Hassan, o intérprete de Janine.

Até agora, Aliya tinha viajado conosco e Hassan assistira às conferências de imprensa e solicitara as autorizações. No centro de imprensa, Hassan prestava atenção em todos os rumores, mudanças de poder, intrigas e manobras dos burocratas. Suponho que o fazia em benefício próprio, na esperança de ser promovido rapidamente de vigilante do *Times* a um lugar de maior importância no oitavo andar. Quando saía conosco, mantinha-se em segundo plano e não se dignava a traduzir as nossas perguntas, pois Aliya se ocupava disso. Com a barba curta e bem-cuidada, o olhar muito atento e um ar intrigante, Hassan era uma versão iraquiana do inspetor Clouseau.

Partimos antes do amanhecer, porque tínhamos autorização só para um dia. Ao fim de algumas horas de viagem, não pudemos seguir adiante. Havia peregrinos por todos os lados: a pé, a cavalo, de carro, em ônibus e em caminhões de carga. Depois de um tempo, o carro pôde voltar a avançar, porém lentamente. Por fim, surgiu Karbala ao fundo do deserto, como uma miragem.

Era uma bela cidade com palmeiras, jardins, monumentos sagrados e mais de cem mesquitas. Aqui morreu o imame Hussein, neto do profeta, numa batalha no ano 680; e onde o seu sangue se derramou no chão ergueu-se um mausoléu. Durante todo o ano vinham peregrinos, sobretudo durante o *eid*. Karbala era povoada quase exclusivamente por xiitas e, portanto, intensamente vigiada pelo regime. Apesar de os xiitas serem o grupo religioso majoritário do país — cerca de 60% da população — foram vítimas de uma repressão brutal. Não foi somente o imame Hussein que precisou se render em Karbala.

Depois da primeira Guerra do Golfo, os xiitas insurgiram-se contra o regime e em poucos dias, em março de 1991, quase todas as zonas xiitas do Sul do Iraque tinham-se sublevado. Contavam com a ajuda dos Estados Unidos por terem o mesmo objetivo — ou pelo menos acreditavam nisso —, derrubar Saddam Hussein. A ajuda nunca chegou. Pelo contrário. George Bush pai facilitou as coisas para seu inimigo tenaz, permitindo que os helicópteros iraquianos sobrevoassem as forças norte-americanas para conter a rebelião. As tropas de elite da guarda republicana usaram maciçamente todo o seu arsenal militar, incluindo armas químicas. As cidades sagradas foram as últimas a se render e em Karbala a luta continuou de casa em casa, com 30 mil mortos nos primeiros dois dias e o dobro nos arredores. Travaram-se batalhas no próprio mausoléu, onde milhares de pessoas tinham se escondido. A guarda republicana lançou mísseis contra o santuário. Depois desta *intifada* dos xiitas, a cidade mudou de rosto: onde antes da guerra havia um bazar exuberante, estreitas ruelas com pequenas casas de chá, lojas e oficinas lado a lado com o mausoléu, agora encontrava-se uma praça com mais de cem metros de largura. Nada testemunhara as batalhas que ocorreram ali; os capitéis de ouro destacavam-se com orgulho e o mosaico dos ladrilhos azuis e verdes, recém-polidos, brilhava.

Entramos no edifício onde houve o massacre. Acaba de nascer o Sol e muitos peregrinos ainda dormem nas suas negras mantas de lã. Três mulheres estão acordando, sentadas em círculo sobre os ladrilhos polidos. Uma delas aspira lentamente o fumo de um cigarro, tremendo por causa do frio da manhã. É a sua terceira noite nas lajes de fora do santuário, onde foi para rezar a Alá e pedir a sua ajuda.

— Tenho 60 anos e vou morrer brevemente, rezo, porque quero ir para o paraíso — explica Yimala entre as pausadas tragadas que dá no cigarro. — Rezo para ter uma morte tranqüila, para não ser incendiada num bombardeio ou destroçada por uma bomba. O meu marido faleceu no ano passado de um ataque no coração; morreu tranqüilo na cama. Eu gostaria de ter uma morte como a sua. Espero encontrar-me com ele no paraíso, *inshala*.

Os peregrinos começam a se juntar ao nosso redor. Alguns sentam-se em família sobre tapetes e almofadões, lendo o Alcorão em voz alta. Outros murmuram para si mesmos ou põem-se na longa fila para entrar no mausoléu e aproximar-se do sepulcro do imame. Pressionamos Aliya até ela concordar em lhes perguntar sobre a rebelião de 1991.

Mas as pessoas só fazem negar com a cabeça. Um homem está de pé, um pouco afastado dos outros, salmodiando o texto de um breviário. Said viveu em Karbala toda a sua vida; esteve no edifício sagrado todos os dias durante a Guerra do Golfo e afirma que nunca presenciou uma insurreição.

— Mas ouvi falar — reconhece em seguida.

— E o que ouviu?

— Que forças antipatrióticas e perversas estavam por trás dela — diz, me fuzilando com o olhar.

— E a destruição das casas vizinhas ao santuário?

— Foram as bombas americanas — explica, e o nosso intérprete, com ar másculo, a seu lado, assente com a cabeça.

O próprio Hassan é xiita e quer entrar no edifício para rezar; ordena-me que espere por ele até que saia.

— Não se mova, seria impossível encontrá-la.

Um homem que acompanhou a conversa sem levantar o olhar das páginas gastas do seu livro de orações dirige-se a mim, para minha surpresa, em inglês, falando baixo.

— Ninguém diz a verdade, ninguém. Você pode parar de perguntar.

Fico muda, olhando para ele.

— Não falamos nem entre nós. Não confiamos em ninguém, sequer nos nossos amigos íntimos — explica-me antes de desaparecer na multidão.

O intérprete volta da sua prece e tenho a sensação de ter acabado de sair de um universo paralelo. Durante alguns segundos a verdade palpitou, e agora estou de volta à mentira. Hassan diz que vai procurar outros possíveis entrevistados e eu o sigo como uma ovelha sem rumo. Mas já tenho aquilo de que preciso: alguém falou comigo! O intérprete pára diante de uma família sentada sobre um tapete, lendo o Alcorão em voz alta. O caçula brinca com um carrinho de plástico.

— Rezamos para que Alá conduza George Bush pelo caminho verdadeiro — explica o pai.

— Claro.

— Mas Alá está lutando contra Satanás.

— Ah.

E o homem fecha o livro.

— E o que será que Satanás quer? — inquiro.

— Você o conhece melhor que eu.

Um dia chegou um cardeal a Bagdá com uma mensagem do papa e falou-se na possibilidade de o líder católico oferecer asilo político a Saddam Hussein no Vaticano. O meu intérprete não acreditou nisto nem por um momento. Mas veio comigo à missa da igreja de São José, onde o mensageiro do papa ia falar. Aliya nunca estivera numa igreja. Demos primeiro uma volta pelo bairro cristão Al-Karada. Em Fruity, uma loja de sucos, encontramos o garçom José espremendo o sumo de uma romã. A espremedora moía, as sementes rangiam e a fruta se transformou num suco vermelho. José verteu-o em dois copos, acrescentou uns canudinhos e serviu.

— O cardeal vai apresentar uma proposta de paz. O papa sussurrou-lhe pessoalmente no ouvido e ninguém vai saber o que ele falou até que o nosso presidente o diga — explicou-nos o rapaz que estudava numa escola técnica na capital.

— Esperamos que sirva para alguma coisa, *inshala* — disse o responsável pela loja, Hussein.

Era muçulmano, mas dizia que não achava ruim que o papa tivesse enviado um representante a Bagdá.

— O efeito depende do poder do papa. É realmente poderoso? — perguntou.

— Muito — respondeu-lhe José.

— Mas poderá deter Bush?

O jovem não soube responder.

— Vou ouvir o que tem para dizer. Mas teria sido melhor que tivesse ido a Washington para falar com Bush. É ele que quer a guerra.

José é caldeu, como a maioria dos cristãos no Iraque. Entre as cinqüenta igrejas da capital, trinta são caldéias, e em muitas a missa é celebrada em caldeu e até em aramaico, a língua que Jesus falava. A liturgia dos caldeus é a mais antiga do mundo, e os cristãos do Iraque pretendem conservar a sua cultura e os seus rituais. O número de cristãos reduziu-se quase pela metade nos últimos 15 anos, e os 750 mil crentes constituem, hoje, apenas 3% da população. Todos os anos, milhares deles tentam sair do Iraque para os Estados Unidos ou a Europa, impelidos pela islamização do país e pelo crescente poder dos imames. Apesar de constituir uma minoria, a sua situação na sociedade iraquiana foi privilegiada e muitos foram militantes do partido Baath e membros das forças de elite de Saddam Hussein. Um dos homens mais importantes do presidente é o vice-primeiro-ministro, o caldeu Tareq Aziz. "Com Saddam Hussein sabemos, pelo menos, quais são as nossas responsabilidades, enquanto um novo regime poderia ser dominado por fanáticos religiosos", é a desculpa que dá a sociedade caldéia pela sua colaboração.

— No Iraque, os cristãos e os muçulmanos não são inimigos — assegurou o garçom e o seu chefe concordou. — Somos irmãos e temos o mesmo Deus.

José tinha algumas horas livres para ouvir o cardeal, então tirou o avental e assistiu à missa, enquanto o seu chefe esperava que os chamados para a prece viessem da mesquita. Perdemos o jovem de vista entre a multidão que se encontrava fora da igreja e Aliya não se animou a entrar. Eu estava bem, porque preferia ficar sozinha.

No jardim atrás do templo encontrei um padre baixinho, mas forte. Teria tempo para uma pequena conversa? Tinha e falava um perfeito francês. O padre Alberto não estava de acordo com o jovem da loja de sucos sobre não existirem tensões entre muçulmanos e cristãos.

— Um cristão comum pode alcançar certo status social, mas não pode ir além disso — explicou-me, apontando com o dedo um ponto na sua barriga. — Os melhores empregos e os melhores salários estão reservados aos muçulmanos. Mas ainda nos falta o pior: o avanço dos fanáticos. O país está em chamas — disse preocupado.

O padre aguardava a mensagem do papa com esperança.

— Deus, por vezes, permite o inesperado. Mas a situação no Iraque não depende de papas nem de cardeais, mas sim da boa vontade de um só homem. Só há uma forma de evitar a guerra: que o nosso líder abandone o país. Não se preocupe, escreva-o. Eu sou velho e posso dizer o que quero. Saddam Hussein deve deixar o país. Mas não vai fazer isso.

O padre Alberto era igualmente crítico com o colega norte-americano de Saddam.

— Finge ter razões para uma guerra, mas não tem. O que ele quer é o poder.

O padre pertencia à mesma congregação que o vice-primeiro-ministro Tareq Aziz e conhecia-o bem.

— No fundo é um bom homem, um intelectual com boas intenções. Mas tem as mãos atadas e não pode fazer mais do que está fazendo. Não pode mandar o presidente ir plantar batatas.

No caso de estourar a guerra, o padre Alberto temia uma rebelião total.

— O povo tem muito do que se vingar. Há dois dias, a mulher de Tareq Aziz veio me ver. Chorava e queria trocar o seu palácio por uma cabana humilde. Estava morta de medo pela reação do povo, agora que o regime está a ponto de cair, e suplicou proteção para ela e para o seu marido no claustro onde vivo — explicou-me o padre; depois ficou em silêncio durante uns instantes. — Mas eu recusei. Se as igrejas e os claustros derem abrigo aos odiados, isso vai prejudicar todos os cristãos e atiçar o fogo dos fanáticos. Além disso, essa gente tem que responder por muita coisa.

O padre Alberto criticava abertamente o regime! Eu estava quase em estado de choque e me certifiquei várias vezes de poder realmente escrever o que ele estava me dizendo, e assim foi. Disse-me que se sentia protegido e apontou para o céu.

Usei quase tudo o que ele dissera num artigo nessa mesma tarde, mudando-lhe, obviamente, o nome e sem mencionar Tareq Aziz, mas descrevendo-o simplesmente como um dos colaboradores mais próximos de Saddam Hussein. Seria perigoso se chegassem a saber que a mulher do vice-primeiro-ministro estava procurando refúgio para depois da queda do regime. Sempre que Tareq Aziz estava em viagem, sua família ficava numa espécie de prisão domiciliar e, em caso de deserção do ministro, os seus familiares pagariam com a própria vida. Assim, o regime garantia a lealdade dos seus. Mas como também reforçou o padre Alberto ao falar do seu velho amigo: Aziz sabia o que estava fazendo quando aceitou por opção participar da ditadura. Fechou os olhos à tortura e à repressão do regime Baath e — oportunista como era — subiu os degraus do aparelho do poder. Essa gente tem que responder por muitas coisas!

O Ministério da Informação transformou-se num canteiro de obras. De manhã à noite martelavam, batiam, serravam e soldavam. Para entrar, tínhamos que nos desviar de montes de cimento misturado com água, serras elétricas e chamas da solda. Uma camada branca de pó cobria tudo. O barulho fazia com que me dispersasse cada vez que tentava me concentrar no meu artigo. Um dia, um operário cortou por acidente todos os cabos dos telefones por satélite, e os correspondentes foram correndo com os seus intérpretes comprar novos cabos ou material para remendar os que ficaram estragados. No outro dia, o caminho entre o edifício e a entrada para o solar ficou inundado porque a tubulação se rompeu. Colocaram tábuas e pulamos de uma para outra. Com pó por todo o lado, temia pelo meu telefone e pelo meu computador. Os espaços entre as teclas iam se enchendo pouco a pouco de areia e perguntei-me quanto tempo o aparelho poderia agüentar antes de parar de funcionar.

Os operários tentavam transformar o ministério numa fortaleza, e o exíguo espaço onde trabalhavam os que, como eu, não tinham gabinete tornou-se cada vez mais reduzido. As paredes originais do andar térreo, feitas de vidro e frágeis estruturas de aço, foram cobertas de tijolos, deixando pouco espaço entre o vidro e a nova fachada. Os operários demoraram muito tempo para construir cantos arredondados e arcos por cimas das janelas e, apesar de haver cinqüenta homens trabalhando, o serviço avançava lentamente.

— Será que o ministro das Obras Públicas está prevendo os acontecimentos? — brinquei com o meu antigo intérprete ao encontrá-lo, um dia, no Ministério da Informação.

— Como assim os acontecimentos?

— A guerra.

— Que guerra? — perguntou Taklef. — Do que você está falando?

— Ora essa, do impacto das bombas nas janelas.

Taklef olhou para mim com uma expressão de incredulidade e declarou ao sair:

— Estão fazendo mais gabinetes para os correspondentes, não está vendo? Estão fazendo mais gabinetes.

Embora Taklef não temesse os ataques futuros, a maioria dos habitantes estava se preparando para fazer frente a eles.

— Corremos na diagonal, marchamos em grupo e nos arrastamos pelo chão — conta-nos Rania, uma jovem enfermeira que fizera um curso de treinamento de defesa da cidade.

O curso de Tadrib Askari (treinamento bélico) tinha durado um mês. Quase todos os funcionários do Estado — entre eles a minha intérprete — passaram pelo treinamento, e foi Aliya quem me apresentou a Rania.

— Um dia fizemos um curso de sobrevivência no deserto, aprendemos a caçar animais e coisas desse tipo. Também nos ensinaram a manejar armas. Quando a guerra estourar, vão nos dar um rifle para poder lutar corpo a corpo com o inimigo — conta-nos esta mulher de 26 anos.

Depois do curso tinha recebido a distinção de fedayin, ou seja, combatente preparado para o martírio.

— Mas eu não quero atirar em ninguém, nem no inimigo. Não posso tirar a vida de ninguém, não suportaria fazer isso — explica Rania, cujo uniforme, calças e camisa verde e lenço preto, continua passado a ferro no armário. — Parece que, em caso de guerra, vou precisar, sobretudo, dos meus conhecimentos de primeiros socorros — acrescenta em voz baixa.

Um dia voltei à casa dos Dhafer, uma das famílias que tinha visitado com os psicólogos de crianças, para ver como eles estavam se preparando. Só os filhos estavam em casa, e em frente a ela via-se um monte de tábuas.

— É para cobrir as janelas se houver guerra — explicou Ahmed, que estudava Direito na Universidade de Bagdá. — A eficácia depende de como as bombas caem, mas pode ajudar a evitar que os vidros se quebrem.

Segui Ahmed e seus irmãos para dar uma volta na casa. Passamos pela horta e pela ovelha presa, em frente ao pequeno poço de água, descemos por escadas muito íngremes e entramos numa sala pequena e fedorenta na qual estavam empilhados garrafas de água, mantas e colchões.

— Aqui estaremos seguros; aqui as bombas não chegam.

O abrigo antiaéreo havia sido construído durante a guerra contra o Irã na década de 1980 e fora útil, também, em 1991, 1993 e 1998. O estudante de Direito nos assegurou de que, caso atacassem, os norte-americanos estariam violando toda a legislação internacional.

— Nós somos um povo pacífico — afirmou.

— Mas ainda assim haverá guerra — disse Ali, o seu irmão mais novo, num tom resignado.

Ali tinha aprendido na escola a se proteger.

— Se forem explosões, temos que deitar no chão. Se forem armas químicas, temos que tapar o nariz e a boca.

— E andar a favor do vento — informou-nos Amar, o terceiro irmão. — Não contra, mas sim a favor. Ou será contra? — começou a duvidar.

— Depende de onde acontecer a explosão química — disse Ahmed.

— Sim, e da direção do vento — acrescentou Amar.

— Ninguém pode conquistar o vento — declarou o mais velho. — É um provérbio iraquiano, pense nele.

Trabalhar no Iraque tornou-se árduo; encontrar sobre o que escrever era difícil. Com um ambiente tão rígido, não era fácil conceber projetos interessantes e viáveis. Por vezes, eu tinha a impressão de estar vivendo numa redoma, de que o meu mundo e o das minhas personagens estavam hermeticamente isolados um do outro. Só de vez em quando encontrava alguma pequena coisa que me vinculasse aos outros, aos iraquianos.

Numa sexta-feira, vi no calendário que era Dia dos Namorados e me lembrei do convite de Nabil, o dono do restaurante. A minha colega inglesa ficou no hotel para tomar um banho, fazer uma máscara e ler, e eu me juntei a cinco franceses. Ao entrar no restaurante, as redomas em que nos encontrávamos tornaram-se ainda mais pronunciadas e a distância entre "nós" e "eles" foi total. O restaurante, com as paredes cor-de-rosa, estava cheio de balões onde se lia *I love you* e do teto pendiam guirlandas prateadas e douradas. As mesas centrais foram um pouco afastadas, criando assim uma bela pista de dança, e um grupo de músicos tocava desde canções românticas árabes até a popular "Lady in Red". Quando chegamos, recebemos muitas rosas e fomos conduzidos para a nossa mesa. As redomas atravessaram o salão, deixando rastro: estávamos malvestidos para a ocasião; as nossas camisas amarrotadas, jeans e tênis velhos não eram adequados. Eu não estava maquiada nem exibia um penteado bonito. Pelo contrário, os iraquianos iam muito bem arrumados: exibiam trajes de festa, jóias fulgurantes, tudo em ouro avermelhado, e os penteados das mulheres tinham laquê para agüentar uma longa noite. Estávamos em duas festas diferentes.

Chegavam pratos de luxo à nossa mesa para celebrar uma tradição norte-americana. Nem eu nem os franceses tínhamos o costume de festejar aquela data; os iraquianos também não. Mas Nabil parecia ter o firme propósito de introduzir o 14 de fevereiro como um feriado nacional. Um dos franceses definiu o seu plano para essa noite como a tentativa de conquistar uma das beldades iraquianas que, para grande infelicidade dele, estavam vigiadas de perto por irmãos e maridos.

— Que pena não ter champanhe — suspirou o francês. — Teria me ajudado.

De repente, tive a sensação de que fazia muito tempo que não dançava, e convidei o francês desiludido a me acompanhar na pista de dança vazia. O pop árabe ecoava pelos alto-falantes, e me dispus a imitar as mulheres dos videoclipes do país, dançando como elas. Juntou-se a nós outro casal, e mais outro, e no decorrer da primeira música a pista se encheu de gente dançando. As redomas foram quebradas, pelo menos momentaneamente. Dançamos todos juntos, danças de vários estilos. Suávamos, entre as botas adornadas com lantejoulas, e, pela primeira vez, me senti aceita, apesar de estrangeira. Todos sorriam para mim, mas no fundo eu sabia que tudo aquilo era uma ilusão. Em qualquer outro país árabe, as pessoas teriam falado conosco, talvez tivessem nos convidado às suas casas, nos dado algumas sugestões de atrações turísticas. Mas no Iraque os estrangeiros representavam um perigo.

Dei-me conta do absurdo de toda aquela situação. Isto aconteceu a 14 de fevereiro, e Hans Blix acabava de apresentar o seu relatório ao Conselho de Segurança da ONU nessa mesma tarde, um relatório que não deixava muita esperança de poder evitar a guerra. Saddam Hussein, por sua vez, tinha feito uma convocação para a guerra santa. Nas mesquitas tinha-se exaltado o martírio durante as preces de sexta-feira, e o imame mais poderoso de Bagdá posara com a espada do califa Ali na sua transmissão televisiva, durante a qual incitara a população a lutar contra os invasores.

— Nunca tinha ouvido o imame fazer um discurso tão belicista — comentou um homem ao sair da mesquita.

Desalinhados e com blocos de anotações no bolso traseiro das calças, passamos algum tempo no restaurante de Nabil à espera de que a guerra explodisse. Os clientes perfumados e impecáveis das mesas vizinhas também esperavam que alguma coisa acontecesse.

Nabil interrompeu os meus pensamentos, apresentandome a sua bela mulher. Pôs a mão dela sobre a minha. Era ela e os bebês gêmeos que Nabil queria tirar do país a tempo, mas quando seria a tempo?

Dizia-se que ao lado de um dos hospitais infantis havia um cemitério para crianças. Ninguém sabia exatamente onde, nem

Aliya, nem o motorista, nem os meus colegas. Após um mês em Bagdá tínhamos aprendido que não valia a pena perguntar nada no Ministério da Informação: quanto menos tivéssemos que nos reportar a eles, melhor. Apesar das normas rigorosas e da proibição de viajar sem a devida autorização, o sistema não era nem de longe inviolável. Simplesmente não tinham capacidade para seguir todo mundo o tempo todo. Então começamos a procura, indo de bairro em bairro. Depois de várias tentativas em vão, encontramos o cemitério, onde estava um homem vestido com um velho macacão azul e um lenço palestino fazendo as vezes de um turbante na cabeça.

O homem leva o pequeno saco nas mãos, evitando pisar nas sepulturas e nos montinhos de terra. No saco de pano carrega Haidar, um menino que morreu esta manhã aos 2 dias de idade.

— Faleceu de septicemia — disse o coveiro, Kadim. — Tem o rosto azul e o corpo cheio de inchaços — explica e levanta o pano branco para mostrar o corpo, antes de tornar a fechá-lo e deixar o menino em cima de uma pedra. Haidar fora entregue ao coveiro no portão pelo seu pai. — Não tinha dinheiro para um caixão nem para uma cerimônia, e suplicou-nos que o enterrássemos, apesar disso. Aqui recebemos todo mundo, pagam-nos duli — disse, apontando para o céu. — Vamos levá-lo e cobri-lo com este pano. Mas não terá lápide nem placa com seu nome. Um caixão custa 20 euros.

Ainda é de manhã cedo e já enterrou sete crianças.

— Um tinha 7 meses, outro, 9. Os outros teriam uns 2 anos — diz-nos Kadim.

Uma das crianças tem uma lápide com uma citação do Alcorão e o seu nome está escrito a tinta verde e vermelha.

— Morreram de quê?

— Falta de comida e de medicamentos; contraíram septicemia.

O coveiro chama todas as doenças que desconhece de septicemia. Com outro homem, cava uma sepultura para Haidar entre a de outras duas crianças. Este cemitério é para as crianças pequenas, fica próximo de vários hospitais e é chamado de o Pátio das Crianças.

— Recebemos diariamente de vinte a trinta crianças. Há alguns anos chegavam apenas dez por dia. Alguns são deixados no portão. Os pais não podem pagar um enterro de verdade e nunca mais vêm aqui.

O pai de Haidar tinha lhe contado que a mãe estava mal desde o parto, que ocorrera no sétimo mês, e que ele tinha que voltar rapidamente para o hospital. Muitas crianças nascem prematuramente no Iraque, e entre 1990 e 1999 quintuplicou o número das que nascem com peso abaixo do normal, o que indica também que as mães sofrem de desnutrição. No mesmo período duplicaram-se os casos de mulheres que morreram durante o parto, e de mortalidade infantil. A redução na qualidade de vida da população desde que começaram as sanções afetou, sobretudo, as crianças. A maioria morre devido a doenças pouco graves: dois terços, de diarréia ou de infecções comuns. As crianças iraquianas têm diarréia 14 dias por mês em média, quando em 1990 a média era de três dias.

Depois de iniciado em 1996 o programa da ONU Petróleo por Comida, os números pararam de crescer e em alguns lugares a saúde infantil melhorou um pouco devido às rações mensais. Mas em alguns casos a distribuição de comida piorou as coisas. Assim, por exemplo, o leite em pó incluído nas rações para as mães de bebês induziu muitas mulheres a não amamentar ou a parar mais cedo. Isto, por sua vez, faz com que as crianças adoeçam, porque a qualidade da água é péssima. Muitas das doenças fatais provêm da água. Antes, o Iraque tinha um sistema hidráulico moderno, mas desde a Guerra do Golfo a qualidade da água piorou muito. A manutenção das centrais de água corrente e as instalações de depuração são muito deficientes, a falta de cloro e de peças de substituição, e os cortes de eletricidade colocaram várias delas fora de serviço. Teme-se uma catástrofe na distribuição de água se as centrais elétricas forem destruídas num bombardeio. Vários conjuntos de tubulação e de esgoto já estão fora de serviço, metade das instalações de purificação da capital com os seus cinco milhões de habitantes não funciona, e 500 mil de toneladas de lixo são lançadas todos os dias diretamente no rio Tigre.

Os coveiros terminaram o trabalho. Após uma pequena prece, deixam Haidar no buraco aberto no chão, colocam três tijolos em cima do corpo e enchem o buraco com terra. Kadim não acredita que o pai de Haidar vá voltar.

— Os que não podem pagar uma sepultura não costumam voltar, porque não sabem onde os filhos estão enterrados. Eu vou me lembrar de Haidar durante uns dias, mas depois chegam novos corpos e eu também acabo esquecendo.

Um pouco mais à frente, um homem está polindo o mármore de uma lápide. A pedra tem uma grande moldura de lírios arroxeados num lado e uma citação do Alcorão no outro. Shehad: 1/7/1995-3/2/1999.

— Leucemia — diz o pai interrompendo o polimento.

Não sobra qualquer resquício de pó no mármore branco.

— É como se a vida tivesse acabado quando ficamos sem ela. Era nossa única filha, e parece que não teremos outra — confessa com pesar. — Tinha manchas negras no corpo todo, mas o médico disse que não era nada. Deram-lhe injeções, mas morreu quatro dias depois. Quatro dias. Faltavam os medicamentos adequados. A minha mulher ficou doente desde então e só vem às sextas-feiras. O nome da minha filha significa mel. Tinha o cabelo cor de mel e a pele branca, era bela como uma flor.

O pai da menina morta apóia-se na pedra e acende um cigarro. Vem todos os dias para partilhar alguns momentos com a filha. O vento começa a soprar, espalhando terra. Mas Haidar está seguro debaixo dos seus três tijolos.

Durante muito tempo eu desejara visitar Saddam City, um subúrbio proibido em Bagdá. Um lugar que não devia ser mencionado nem visitado, de preferência ser esquecido. Cada vez que os correspondentes mencionavam este bairro no Ministério da Informação, olhavam para nós e perguntavam:

— O que querem ver ali? É como todos os outros lugares. Não, é melhor ficarem no centro.

Quando propus a Aliya ir a Saddam City, ela teve um sobressalto.

— Não me peça isso. Eu não quero ir.

— Por que não?

— Não vão nos deixar ir até lá.

— Mas, pelo menos, poderemos pedir.

— Não vão dar autorização.

— Se não pedirmos, certamente não vão dar.

— Mas não quero fazer isso.

E quando a minha intérprete não queria, era mesmo porque não queria. Negou que a sua resistência se devesse ao fato de ser uma zona xiita.

— Não fazemos distinções entre os xiitas e os sunitas. Somos todos iguais.

Temia-se que o bairro inteiro se rebelasse contra o regime, tal como durante a Guerra do Golfo. Nessa época, a guarda republicana tentou em vão acalmar os ânimos dos habitantes daquele subúrbio. Mas a rebelião se estendeu e Qusay Hussein, filho do presidente, deu ordem para atacar o bairro com mísseis se a insurreição não fosse reprimida em duas horas. Os líderes do partido Baath de Saddam City pediram 24 horas, que foram concedidas. A rebelião foi sufocada. E agora? De antemão me vem um desalento; se os rumores de uma nova insurreição forem verdadeiros, quem me falaria disso? O tempo passou.

— Não fazemos distinções entre os xiitas e os sunitas — recitava Aliya e como eu continuei a insistir, disse cortante: — Não vamos falar mais disso.

Uma tarde, quando o meu motorista Amir me levava para o hotel, desaconselhou-me ir a Saddam City.

— As pessoas ali são porcas e preguiçosas, não são como nós. São uns incivilizados; basta ver como açoitam a si mesmos — disse, fazendo referência aos rituais religiosos. — Promovem distúrbios.

Fiquei surpresa. Se era proibido criticar abertamente os xiitas é porque a repressão deveria acontecer sub-repticiamente. Pensava-se que fosse o Mukhabarat, o temido serviço de inteligência, agindo na calada da noite. Dezenas de milhares de xiitas tinham desaparecido somente por pertencer a uma mesquita, que, segundo o regime, organizava rebeliões. Mas, aparentemente, tudo devia estar tranqüilo. Era uma das normas mais importantes do partido Baath.

— Não são confiáveis, sorriem para você, mas quando você dá as costas, eles o apunhalam — afirmou Amir.

Amir é um grandalhão simpático, com ombros e bíceps de lutador de boxe e uma preferência por jeans pretos e jaquetas de couro. O rosto rechonchudo revela um homem bom e solícito, não o brutamontes que a sua roupa faz parecer. Quando me apanhava de manhã, me trazia sempre o *Iraqi Times* e a versão inglesa do *Babel*, o jornal de Uday Hussein. Levava sempre nas excursões café ou chá numa garrafa térmica e bolachas preparadas pela mãe. Porque, aos 35 anos, Amir continuava morando na casa dos pais. O pai falecera e era Amir quem sustentava a família com o seu salário. Raras vezes falava de política, e fiquei surpresa de ouvi-lo chamar os xiitas de porcos.

Não insisti no assunto. Não poderíamos, de qualquer maneira, conversar muito, já que o seu inglês não dava para isso, embora melhorasse a cada dia; enquanto me esperava no carro, costumava estudar palavras ou ler com dificuldade o *Iraqi Times*. Quando me levava por ruas desertas durante a tarde, na volta do Ministério da Informação, punha música clássica. Depois de me deixar no hotel, ia para casa para junto da mãe.

Um dia tive uma oportunidade de ir a Saddam City, apesar de todas as dificuldades. Não fui com Aliya, mas sim com Hassan, o intérprete de Janine. Hassan era xiita.

— Mas ele nunca fala disso — sussurra-me a correspondente inglesa.

A primeira coisa que fizemos depois de atravessar o rio e nos metermos pelo subúrbio foi nos apresentar numa delegação do partido Baath. Para uma pessoa circular nesta área, sendo estrangeira, não só necessitava de uma autorização especial, como também de dois guias, um do Ministério da Informação e outro do gabinete local do partido. O guia local não queria se sentar ao nosso lado por nada deste mundo, e assim ficou na frente, com o motorista e com Hassan, enquanto Janine e eu ocupamos o banco traseiro. Tínhamos passado de um mundo para outro. De um lado do rio seco, as longas avenidas, os arranha-céus e os monumentos de Bagdá; do outro, os bairros miseráveis com os seus milhões de habitantes. O esgoto fedia entre as barracas do mercado, e as crianças corriam descalças entre restos de hortaliça e rabos de peixe podres. Fazia anos que o canal tinha secado e agora havia murmúrios de que ia ser usado como trincheira. Vários postos de defesa foram erguidos sobre o barro seco, não para proteger a população dos norte-americanos, mas sim para separar uma zona da capital da outra. Saddam City começou a ser edificada depois da queda do rei Faisal, em 1958, e dois anos depois estava pronta. Mudaram-se para aqui os mais pobres; metade dos cinco milhões de habitantes de Bagdá vive nesta área. As palmeiras estavam secas e a grama queimada. Nesta favela — que recebeu o nome do presidente depois de ser visitada por ele uma vez há dez anos — moravam os que ele tinha marginalizado.

Paramos no mercado, onde a primeira coisa que me chamou a atenção foram as moscas. Com os dois guias na frente, começamos a primeira entrevista.

— O partido me deu uma kalashnikov — conta um vendedor de hortaliça. — Para lutar contra os americanos — assegura, tentando espantar as moscas, que se afastam um instante para voltarem a pousar sobre os tomates, as couves-flores e as alfaces.

Janine e eu nos olhamos resignadas: não fazia sentido entrevistar as pessoas, já sabíamos o que iam dizer. Decidimos ir para a clínica do bairro, porque em Saddam City não há somente muitas moscas, mas também muitas doenças. Diante do edifício, uma família chorava e uma jovem trazia nos braços uma criança com pele pálida e amarelada.

— O sangue dele não está bom — explicou-nos. — Não há vermelho no sangue, só branco. O médico disse que precisa de transfusão, senão vai morrer. Mas eu não me atrevo, não quero que lhe dêem sangue ruim.

— Tem talassemia — explicou Samir Saleh, um jovem médico do Sul do Iraque. — É hereditária e faz com que os ossos parem de crescer. Ele precisa de um transplante da medula óssea, mas é impossível fazer isso. Só se tentou este tipo de transplante uma vez. Há tantas crianças doentes aqui... A água está em más condições, o esgoto vaza por todos os lados, há radioatividade e pouca comida, tudo isso afeta o sistema imunológico. Digo às mães que têm de ferver a água, mas como é que podem fazer isso se passam o dia todo procurando comida?

Aparece o diretor do hospital e quer ver a nossa autorização. Mostramos-lhe o papel.

— Não é válida para o hospital. Têm que pedir autorização ao Ministério da Saúde.

Deixamos a miséria para trás e vamos ver um dos líderes do bairro, o xeque Namah Abd Al-Alawi. Os xeques lideram tribos ou clãs que integram de cem a vários milhares de membros. São importantes em Saddam City, conta-nos Al-Alawi: dão conselhos e intermediam assuntos como cotas de amortização, combinações de casamentos ou disputas entre vizinhos.

— Agora estamos nos preparando para a guerra — disse e pediu a um dos seus filhos que fosse buscar a kalashnikov, novinha em folha. — Vamos lutar contra o inimigo — repetiu como um eco da propaganda Baath e continuou sem fôlego, convicção ou entusiasmo: — Que o deserto seja a sepultura dos agressores.

O xeque era um oficial reformado do exército e recebia uma pensão do Estado e o apoio do clã. Mesmo assim tinha que trabalhar como taxista; comprara um carro que revezava com os filhos.

— Aí, tudo piorou com o embargo e as sanções. Houve uma época em que podíamos viver dos nossos salários — lamenta.

Na saída de Saddam City e depois de atravessar o rio seco, passamos pela praça Saddam para comprar frutas secas. Sobre um bloco de concreto está sentado Yasser.

— Houve uma época em que este bairro era muito bonito — diz. — A grama crescia, não havia esgoto no meio das ruas. Olhe ali para o canteiro, agora é um deserto. Tudo o que era verde desapareceu.

Mas havia, apesar disso, uma mancha de cor no caminho: uma enorme imagem do presidente em meio a cenas da história iraquiana, onde se viam desde mártires em cavalos brancos até uma exuberante Sherazade das *Mil e uma noites*, além dos mais modernos veículos militares.

— Isto é o mais bonito que temos aqui — afirmou o jovem, referindo-se ao cartaz. — E estamos muito orgulhosos do nome do nosso bairro — acrescentou para satisfação dos nossos guias.

Num extremo da rua do mercado de livros havia um café chamado Shahbandar, lugar de encontro de escritores e pintores, escultores e atores. O local fervilhava de gente, ou seja, de homens. Foi como entrar em outra época: nas paredes havia imagens da antiga Bagdá, esboços de esquinas e bazares, um aparelho de rádio da década de 1950 fixado na parede e, acima dele, o retrato obrigatório. Um homem baixinho corria pelo café enchendo os copos. Neste local boêmio conheci um crítico literário que se chamava Isam.

— O Iraque é um teatro — sussurrou. — Cada um faz o seu papel: "Todos queremos o nosso presidente e estamos dispostos a morrer por ele." Seria uma loucura uma pessoa tirar a máscara e dizer a verdade — murmurou entre dois goles de chá e olhando dissimuladamente à sua volta. Todos os cafés de Bagdá tinham os seus espiões.

A família de Isam fugira da Palestina para o Iraque em 1948. Como palestino, não estava mais protegido que os próprios iraquianos e fiquei surpresa em saber que estava disposto a se encontrar comigo no dia seguinte no hotel.

Quando chegou, nos sentamos num canto afastado e perguntei a ele como era possível que quisesse me ver.

— Porque estou cansado. O Iraque é o reino do medo. Ninguém vai lhe dizer a verdade se aparecer com o seu tradutor oficial ou acompanhada por outros iraquianos desconhecidos. Poucos vão falar com você, mesmo que fique a sós com eles. Por uma só palavra, pode-se ir para a prisão durante vinte anos; e por uma só palavra, um estrangeiro pode desaparecer para sempre. Este país é um grande poço de merda, nada se move na superfície, simplesmente fede. Precisamos de ajuda para fechar este buraco. É o que todos nós esperamos: que alguma coisa aconteça.

Isam tinha a impressão de que a maioria dos iraquianos era a favor da guerra.

— Não é que as pessoas sejam pró-americanas, porque em geral não são. Como palestino, odeio Israel e os Estados Unidos, mas ainda assim dou as boas-vindas ao exército que Washington nos envia para nos libertar do tirano. Entretanto, terão que deixar o Iraque aos iraquianos quando tudo terminar.

Apesar de tudo, Isam temia que a invasão dos norte-americanos provocasse uma guerra civil.

— Os xiitas e os curdos sabem que o melhor seria colaborar com os sunitas e deixar o passado para trás. Espero que os americanos tenham pedido a eles que não se vinguem. Tudo depende do tempo que a guerra durar. Poucos pegarão em armas se o regime cair rapidamente. Vão se esconder em suas casas e depois irão dançar pelas ruas. Mas se os combates se prolongarem, qualquer coisa pode acontecer.

Isam começou a mexer o açúcar no seu copo de chá.

— Acabou-se — disse, olhando prudentemente de soslaio à sua volta —, o regime acabou. Os da polícia secreta estão menos ativos que antes, não prestam atenção a certas conversas. Em janeiro, começamos a falar com cautela da situação entre amigos. Na casa uns dos outros, em voz baixa. Em fevereiro continuaram as discussões nas casas de chá, ainda em voz baixa, ainda cautelosamente. O mesmo teria sido impensável apenas alguns meses atrás. Apesar da nossa discrição, vi os espiões vigiar-nos; mas em vez de nos denunciarem, taparam os ouvidos para evitar problemas quando tudo cair.

O crítico literário profetizou que a resistência seria pouca e que os norte-americanos poderiam entrar em Bagdá quase diretamente. Embora haja muita gente armada, poucos lutariam por Saddam.

— As pessoas o odeiam. Este é um país de esquizofrênicos e de covardes, um país no qual as pessoas têm medo dos seus amigos, da sua família, dos seus próprios filhos. Houve uma época em que o Iraque foi o guia do Oriente Médio; mas depois de trinta anos de stalinismo oriental e 12 anos de embargo, o país e o povo estão destroçados.

De súbito, Isam se calou e olhou para um lado, um pouco nervoso. Um senhor de terno azul estava sentado a duas mesas de distância tomando uma xícara de chá e olhando para o vazio. O espião do hotel, quem poderia ser? O crítico literário decidiu que já era hora de ir embora.

— Não me telefone mais — disse-me em voz baixa antes de ir.

Apesar de tudo, ao que parece, os espiões não baixaram demasiado a guarda.

Volto a ver Isam no Shahbandar na sexta-feira seguinte e ele me diz que a partir de agora só poderemos nos ver no café. A esposa ficara aterrorizada quando lhe contou que tinha se encontrado com uma estrangeira no hotel.

— Vão matar todos nós — gritara, mas com cuidado para que os vizinhos não ouvissem.

Isam e o padre Alberto foram os únicos do país que me falaram abertamente nos meses antes da queda do regime.

— Não aponte para ele — sussurrava Aliya sempre que eu apontava, sem pensar, para o retrato do presidente. — Não olhe diretamente, olhe para baixo ou para um lado. Não fale dele, não pergunte por ele.

Era como se a minha intérprete pensasse que era dotado de uma espécie de poder mágico e pudesse ver, ouvir e sentir se alguém o difamasse. Perguntava-me se teria sido ele ou Aliya quem teria instituído a proibição de apontar o presidente. Ela, sim, podia falar de Saddam: todos os dias traduzia-me os seus decretos e, diante de uma pergunta que não tinha resposta, dizia sempre que o presidente saberia resolver da melhor e mais sábia maneira.

Aliya era de uma família de classe média e crescera em Bagdá na década de 1960. Desde que se entendia por gente, a capa dos livros escolares estampava sempre a imagem do presidente, todas as aulas começavam com um viva ao presidente, e para Aliya, assim como para as outras crianças iraquianas, ele era o grande pai. Os pais iraquianos tomavam o cuidado de não falar mal dele: se os filhos repetissem as suas palavras, podia custar muito caro a toda família. Aliya era uma aluna estudiosa e conseguiu entrar nos prestigiosos cursos de inglês da universidade. Depois arranjou emprego na agência de notícias do Ministério da Informação, e o trabalho de traduzir os discursos e os decretos do presidente era importante para ela, rodeada como estava sempre pela sua imagem nos cartazes, nos murais, nos mosaicos, nas estátuas, nas reproduções, nos bustos de bronze e nas fotografias.

Até começar a trabalhar para mim, aquele tinha sido o seu mundo. Antes teria traduzido sem objeção o que via à frente, mas agora cabia-lhe avaliar que tipo de informação me podia dar. Eu via no seu rosto uma luta interior quando hesitava. Queria ser uma boa profissional, mas sem cometer erros e trair o seu país. Nem uma só vez me deu uma idéia que não fosse legal ou me proporcionou algo além de contatos inofensivos ou oficiais. Expliquei-lhe repetidamente as coisas que me interessavam, e ela concordava, mas depois não fazia nada para facilitar o meu trabalho.

— Estou cuidando disso — dizia-me quando eu insistia para que averiguasse algo.

Geralmente, aquilo que solicitávamos era negado e com freqüência suspeitei de que ela nem sequer teria movido um só dedo. Por vezes me telefonava à noite, entusiasmada: Saddam tinha aparecido na televisão. Eu queria que ela traduzisse o que ele havia dito? Respondia-lhe sempre que sim, tinha que aceitar o que ela poderia me oferecer. Durante toda a primavera foi um grande esforço tentar fazer o meu trabalho, conhecer gente, saber algo sobre as vidas e as idéias da população iraquiana. Algumas vezes consegui escapar, simplesmente porque Aliya não agüentava o meu ritmo e me deixava caminhar sozinha. Mas raras vezes tirei proveito disso, porque os iraquianos também não se atreviam a falar comigo a sós. O medo estava tão presente depois de três décadas de brutalidades que as pessoas tinham se transformado no seu próprio vigilante.

Ia todas as sextas-feiras ao mercado de livros, desde a primeira vez que estive lá com Jorunn e Ali. Normalmente dizia à minha intérprete que ficasse com o dia livre para eu poder ir sozinha comprar livros e me sentar no Shahbandar e talvez encontrar alguém que quisesse falar comigo. Um dia, um homem alto e barbudo aproximou-se enquanto eu conversava com outro correspondente. Dirigiu-se a nós num francês perfeito, quase aristocrático.

— *Je m'appele Haidar. Je suis peintre.*

Convidamos o pintor para tomar um chá e falamos de temas seguros: a arte iraquiana, a Babilônia, Paris, a primavera. Queria lhe perguntar outras coisas, mas não me atrevia.

Ele nos contou que por ora não estava fazendo nenhuma exposição, todos os quadros estavam no seu estúdio e não íamos poder vê-los.

— As minhas imagens são abstratas e uso cores fortes: amarelo, vermelho, verde, laranja. Pinto o que menos há por aqui — disse melancólico.

No mercado de livros do lado de fora da casa de chá voltei a ver o meu conhecido, o crítico literário, conversando com um amigo. Quando me aproximei, levantou-se galante e me cumprimentou antes de ir embora.

— Queria comprar uns livros — disse, então, ao vendedor.

— Interessa-se por poesia? — quer saber Mizhar. — Temos uma coleção de poemas escritos por soldados durante a guerra contra o Irã. É um livro impressionante.

Levantou-se do tamborete. No chão, diante dele, estavam os seus livros, grande parte deles gastos e lidos muitas vezes. Mizhar suspira.

— Eu próprio sou poeta, mas trabalho agora como revisor e livreiro. Não é possível viver da poesia. Quer então o livro de poesia dos heróis?

Os livros publicados nos últimos anos no Iraque estão sujeitos à política oficial e costumam tratar da batalha travada entre o bem e o mal, do herói que vence o inimigo, da identidade árabe, da coragem, da dura vida sob as sanções, da guerra contra o Irã ou da Guerra do Golfo.

Há dois anos estreou o filme Zabiba e o rei, *que contava a história de uma mulher do século I a.C. presa a um casamento sem amor. O rei conhece Zabiba e os dois discutem sobre Alá, a lealdade, o amor e a vontade do povo. Numa cena, que supostamente simboliza a invasão norte-americana do Iraque no início dos anos 1990, Zabiba é violentada. A história acaba com a morte da mulher a 17 de janeiro, data que coincide com o bombardeio de Bagdá em 1991. Dizem que o autor é Saddam Hussein.*

Um cavalheiro bem-vestido está de cócoras folheando os livros de Mizhar à procura de alguma coisa de Sartre.

— O existencialismo se enquadra nos nossos tempos. Aprendi muito sobre mim mesmo graças a ele, sobre os limites da sociedade e a necessidade que o indivíduo tem de liberdade — explica Latif, um engenheiro de computação. — Aqui é difícil seguir o desenvolvimento das idéias, porque o Iraque não importou uma única revista intelectual em 12 anos. Olhe à sua volta, só há obras velhas. Não temos nem uma idéia do que se escreveu no mundo depois da Guerra do Golfo. Não é que não sejam bons e bonitos os livros que temos aqui, mas são velhos e eu desejo conhecer as idéias novas. Li um pouco sobre o estruturalismo, mas gostaria de ler mais.

O rapaz ao seu lado procura livros sobre clonagem.

— Ouvi dizer que é possível clonar um ser humano, mas não consegui encontrar textos que falem do assunto.

— Os iraquianos sempre devoraram livros: são o nosso alimento e, além do amor, é a única coisa de que necessitamos — declara o livreiro e cita um dos poemas sobre um homem que está morrendo de amor, mas que não se atreve a se declarar à sua amada.

Tradicionalmente, os iraquianos são considerados o povo mais sequioso de conhecimento do Oriente Médio. Um provérbio diz que "o Egito escreve, o Líbano imprime e o Iraque lê". Até o começo das guerras na década de 1980, o Iraque tinha a população mais bem educada do mundo árabe. Agora o sistema escolar está em falência, 5 milhões de pessoas deixaram o país e metade dos exilados tem educação de nível superior.

O curdo Yalal se especializou em livros de História e exibe numa estante montável obras sobre a Mesopotâmia, os Jardins Suspensos da Babilônia e a misteriosa Torre de Babel.

— Compro barato das pessoas mais velhas e vendo caro — explica Yalal, rindo, mas logo depois fica sério. — Na realidade, tudo isso é triste. As pessoas estão vendendo o que colecionaram ao longo da vida ou, inclusive, durante gerações. Tudo a troco de um pouco de comida ou de remédio para o sarampo do neto — diz e acrescenta em voz baixa: — O sistema está acabando conosco. Você conhece a nossa história? Sabe o que aconteceu aqui? É pior que uma simples ditadura, muito pior.

De repente, vai embora rua acima, fazendo sinais para que eu espere por ele. De volta, Yalal mete um livro no meu bolso.

— Leia este e vai entender tudo. O autor foi... — termina a frase com uma mímica de uma garganta sendo cortada — pelo regime. Volte quando tiver acabado de ler, mas não mostre o livro a ninguém, isso poderia me custar vinte anos de prisão.

— Por que você está correndo este risco?

— Ultimamente é perigoso viver de qualquer maneira. Agora vá embora.

Desço a rua com uma atitude despreocupada com o livro queimando o meu bolso. Atrás de cada pilha de livros há um homem sentado, geralmente junto com uns amigos e com um copo de chá na mão. Os vendedores de chá vagueiam com chaleiras fumegantes e servem um copo por uns poucos dinares. No chão poeirento da rua estão os livros expostos; todos trazem o selo de aprovação pela censura e são, portanto, legais. Vender livros que não tenham passado pela censura é ilegal, e a punição para quem o faz vai desde seis meses de prisão até a pena de morte, disse-me Yalal. Esses livros não estão à vista, mas escondidos em armazéns e porões.

Descendo umas escadas, encontro Rafik sentado num pequeno compartimento. Especializou-se em literatura ocidental e as suas estantes mostram desde A terra desolada, *de T. S. Eliot, até as obras menores de um importante autor norueguês como Knut Hamsun. Em cima do balcão estão* A divina comédia *de Dante e os óculos de Rafik.*

— Um livro fantástico — diz ele. — Estou na parte do Purgatório.

Rafik tornou-se livreiro durante a guerra entre o Ira e o Iraque. O dono da loja foi convocado pelo exército e pediu-lhe que cuidasse do negócio. Rafik ia todas as manhãs ouvir conferências na faculdade e passava as tardes lendo na loja. O livreiro nunca voltou da guerra e, assim, Rafik tomou conta do negócio. Agora é livreiro há 15 anos.

— A minha alma é isto: aqui vivo, aqui sofro. Porque a vida neste país é um sofrimento, como você sabe, e os livros me salvam.

Atrás de uma escrivaninha, em outro local poeirento, está sentado um senhor. Os poucos cabelos que lhe restam estão penteados para trás, e ele tem grandes dentes marrons e bolsas sob os olhos.

— Tem literatura iraquiana em inglês? — pergunto-lhe.

O livreiro levanta-se pesadamente, agacha-se e procura nas estantes mais baixas. Por fim, tira dois livros. Um é o clássico de Edwyn Bevan, The Land of the Two Rivers, *de 1917.*

— Aqui se explica quem nós éramos noutros tempos — diz.

O outro livro intitula-se The Long Days.

— Este você tem que ler, fala dele — recomenda.

— De quem?

— Dele. Da sua juventude, das suas lutas, do seu desenvolvimento como pessoa.

— É bom?

O livreiro sustenta o meu olhar.

— Claro. É leitura obrigatória.

— Você já leu?

— Não, mas vi o filme. Sei do que se trata.

The Long Days *saiu na década de 1960 e, desde então, foram editados milhões de exemplares. É distribuído para todos os militan-*

tes do Baath, e nas reuniões do partido é usado como ponto de referência para qualquer análise das qualidades pessoais a serem desenvolvidas.

A história começa numa tarde na rua Rashid. Um grupo de jovens espera um comboio de carros: "O mais reservado e o mais sincero deles era Mohamed. Ouvia sempre atentamente quando alguém falava e registrava as palavras na sua mente, onde guardava muitos segredos da sua infância." O atentado contra Abdul Karim Qassim marcou o começo da carreira política de Mohamed e de Saddam Hussein.

— Nós, que fomos abandonados, estamos morrendo pouco a pouco — disse o velho livreiro. — Vivemos um pesadelo que as palavras não conseguem descrever. Precisamos de um terremoto, uma mudança radical. Mas vai custar caro. Sou árabe e nacionalista iraquiano e odeio os Estados Unidos e a sua hegemonia mundial, mas para o Iraque não vejo outra saída. Que venham os diabos americanos e acabem com tudo isto. Mas pode haver uma guerra civil cruel de árabes contra curdos, muçulmanos contra cristãos, sunitas contra xiitas. Nunca mais será como antes.

Os seus dois clientes concordam com acenos de cabeça. São estudantes, um de Letras, o outro de Filosofia.

— Na década de 1970 este era um belo país. Tínhamos o melhor sistema escolar e o melhor sistema sanitário do mundo árabe. O petróleo enriquecia o povo. Em 1990, eu tinha um Mercedes; agora tenho as minhas duas pernas. E olhe para estes dois — diz, apontando para os dois estudantes. — Vieram buscar manuais que não existem. Xeroquei algumas apostilas de segunda mão para eles, mas veja como estão mal impressas. Além disso, os rapazes não têm tempo para ler, porque têm que trabalhar.

Mansur adiou suas provas mais de uma vez.

— Tenho que ajudar a minha família e abri uma loja de produtos de segunda mão — conta o estudante de Letras.

O seu companheiro também tem um pequeno estabelecimento comercial.

— O que é que você vende?

— Como é que se diz em inglês? — pergunta, procurando a palavra.

— Sucata — completa o outro.

— A tragédia é que as pessoas pararam de ler. Têm três empregos e não sobra tempo para os livros. Além disso, é preciso ter tranqüilidade para ler, não é verdade? Não há calma quando a vida está desmoronando. Antes eu lia um livro por dia, agora não chego a ler um por mês. As pessoas também não têm dinheiro para comprar livros e as bibliotecas não funcionam, foram saqueadas pelos próprios funcionários — conta-nos o livreiro. — Alguns desses livros estão aqui, no mercado dos livros.

O velho começa a ficar nervoso; conversamos durante muito tempo.

— Nunca disse essas coisas a ninguém. Tome, pegue os livros e vá para casa.

De volta ao hotel, desembrulho primeiro o livro proibido que o curdo tinha me dado, Irak since 1958: From Revolution to Dictatorship *[Iraque desde 1958: Da revolução à ditadura]. Assim como outras dezenas de milhares de intelectuais, o autor iraquiano foi assassinado pelo regime.*

O outro livro dá uma descrição de Bagdá no florescente século VIII. "Bagdá foi a cidade mais rica do mundo. O rio ficava repleto de barcos que traziam porcelanas da China, especiarias do leste da Índia, escravos da Turquia, ouro em pó da África Oriental e armas da Arábia."

Os áureos tempos acabaram e os objetos de luxo já não chegam a Bagdá. Mas as armas sim, as armas chegam sempre.

O camareiro trazia cada vez menos objetos para o quarto. Não só porque já estava ficando abarrotado, como também porque ele não tinha muito tempo livre. O hotel ficava cada vez mais cheio; os seus preços baixos o faziam popular entre os "pacifistas". Uma infinidade de organizações tinha chegado a Bagdá no decorrer do inverno de 2003. No hotel planejavam as suas ações, pintavam cartazes, criavam páginas na internet, organizavam conferências e escreviam os seus comunicados para a imprensa, e durante a noite faziam comemorações. "Não matem crianças iraquianas por petróleo", insistiam, mas poucos jornais estrangeiros se interessavam pelas atividades do movimento pela paz no Iraque. Pelo menos, os meus não se interessavam. Os ativistas se movimentavam em volta do Ministério da Informação como abelhas num pote de mel, mas os seus comunicados costumavam acabar no lixo.

Não conseguiram chamar a atenção, até que chegaram os escudos humanos. Então, foi a vez de os jornalistas ficarem em volta deles. Os ativistas tinham conseguido finalmente atrair a atenção dos meios de comunicação. Foi por terem arriscado tanto? Por terem apostado as suas próprias vidas? No decorrer do mês de fevereiro chegaram à capital iraquiana em ônibus, em carros e de avião. O primeiro ônibus que chegou saiu na primeira página dos jornais iraquianos, e Saddam Hussein lhe deu as boas-vindas num comentário feito à agência de notícias oficial.

Os recém-chegados estavam sempre comemorando alguma coisa e discutiam acirradamente. Todas as manhãs se dirigiam para os lugares que iam proteger com os seus corpos e, por vezes, participavam das manifestações organizadas pelo regime, onde apareciam os slogans a favor de Saddam e contra Bush. Os individualistas do Ocidente tinham-se colocado numa situação difícil: os custos de viagem e a hospedagem eram pagos pelo governo iraquiano. Eu os segui durante vários dias para saber o que pensavam.

Em dois ônibus londrinos de dois andares percorremos lentamente as ruas de Bagdá. À nossa frente iam um batedor e dois policiais iraquianos em motos, e todos olhavam para os ônibus, no qual os opositores à guerra espreitavam pelas janelas. Alguns dos pedestres acenavam com a mão, mas outros olhavam apressados para o chão, como se os veículos não tivessem nada a ver com eles.

— Estamos aqui para deter Bush e as bombas — disse Teijo, estudante de uma escola técnica no Sul da Finlândia. — Acredito que temos um papel decisivo.

O rapaz de 22 anos trazia no colo um mochilão e um saco de dormir, era magro, branco e desajeitado como um adolescente. Esta manhã deixara para trás a confortável cama de um dos hotéis de Bagdá para se mudar para uma central elétrica.

— Se a eletricidade for cortada, as instalações de purificação não vão funcionar e várias centenas de milhares de pessoas terão que beber água contaminada. O fato de nós estarmos aqui torna os bombardeios mais difíceis para os Estados Unidos, porque, para eles, as nossas vidas valem mais do que as da população iraquiana.

Os ônibus se dirigiam para os limites da capital em direção ao Sul. Passamos junto a barracas militares, escondidas atrás de muros recém-construídos com sacos de areia, e ao lado de uma ponte e várias posições militares que pareciam se destinar à artilharia antiaérea. Na central elétrica, Teijo e os outros ativistas se depararam com um enorme retrato de Saddam Hussein; os trabalhadores da central saudaram-na com palavras de ordem a favor do presidente que estava "no seu coração e na sua alma", e alguns ativistas estenderam uma grande bandeira com o lema "Não à Guerra". Mas quando os trabalhadores quiseram se juntar aos estrangeiros com os seus próprios cartazes, que eram retratos de Saddam, os ativistas correram para enrolar novamente a bandeira.

— Estamos aqui pelo povo iraquiano, não por Saddam Hussein — disseram, de acordo com o seu lema.

Quinze escudos humanos se instalariam na central elétrica do Sul de Bagdá nesse dia. Já havia alguns que começavam a desistir, como, por exemplo, um rapaz francês, Asdine, que fora surpreendido pela reação de uma família iraquiana que tinha visitado.

— Deixe de bobagens — disseram-lhe. — Queremos a guerra, queremos as bombas, para, finalmente, podermos nos livrar do ditador. — Ao contrário de Teijo, muitos dos escudos humanos tinham informado os iraquianos de que não queriam proteger as infra-estruturas do país, mas sim alojar-se em lugares que não seriam alvos diretos, como creches e hospitais. As autoridades tentaram evitar essa opção, porque os escudos humanos não ajudariam o regime se se instalassem nos hospitais.

— Começamos a nos sentir pressionados. Os homens do Ministério das Relações Exteriores ficaram furiosos e nos lembraram a razão de estarmos aqui, quando se deram conta de que alguns já tinham desistido — explica-nos um ativista que estava um pouco afastado, observando as 15 pessoas que procuravam camas. — Para mim, a situação já começa a cheirar mal. Talvez os iraquianos nos acorrentem a alvos civis e militares um dia antes de caírem as bombas. Não tenho certeza se quero continuar.

Teijo tinha se estendido numa das camas com o seu saco de dormir debaixo da cabeça e, agora, olhava os outros. Ia passar ali os seus dias e as suas noites, quando começassem os bombardeios.

— Estou disposto a aceitar o que o destino me designar. Quando hesito, penso nos iraquianos: eles não têm escolha. Nós, europeus, podemos voltar a qualquer hora, basta ir até a fronteira da Jordânia. Eles não, eles têm que ficar, e isso não é justo. Espero que venham muito mais escudos humanos, porque, então, poderemos deter Bush — afirma Teijo muito sério.

Tinha se levantado e agora estava sentado na cama, sobre a qual havia pendurado na parede um retrato do presidente iraquiano. Perguntei-lhe o que achava de ficar escondido sob o olhar vigilante de Saddam Hussein.

— Não é mais do que o símbolo do povo iraquiano. Não tenho nenhuma opinião sobre a sua política. Na Finlândia também temos retratos do presidente nas paredes.

Fico calada, perguntando-me se é minha obrigação lhe contar das agressões de Saddam Hussein, da ditadura e de tudo o que não pode ser comparado com o presidente finlandês. Deixo para lá, mas fico com vontade de chorar e, de repente, tudo se torna muito triste. Comovo-me com este curioso rapaz magro que assumiu essa missão.

— O que os seus pais acham? — consigo dizer.

— Me pediram para voltar, mas acabaram de se divorciar, têm que ficar na deles.

Pior ainda, penso. Será possível que esse estudante técnico esteja aqui para castigar os pais? Possivelmente com o seu próprio martírio.

— Volte para casa — suplico-lhe. — Vá embora enquanto ainda pode. Você não faz a mínima idéia do que poderá acontecer.

Afastei-me demais do meu papel de repórter: observar e testemunhar, sem empatia ou emoção. Como uma irmã mais velha, me sinto responsável por este rapaz magro e penso que, sendo a única correspondente nórdica no país, devo tomar conta deste finlandês.

— Espero voltar um dia — Teijo se limita a dizer.

— A questão é saber se não somos mais úteis para eles mortos do que vivos, assim que as bombas começarem a cair. Não temos garantia de que não nos matem para depois nos exibir como vítimas das bombas — intercala o ativista da cama vizinha, um rapaz de porte completamente diferente. — As coisas começam a ter essa cara. Olhe em volta do edifício: de um lado tem um armazém militar, do outro uma ponte. Pode ser que as tropas se dividam aqui, onde estamos, e podemos ficar reféns de Saddam Hussein. E com toda a atenção da mídia que recebemos aqui, a população nos associa ao regime; o que vai acontecer, então, se o regime for derrubado e irromper uma guerra civil? De que lado as pessoas vão pensar que nós estamos?

— Então, por que você fica?

— Fico a contragosto. Minha consciência me diz para ir embora, mas o meu corpo me diz que fique. Um dilema filosófico ao estilo de Kierkegaard — murmura.

Na mesinha ao lado de sua cama, vejo um exemplar de *As mil e uma noites* aberto. "Estou consciente do risco que corro, mas não tenho medo. Se perecer, a minha morte será soberba, e se conseguir o que quero, terei feito um grande favor a este país", diz Sherazade ao seu pai antes de se aproximar do rei sanguinário e começar a narrar durante mil e uma noites.

O tempo dirá se os ativistas eram tão corajosos como Sherazade.

No final de fevereiro, as embaixadas no Iraque evacuavam o seu "pessoal não essencial". Fora dos edifícios se reforçavam as barricadas, por dentro se esvaziavam. O episódio mais absurdo da evacuação foi uma das esplêndidas festas de despedida. O embaixador francês ainda não havia superado a perda da sua antiga coleção de vinhos na Guerra do Golfo, uma coleção impressionante que lhe dera muito trabalho. De modo que serviu champanhe e vinho de boa safra à vontade: não ia cair na mesma armadilha da outra vez e já há algum tempo que tinha parado de repor as garrafas vazias. Como disse com um sorriso feliz a altas horas da noite: "Já não poderei oferecer *même une toute petite réception!*"

Janine e eu tínhamos ensinado a Aliya a ser mais dura e, agora, as três andávamos pela capital sem autorização. Num bonito dia de inverno dirigimo-nos ao bairro chique da cidade para averiguar se os ricos também estavam abandonando o país. Fátima nos deixou entrar. A manhã já estava avançada, mas ela continuava de roupão, uma peça de veludo cor-de-rosa bordada com rosas douradas. Fátima e os seus cinco filhos em idade escolar tinham feito as malas com o essencial e, agora, esperavam em casa que o marido decidisse a hora de partir. O essencial era constituído por uma parte mínima de todos os seus pertences. A família vivia num palácio de 2 mil metros quadrados, com cinco banheiros de mármore italiano, um salão onde raramente recebiam visitas e uma biblioteca cujas paredes estavam forradas de estantes onde não havia um só livro.

— Ainda não compramos os livros — desculpou-se Fátima.

As janelas do salão tinham uns dez metros de altura e estavam cobertas com cortinas pesadas. Esta mulher era uma das poucas pessoas a quem, apesar das sanções, nada tinha faltado.

— Enquanto há dinheiro, tudo pode ser comprado. Até remédios especiais. Vêm da Jordânia — contou-nos Fátima, enquanto a empregada servia café em pequenas xícaras orientais.

Mas até os mais abastados eram ameaçados pelas bombas norte-americanas e os bairros de classe alta estavam ficando vazios. Os móveis eram cobertos, as portas fechadas a chave e levavam nos carros tudo o que era possível.

— Vamos para a Jordânia, temos parentes lá. Ainda dispomos de um pouco mais de tempo, mas a guerra está se aproximando. Bush já tomou a sua decisão — disse resignada e passou o olhar pelo salão. — Esta casa não é segura: as paredes são sólidas, mas têm muitas janelas. Além disso, há várias instalações militares por aqui — suspirou.

Uma enorme preguiça pesava sobre esta senhora abastada; que tinha empregados para quase tudo. Também não tomava qualquer decisão sobre a evacuação.

— Alá decide quando se acaba o nosso tempo na terra, mas o meu marido saberá melhor que eu quando teremos que ir.

O marido era um homem de negócios. Trabalhava com o comércio de madeira e era dos que ganhavam enormes quantias de dinheiro com as sanções, tanto que pôde construir este palácio no bairro Al-Wasiriya. Muitos dos funcionários de confiança do regime tinham aqui os seus palacetes.

— Essa é outra razão pela qual este local não é seguro. Muitos dos homens de Saddam moram aqui — confiou-nos Fátima, imitando com as mãos as bombas caindo. — As suas residências serão as primeiras a ser atacadas.

No elegante restaurante Al-Finyan, na rua Arasat, encontramos o proprietário Alaw com a sua esposa Ani algumas horas depois que estivemos com Fátima. Ani estava com um penteado elaborado, o cabelo de um tom avermelhado descolorido, os dedos cheios de anéis, e vestia um elegante *tailleur* de tweed cor de cobre. Passava as manhãs nos salões de beleza, as noites num dos clubes privados de Bagdá e longas horas em casa.

— A vida aqui é monótona — lamentou-se. — Não acontece nada.

A senhora da classe alta sabia que em breve os dias de tédio podiam acabar, sendo substituídos por um suspense de que a maioria das pessoas queria prescindir. O marido tentava livrar ela e o filho tanto do tédio como do suspense, usando para isso o dinheiro. No ano anterior tinha ido para a Alemanha e voltara com um novo Mercedes. Este ano não trouxera nada parecido, a viagem se destinara a pedir os vistos de permanência para a mulher e o filho, consciente de que a sua impressionante residência, com DVD, piso de granito e móveis europeus, não oferecia qualquer proteção contra as bombas.

— Tive que depositar 100 mil dólares no banco para que me dessem, na Alemanha, os vistos para a minha família — contou-nos Alaw. — E não tenho nenhuma garantia de que realmente os concedam.

Se os vistos não forem concedidos, há outras duas alternativas. Uma é instalarem-se numa casa de campo fora de Bagdá; a outra é irem para a Jordânia.

— Mas prefiro tirá-los da região e mandá-los para a Europa; lá estarão mais seguros.

Em Shahbandar, a casa de chá dos artistas, três amigos se despediam. Fumavam narguilé e bebiam a especialidade da casa: limão espremido com especiarias e açúcar em água fervendo. Samir ia para Damasco no dia seguinte e, ali, pediria um visto para a Europa. Era um dos escultores mais jovens e promissores do Iraque e já fizera uma exposição no centro cultural francês. Sonhava em ir para Paris. Levaria com ele vinte esculturas sobre o mesmo tema: uma mulher alada doente tenta voar, mas suas gordas pernas a prendem no chão, onde luta com um dragão. O simbolismo era adequado ao momento que estava vivendo.

— A minha família fica para trás, a minha mãe e as minhas irmãs... E isso me dá pena — confessa com tristeza. — Mas eu quero fazer muita coisa nessa vida e, se tenho a possibilidade de fugir dessas bombas, então eu fujo. O que um artista pode fazer numa guerra? Todas as galerias fecham as portas, tentamos vender as nossas obras de arte, mas ninguém compra.

Os seus amigos também gostariam de ir, mas não tinham essa oportunidade.

— Eu fico por aqui pintando imagens bélicas — disse Haidar rindo, o pintor que me contou em uma outra ocasião que os seus quadros eram abstratos e ricos em cores. — Quando acabar a guerra, vou organizar uma grande exposição — continua, sonhador.

Haidar se recusa a aceitar a gravidade da ameaça de guerra.

— Vida boa é fazer a sua mulher feliz, trabalhar um pouco, se vestir bem, se perfumar e sair com os amigos. Essa é a filosofia dos artistas iraquianos: não devemos pensar na morte, porque a vida não é infinita.

— Não faz sentido pensar na guerra antes que ela chegue — foi a opinião de Rafik, o mais tranqüilo dos três. — De qualquer modo, a guerra é rotineira.

— No Iraque estamos preparados para a guerra como vocês, no seu país nórdico, estão preparados para o inverno — acrescentou Haidar sorridente.

No café ouvia-se o zumbido das conversas em voz baixa. Lá fora, um rapaz vendia caramelos mas pessoas lhe davam dinheiro sem levá-los. O mendigo não podia escapar dos bombardeios que estavam por vir; no máximo esperava que alguém o levasse para um abrigo e tapasse os seus ouvidos.

A despedida dos três amigos continuaria durante a tarde numa das casas de leilão mais elegantes de Bagdá. Ali, vendiam-se tanto arte contemporânea como antiguidades. Samir sussurrou, com um copo de chá na mão e com a voz do leiloeiro ao fundo:

— Temo pelo meu pai, que é oficial do exército. Tenho medo das bombas, dos xiitas e dos curdos. Tenho medo da polícia secreta. Tenho medo de tudo. Às vezes, até fico assustado com a minha própria sombra.

Embora se preocupasse por a família ficar em Bagdá, Samir desejava a guerra.

— Claro que preferiria uma revolução mais branda, mas enquanto a guerra não implicar um grande massacre, todos celebraremos a chegada dos americanos. Vamos brindar!

Samir ria com vontade.

— Que dia feliz!

Mas logo em seguida a sua expressão se fechou.

— A não ser que destruam tudo o que encontrarem pelo caminho.

Nos últimos e conturbados dias de fevereiro, as pessoas tentavam se desfazer de tudo o que era supérfluo. Para a fuga, era preferível ter dinheiro na mão a jarras de flor de cristal. As famílias que ficavam também precisavam de dinheiro para as necessidades básicas: comida, água e gasolina. Nos inumeráveis mercados de leilões da capital, a oferta era muito maior que a procura.

Numa praça grande e poeirenta, dois homens estavam de pé sobre duas caixas, anunciando sua mercadoria aos gritos. Em volta havia montes de móveis e utensílios domésticos usados, e ao seu lado pessoas que queriam comprar ou vender.

— Você precisa passar sua camisa a ferro, cavalheiro — gritou o leiloeiro e todos riram. Numa cidade com poucas ofertas de lazer, tudo o que fosse divertido era apreciado. Mas por mais engraçado que fosse o leiloeiro, ninguém deu um lance para levar o ferro de passar.

— Cinco mil dinares — tentou. — Começo por 5 mil! Um preço irrisório, este ferro de passar vale muito mais. Alguém oferece mais? Aço iraquiano, duro e sem uma mancha!

Ninguém levantou a mão, ainda que o preço fosse menos de três euros. Não era de ferros de passar que a população precisava. Compravam-se brocas e pás para furar os pátios, fita adesiva para reforçar as janelas, sacos de areia, mantas, lanternas e lampiões para os abrigos antiaéreos. Um grupo de vizinhos decidira conjuntamente comprar um gerador de segunda mão.

— Pode ser útil se bombardearem as centrais elétricas. Vamos usar em nossa rua revezadamente — explicaram os dois sujeitos corpulentos enviados por seus vizinhos.

Mas nessa tarde não havia nenhum gerador à venda. Havia, por outro lado, um aparelho de jantar azul-claro com mais de cem peças, outro de porcelana fina com rosas amarelas e bordas douradas, espelhos, uma balança de banheiro, um rádio e uma televisão, taças e vasilhas de todos os formatos possíveis, fogões, cadeiras e camas.

Uma senhora pensativa passou o dedo pela borda dourada do aparelho florido antes de apertar um pouco mais a manta ao corpo e continuar seu caminho. Algumas crianças riam ao brincar com uma pequena balança cor-de-rosa. Em um sofá verde estavam sentados Duraid e sua filha Sera, aguardando que o sofá fosse a leilão e com a esperança de que alguém se aproximasse para vê-lo.

— Concluímos que não precisamos dele; foi sempre um estorvo por causa do tamanho. Além disso, precisamos do dinheiro — explicou-nos Duraid, engenheiro numa empresa estatal.

As coisas começaram a correr mal no Iraque a partir de 1980, quando Saddam Hussein atacou o Irã. A guerra entre os dois países vizinhos durou oito anos e o preço foi enorme, tanto em termos de vidas como econômicos. Dois anos depois do acordo de paz com o Irã, seguiu-se a catastrófica invasão do Kuwait, e as posteriores sanções da ONU destruíram a economia iraquiana. Agora — após 12 anos de embargo — era sobretudo o poder de compra da classe média que sofria uma redução drástica; advogados, engenheiros, médicos e professores tentavam ganhar um extra, tendo mais de um emprego, dirigindo táxis durante a noite ou vendendo os seus pertences. Os mercados de leilão multiplicaram-se e, agora, estavam uns ao lado dos outros, ao longo do Tigre. Nos últimos anos, os locais de venda deste tipo já eram sessenta.

— Ninguém compra nada, estão todos esperando — suspirou um leiloeiro. — Mostro sempre as mesmas coisas uma semana depois da outra. Quando ficam aqui cinco semanas, as pessoas têm de vir buscá-las.

O sofá de Duraid e da filha vai a leilão. Silêncio total. O leiloeiro insiste mais de uma vez na tentativa de convencer alguém a comprá-lo.

— Em tempos normais teria sido vendido rapidamente — suspirou Duraid, que, nos últimos anos, pusera à venda vários dos seus pertences. — Mas agora as pessoas não estão interessadas em trocar de móveis, ficam com os que têm até caírem de podres. Por que comprar alguma coisa que depois poderá ser transformada em estilhaços por causa das bombas ou que, talvez, tenham que deixar para trás?

A sua filha de 9 anos me deu as costas quando me dirigi a ela.

— Seja simpática com a moça, Sera — advertiu-a o pai.

Sera fez que não com a cabeça, cruzou os braços no peito e olhou expressivamente para o chão, murmurando qualquer coisa.

— Tem medo de você. Pensa que é americana — explicou-me Duraid.

— Não sou americana — disse à menina, oferecendo o meu sorriso mais caloroso, mas Sera não se deixou seduzir.

— Pois parece americana e não precisa mentir.

Duraid acariciou-lhe o cabelo e disse que a filha estava com muito medo das bombas e da guerra. Vira na televisão que seriam bombardeados e que os soldados americanos entrariam à força nas casas das pessoas.

— A minha filha mudou demais nos últimos tempos. Chora muito e não consegue dormir.

De súbito, Sera olhou-me nos olhos.

— Por que querem matar a gente?

— A maioria das pessoas não quer matar ninguém. E nem todos os americanos. São apenas alguns políticos que desejam a guerra — tentei responder.

A menina olhou-me cética.

— Vem, papai, vamos embora — disse e deu-lhe a mão, saindo dali sem se dignar a olhar para mim.

— *Are you prepared?*

Era Janine que queria saber. Ela tentara se precaver de todas as maneiras: reservara quartos em três hotéis diferentes para ter um lugar onde ficar, onde quer que as bombas caíssem. Em cada um dos quartos tinha garrafas de água, enlatados, mantas, um gerador e uma garrafa de uísque. Aconselhou-me a ter sempre uma bolsa preparada ao lado da cama, caso precisasse sair correndo. Na bolsa deveria haver uma máscara antigás, um colete à prova de bala, uma lanterna e calçados resistentes.

— Você tem que comprar água, Åsne. Ainda não comprou? E deveria ter reservado quartos em vários hotéis, como eu fiz.

Fui sempre muito ruim nos preparativos. A única coisa que aprendi até o momento foi o estritamente essencial: ter dois cabos para o telefone via satélite e para o computador e dois para todos os carregadores, além das pilhas e lanternas de bolso. O resto a gente sempre encontra.

Quando vim para o Iraque, no início do ano, não pensei que precisaria de uma máscara antigás ou de outro equipamento de segurança. Porque nessa época nem sequer pensara em ficar até que a guerra explodisse. Mas agora que ela se aproximava, eu era uma das poucas pessoas sem equipamento de segurança. A ajuda chegou de improviso quando a embaixada da Noruega foi fechada e ficaram para trás vinte máscaras antigás, macacões de segurança, coletes à prova de bala e capacetes. Foram deixados na única organização norueguesa de ajuda humanitária que ficava em Bagdá, a organização eclesiástica dos meus amigos. Saí do escritório com dezenas de quilos de equipamento e, por fim, pude dizer a Janine que estava *well prepared*.

— Você sabe usar a máscara?

— Não.

— Não aprendeu no curso de segurança?

— No quê?

— Você participou do curso de segurança, ou não?

Talvez eu fosse a única correspondente em Bagdá a não ter passado por um curso de segurança. Nele aprendia-se a pôr a máscara e o macacão com um único movimento, medir a quantidade de gás no ar, deitar-se no chão em caso de bombardeio e a avaliar as situações de risco. As redações não costumam enviar os seus jornalistas para zonas de conflito sem que eles façam previamente cursos de segurança. Mas ninguém me mandou para o Iraque; estava aqui por minha própria conta e risco. Janine me censurou por ficar brincando com a minha vida, como se o fato de permanecer na capital iraquiana durante a guerra já não fosse brincar com a vida, com o curso ou sem ele.

Peter, o fotógrafo do *Times*, sabia muito de segurança e ia ensinar a Janine, a Melinda da *Newsweek* e a mim como usar a máscara antigás o mais rápido possível. Eu convidei Tor, da organização eclesiástica, que tivera a generosidade de nos equipar a mim, à minha intérprete e ao meu motorista com as máscaras da embaixada. Os escudos humanos também receberam máscaras deste solícito assistente social.

Janine não se atreveu a fazer esta reunião no Al-Rashid, que tinha câmeras em todos os quartos: se nos tivessem visto com máscaras antigás e com os macacões de segurança, poderíamos ser acusados de estar tramando alguma coisa. Fomos para o Al-Hamra, outro dos hotéis em que a inglesa tinha feito uma reserva. Aprendemos a falar com a máscara colocada, a beber, a mudar o filtro e a ir ao banheiro vestidos com os desagradáveis e herméticos macacões de segurança.

Mas se realmente lançassem gases venenosos, será que eu teria a máscara à mão nesse preciso instante? Teria tempo de colocá-la? E o que aconteceria com as outras pessoas em Bagdá que não tinham máscaras? No caso de um ataque químico, quanto tempo levaria um militante armado do partido para atirar em mim, só para ficar com a minha máscara? De qualquer maneira, o mais provável era que nunca precisasse dela.

Também achava uma despesa desnecessária pagar quartos em três hotéis diferentes. Eu estava muito bem no Al-Fanar, a 20 dólares a diária, e preferia evitar os hotéis caros que Janine pagava.

Os dias passaram sem que eu abastecesse o quarto com garrafas de água. Os mercados transbordavam de alimentos e não imaginei que tivesse de fazer uma provisão de mantimentos.

— Vou fazer isso mais tarde — justifiquei a Janine.

— Quando começarem os bombardeios, você vai ter mais o que fazer do que comprar água. Além do mais, a essa altura, ela vai estar custando uma fortuna.

Mas ainda bem que não armazenei mantimentos, porque no último dia de fevereiro chegou ao fim o meu visto de permanência em Bagdá.

— Não posso fazer mais nada por você — disse-me Kadim no Ministério da Informação.

— Mas...

— Tem que partir.

— Mas...

— Volte em outra época.

— A guerra está para estourar, não vou poder voltar a tempo — objetei.

— Que guerra? Não haverá guerra nenhuma.

Pela primeira vez, Kadim não me ajudou. Queria se livrar de mim; tinha a mesa cheia de papéis e quase tive pena desse burocrata tão assoberbado.

— Você me disse que me ajudaria sempre — tentei, apesar de tudo.

— Mas agora já não tenho como. Já está aqui há muito tempo; são as autoridades da imigração que a mandam sair do país — disse, mas depois retificou. — Está bem, escreva outra solicitação, viaje para Amã e peça um novo visto, então vou ajudá-la. Dentro de uma semana ou duas estará de volta.

Preenchi as solicitações com a certeza de estar fazendo algo em vão. Kadim só concordava para se livrar de mim.

— Talvez Uday possa me ajudar — propus.

— Ele não pode fazer nada por você.

Até então, eu tinha evitado o alto dirigente na medida do possível, pensando que quanto menos me visse, melhor. Mas sabia que agora era ele quem decidia quem podia ficar ou não. Janine e Melinda haviam sido chamadas ao seu gabinete há pouco tempo e ele tinha perguntado se estavam preparadas, se já tinham coberto outras guerras, se tinham todo o equipamento de segurança preparado, se estavam com medo. Eu não fora considerada digna de uma audiência privada com Uday, tinha que me limitar a dar envelopes cheios de dólares a Kadim. Nessa mesma tarde, fui me meter na boca do leão.

— Quem você pensa que é? Fora daqui! — vociferou Uday quando lhe comuniquei o meu desejo de permanecer no país.

A vida me pareceu cruel quando fui embora no dia seguinte. Não sabia como voltaria ao Iraque depois de ter cruzado a fronteira. Quando cheguei ao aeroporto, estava tão mal-humorada que não me impressionei com as tentativas mais insistentes de suborno. Na imaginação iraquiana encontram sempre um documento que não está em ordem; com essa desculpa tentam nos tirar o máximo de dinheiro possível. Eu não estava disposta a abrir mão de um dinar sequer.

Dois homens de bata branca se aproximaram de mim.

— O seu exame anti-HIV — me pediram.

As normas diziam que todos que entrassem no país deviam fazer um exame anti-HIV. Era uma palhaçada: o sangue ficava numa estante sem ser analisado; não era senão outra maneira de tirar dinheiro dos estrangeiros. Custava somente alguns dólares, mas a multa por não fazer o teste era de centenas de dólares.

— Eu não tenho Aids — respondi furiosa.

— São as normas.

— Eu... não... tenho... Aids.

Investi nas palavras toda a autoridade de que fui capaz às sete da manhã. Aqueles dois homens com aventais de médico não me impressionaram absolutamente nada; de fato, o melhor para mim seria que me detivessem, assim não teria que embarcar no vôo para Amã. Murmuraram algo entre si em árabe, voltaram a me olhar e bufei energicamente. Então, me fizeram sinais para seguir em frente, um pequeno triunfo no meio de toda aquela desgraça. Esse era o modo de evitar pagar os subornos: passando olimpicamente.

Depois um homem me pediu que o seguisse até o seu gabinete. Agora tratava-se do telefone via satélite, outra vez com a desculpa de documentos que não estavam em ordem, embora eu soubesse que estavam. Pediu-me que sentasse e caí na cadeira como uma adolescente diante do professor. Sabia que as pessoas saíam desses escritórios do aeroporto alguns dólares mais pobres, com medo de acabarem na lista negra.

— Receio que terá de pagar — disse ele, após um longo silêncio.

— Como?

— Para levar o telefone com você.

— Tenho direito de levá-lo, aqui estão os documentos.

— Mas falta...

— Você está insinuando que não tenho os documentos em ordem? Que o Ministério da Informação cometeu um erro?

Deixe-me telefonar para eles para verificar. Posso usar o seu telefone?

O homem ficou estupefato.

— Pelo menos um pequeno *bakshish* — suplicou.

Bakshish é a palavra árabe que significa "oferta" ou "gorjeta". Dei-lhe 5 dólares e me levantei, pronta para ir embora. Meia hora depois estava num vôo matinal completamente lotado rumo a Amã.

Passei distraída pela capital da Jordânia e me instalei no melhor hotel da cidade, um prédio grande e luxuoso, mas deprimente. Sentia falta do velho Al-Fanar, com os gritos do macaco Mino e as incessantes inovações decorativas do camareiro. Ao entrar no meu novo quarto, tive saudades, inclusive, dos mosquitinhos que vieram com a pequena palmeira que o funcionário do hotel havia trazido. No Intercontinental de Amã, tudo reluzia em cores claras; os lençóis eram branquíssimos, um suave robe e chinelos novos me esperavam no armário. Tudo cheirava a limpeza e era agradável, não havia uma única barata. A televisão tinha uma infinidade de canais, havia banheiro nos quartos, banho de espuma, massagem, sala de musculação, piscina e frigobar. Mas eu não estava onde gostaria de estar.

Pensava em como voltar para o Iraque. Pela via normal seria impossível; o hotel estava cheio de correspondentes à espera de um visto e alguns já estavam ali há meses. Os únicos que receberam autorização para entrar no país — e um tapinha no ombro — foram os escudos humanos. Se ao menos eu pudesse chegar a Bagdá como escudo, poderia dar um jeito de evitar ficar acorrentada a uma refinaria de petróleo. Assim, apenas uma hora após minha estada em Amã, apresentei-me no gabinete de recrutamento de escudos humanos, no quarto andar de um lúgubre hotel ao lado do terminal rodoviário. Tinha embaraçado o cabelo e vestido a minha roupa mais *hippie*.

Fui recebida por um jordaniano, que me apresentou a Shane, um sujeito envolto num grande xale afegão de lã. Fiquei morrendo de vontade de lhe perguntar se também tinha servido de escudo para os talibãs, mas fiquei calada. Shane tossia e bebia chá quente, tinha os olhos avermelhados e a pele pálida e, de repente, deu um espirro. Apontou uma cadeira com a mão e eu tentei parecer tão miserável como ele para lhe dar a impressão de ser um dos seus, o que já não era tão difícil àquela altura. Inventei uma história de não poder mais dormir durante a noite pensando nas crianças iraquianas que em breve seriam bombardeadas pelos norte-americanos. Caso ele olhasse para o meu passaporte e visse todos os carimbos iraquianos, resolvi dizer que tinha estado no Iraque como voluntária com um grupo de psicólogos de crianças noruegueses. Como tinha escrito sobre eles, não foi difícil tornar aquela história crível.

Shane disse-me que podia seguir no próximo ônibus que partisse para o Iraque.

— Sai um dia desses, mas primeiro temos que enchê-lo. Estamos esperando mais escudos humanos. Talvez seja o último que mandamos para Bagdá antes de estourar a guerra. Mas primeiro você tem que conhecer a chefe, é ela que dá aprovação. Não será nenhum problema — disse animado antes de ter um novo ataque de tosse.

Lydia era uma inglesa horrível que me informou de tudo o que poderia acontecer comigo em Bagdá: o perigo que havia de ataques químicos ou de acabar como refém e ser acorrentada a instalações militares. Também me disse que a maioria dos escudos estava saindo do Iraque. Eu já sabia.

— A festa acabou — disse a inglesa. — A situação agora é outra, os escudos já não estão nos hotéis e passam as 24 horas do dia em instalações que devem proteger.

Aceitei sem reservas, garantindo que correria o risco. A chefe me aprovou, pegou no meu passaporte e me pediu que assinasse um documento que dizia que eu estava consciente do perigo que corria e que entrava no país sob a minha própria responsabilidade.

— Em que quarto você está? — perguntou Lydia.

A maioria dos escudos estava no mesmo hotel esperando a partida. Dormiam dois a dois por menos de um euro a noite.

— Estou com uns amigos — balbuciei, já que tinha certeza de que os verdadeiros escudos não se hospedavam no Intercontinental.

Lydia pediu-me que voltasse no dia seguinte para ver o que acontecia, mas não houve nenhuma novidade. Cada vez mais escudos humanos voltavam de Bagdá. Fiquei preocupada com a possibilidade de alguns noruegueses voltarem e me descobrirem, mas afinal foi por causa de outra coisa que por pouco não fui desmascarada. Como me sentia deprimida e com necessidade de poupar energias, permiti-me o luxo de usar os motoristas do hotel. Normalmente pedia-lhes que me esperassem um pouco afastados do hotel onde estava o escritório de recrutamento de voluntários que eu visitava diariamente, mas um dia o meu motorista, preocupado porque eu estava demorando muito para voltar desse sinistro hotel, aproximou-se para perguntar por mim. Um dos funcionários do hotel bateu à porta do gabinete de Lydia para me avisar.

— O seu motorista está aqui.

Precipitadamente, levei o motorista com o uniforme do outro hotel pelas escadas abaixo, esperando que ninguém tivesse reparado nele, antes de voltar ao gabinete da chefe dos escudos humanos.

— Temos alguns problemas com as autoridades iraquianas — disse ela, falando de outra coisa. — Na opinião deles faltanos disciplina, porque de repente há muitos voluntários que já não querem ficar nas centrais elétricas, mas somente em jardins-de-infância ou em hospitais. Os iraquianos não aceitam isso e se sentem enganados, porque os jardins-de-infância e os hospitais não são alvos militares.

— Ah, mas o que eu quero é ficar numa central elétrica; comigo não vão ter esse problema.

Toda tarde eu voltava ao quartel-general dos ativistas para saber das últimas novidades. Numa tarde fiquei conversando com uma senhora já idosa que tinha acabado de sair do Iraque.

— Já não faz sentido ir para lá — disse. — Vão bombardear o país, seja lá como for. Não vá — pediu-me e perguntou-me em que trabalhava.

Contei-lhe a minha história inventada.

— Querida — insistiu —, você certamente pode fazer alguma coisa melhor com a sua vida do que ser acorrentada a um alvo militar.

No dia seguinte, Shane levou finalmente os nossos passaportes à embaixada iraquiana. Tinha reunido um grupo de voluntários e partiríamos logo que tivéssemos os vistos. Nessa mesma tarde fui ao seu gabinete e logo percebi que algo não ia bem.

— Deram vistos para todo mundo, menos para você — disse em tom acusador. — Disseram que você é jornalista. Isso é verdade?

— Não, não, de maneira nenhuma. Deve ser um mal-entendido — disse e desapareci pela porta afora. Desci as escadas até a rua, onde o meu motorista estava esperando.

A batalha estava perdida. A embaixada do Iraque não se deixava enganar; tinham me marcado.

Passei dias inteiros na frente da televisão. As negociações no Conselho de Segurança da ONU eram o filme de suspense que me mantinha presa à tela e que era transmitido tanto pela BBC, como pela CNN, ou pela Sky News. Em Bagdá os iraquianos destruíam mísseis Al-Samud, mas os americanos diziam que isso era *too little, too late.*

Faço todas as tentativas possíveis para voltar: visto humanitário, cultural ou comercial. Não há nenhum funcionário na embaixada iraquiana que eu não tenha tentado subornar. Bom, eu em pessoa não, Mohamed, o motorista que me levou a Bagdá em janeiro juntamente com os meus amigos da organização eclesiástica. Precisa de 5 mil dólares para conseguir o visto, eu aceito, mas ainda assim não funciona. A embaixada iraquiana não concede vistos nestes tensos dias de março.

Numa noite encontro Tim no bar do hotel. Tim é especialista nos Bálcãs e, assim como eu, escreveu um livro sobre a Sérvia. Depois do 11 de setembro, no entanto, entendeu que tinha que procurar novos assuntos e algumas semanas depois do ataque terrorista nos encontramos, por acaso, no vôo que ia para Dushanbe no Tadjiquistão. Uma vez no Afeganistão, investigamos juntos histórias sobre o contrabandista de jumentos, a criança comandante e a estrela da televisão. Tim continua a trabalhar — como antes — para a *Economist* e para a *New York Review of Books.*

— Escrevi um artigo inteiro sobre os burros afegãos depois que voltei — contou-me, rindo. — Foi o artigo que mais elogiaram.

Tim vai no dia seguinte para Bagdá depois de ter aguardado um visto durante dez meses. O seu companheiro de viagem é nada menos que Bob. Bom, na realidade não se chama Bob. Conheci-o no Afeganistão, onde se mostrou um repórter tenaz, sempre em busca de *some serious fighting* e de outras matérias exclusivas. Não o via desde que saí de Cabul. Pergunta pelo meu livro, em que ele é personagem. Digo a ele que mudei o seu nome.

— Bom! Você me chamou de Bob?

— Você não gosta?

— Se eu gosto? Se você me transformou num sujeito chamado Bob, posso imaginar a descrição que fez. Bob, pelo amor de Deus. Você poderia ter me dado outro nome.

— Como qual? Maximillian? Alexander? Bob fica bem para você.

Ficamos de nos encontrar os três na piscina ao ar livre na manhã seguinte antes de eles partirem.

Os três dormiram e nenhum de nós foi ao encontro marcado na piscina. Quando volto a saber deles, estou diante da embaixada iraquiana, esperando que as minhas tentativas de suborno rendam frutos. Tim e Bob me telefonam justamente antes de atravessar a fronteira e de ficar sem cobertura no celular.

— Você vem jantar conosco amanhã no restaurante do Nabil? — apressam-me.

— Chegarei mais cedo do que estão esperando.

Todos os dias telefono para Kadim no centro de imprensa em Bagdá. As raras vezes que atende o telefone é complacente e diz:

— Paciência, tem que ter paciência.

— Então, ligo para você amanhã novamente — pressiono-o todas as vezes.

— Não, amanhã, não. Ligue para mim daqui a uma semana.

Quando lhe telefono uns dias mais tarde, diz-me novamente para ligar dentro de uma semana e entendo que nunca me dará o visto.

Um fotógrafo francês obtém um visto de turista. É a Iraqi Airways que organiza a viagem, tem que haver um mínimo de cinco pessoas e paga-se por uma semana. De manhã há excursões obrigatórias aos lugares de interesse, mas deixam a tarde livre. O programa é Ur, Babilônia, Mossul e Bagdá. Nem posso acreditar. Há outros jornalistas que também vão como turistas e eu e mais alguns decidimos fazer a mesma coisa. Alguns colegas estão rindo de nós.

— Uma semana? E depois? Vão organizar viagens de duas semanas?

Os outros pensam que somos loucos.

— E o que vai acontecer quando encontrarem as câmeras de vocês? Férias no Inferno? Não sejam bobos, que o regime iraquiano não está de brincadeira.

Pouco tempo depois, temos um grupo grande o suficiente para seguirmos viagem. Na Iraqi Airways tínhamos que preencher uns papéis curiosamente simples para o padrão iraquiano: nome, endereço e profissão. Um põe arquiteto, outro enfermeiro, outro professor e outro bombeiro. Poderíamos ter posto bailarino, modelo ou dono de fábrica, há liberdade de escolha. Também não assinamos nenhum papel para fazer constar que entramos no país sob a nossa própria responsabilidade. Arrisco-me a perguntar quem dá os vistos.

— O Ministério da Cultura — responde-me o homem atrás do balcão.

— Não passa pelo Ministério das Relações Exteriores?

— Não, não é preciso. Vocês estão indo de férias e não a trabalho.

A situação é absurda. Toda a imprensa mundial esperando vistos em Amã e esta agência nos dá um visto de turista em poucas horas. Enquanto ainda estamos sentados no escritório chega o fax com as autorizações de Bagdá. Agora tudo depende da embaixada em Amã: e, milagre!, ali também aceitam o nosso pedido. É como se esta agência de turismo funcionasse independentemente da guerra, como se não tivesse percebido que, com toda a probabilidade, o ataque norte-americano ocorrerá nos primeiros dias da sua visita turística; enquanto nos arrastamos por Ur, por exemplo. Dou uma forte pisada no pé de um correspondente norte-americano quando ele pergunta o que acontecerá conosco se a guerra estourar, comunicando-lhe com um olhar hostil que não é o momento mais oportuno para arranjar problemas. Mas a única coisa que o homem sossegado atrás do balcão diz é:

— Se as coisas ficarem feias, suponho que poderão sair do país e pronto.

O ônibus sairá no dia seguinte à tarde. Solícito, o funcionário da agência faz uma lista dos nossos hotéis para que o motorista possa ir buscar cada um de nós. Também nos dá uns folhetos com os lugares de interesse que vamos visitar.

Quando saio da agência Iraqi Airways, Mohamed me telefona.

— O seu visto está pronto!

Um visto de jornalista com direito a trabalhar; vou poder escrever, tirar fotografias e enviar tudo para as minhas redações. O grupo de falsos turistas é, de qualquer maneira, suficientemente grande para sair sem mim.

— Cinco mil dólares — disse Mohamed quando o vi.

— Cinco mil?

— Sim. Não foi o que combinamos?

— Sim, mas isso foi há duas semanas. Agora já gastei metade no hotel.

— Não quer pagar?

— Esse preço foi combinado entre nós quando você disse que poderia trazer o visto nesse mesmo dia e isso foi há duas semanas! Agora só posso lhe dar a metade.

Mohamed observa-me com tristeza, como se eu o tivesse enganado.

— Se você não pagar, eu vou ter que pagar — disse, olhando para o chão. — É gente perigosa.

Tenho que pagar. De um momento para o outro, os meus fundos se viram reduzidos drasticamente, mas de volta ao hotel me exibo orgulhosa com o meu visto na frente daqueles que ainda estão esperando.

Um e-mail me espera quando ligo o computador. "Querida amiga", começa, e um forte arrepio me atravessa ao ler o conteúdo.

não venha, åsne, que isto é uma armadilha mortal, apesar de todos aqui estarmos preparadíssimos.

você não está preparada para isto.

se eu fosse você ficaria aí agora, onde você está segura.

mas se quiser vir, VENHA DEPRESSA.

não posso lhe dar conselhos, a vida é sua.

cuide-se bem.

um beijo

janine

ps: agora estou no 1301 ou no 330 do hotel palestina

Está escuro como breu quando o jipe chega ao hotel. Um funcionário pega a minha mala e Mohamed coloca-a no banco traseiro. Deixamos para trás as ruas iluminadas rumo a Bagdá. Chego a tempo para a guerra.

Durante

— Tenho um tio em Bagdá. Se a situação ficar perigosa, ele pode buscar você. Ele mora num dos bairros mais seguros da cidade; telefone para ele se ficar com medo.

Mohamed tem o olhar fixo no caminho. Está amanhecendo. O deserto passa rapidamente pela janela do carro, indo do cinza-escuro ao marrom, passando do azul ao violeta até ganhar um dourado quando os primeiros raios de sol iluminam a areia. O visto que custou tão caro queima em meu bolso.

— Ele tem uma família grande.

— Bom.

— Guardou água e comida para meses.

Como antes eu não tinha o visto, não tive que pensar no perigo que implicava voltar para lá. Nunca tinha me perguntado realmente se eu teria coragem; só desejava ir.

Na embaixada, os funcionários do turno da tarde me entregaram o visto, e nessa mesma noite Mohamed iria a Bagdá para procurar alguém da equipe da agência de notícias Reuters.

Ia sair de Amã às três da madrugada para cruzar a fronteira ao amanhecer e, assim, chegaria a Bagdá ainda de manhã, podendo regressar à fronteira antes do anoitecer.

— Então, venho buscá-la às três — me disse ele quando me deram o visto.

— Não sei... — respondi.

— Não sabe?

— Não, talvez eu não queira ir para Bagdá.

— Mas você acabou de pagar 5 mil dólares pelo visto!

— Mas não sei se tenho coragem.

— Devia ter pensado nisso antes, não?

Dei uma volta pelo hotel para encontrar alguém com quem conversar sobre isso, alguém que pudesse tomar a decisão por mim, e me encontrei justamente com Bob.

— Você já não tinha ido!? — exclamei.

— Sim, mas me tomaram o visto por razões de segurança. Que droga. Estão pensando em cancelar também o da Melinda. Quer vir tomar alguma coisa no meu quarto?

— Tenho que fazer a mala.

— Para onde você vai?

— Consegui o visto.

— Quando você parte?

— Não sei se vou.

— Então venha tomar alguma coisa depois que decidir.

Bob já estava entrando no elevador, e algumas horas depois fui até a sua suíte, onde, sobre a mesa, já estavam servidos os copos de gim com gelo e pequenas garrafas de água tônica. A televisão transmitia imagens do arquipélago dos Açores, onde Bush, Blair e Aznar faziam as suas últimas reuniões. Era claro que a guerra era inevitável.

Os três nos sentamos no sofá, frustrados: Bob, que ia perder de novo *some serious fighting*; Alessandro, o fotógrafo da agência Magnum; e eu. Sendo um dos fotógrafos de guerra mais famosos, Alex estava triste, porque não tinha visto e cada hora que passava a sua tristeza pelas fotografias que nunca chegaria a tirar aumentava. Eu não estava apenas frustrada, estava confusa, cheia de dúvidas. Sabia que se fosse agora, não poderia sair do Iraque até que a guerra acabasse.

Os outros dois pouco me serviam; se estivessem no meu lugar, ambos teriam ido sem hesitar um segundo. Tinha que falar com uma pessoa sensata, alguém que não estivesse ao meu lado bebendo gim tônica. Não podia telefonar para os meus pais — se fizesse isso, certamente não iria — nem para minha irmã, meu irmão ou meus amigos, que já tinham me pedido que não fosse para o Iraque.

Por volta de meia-noite, Bob voltou a encher os copos. Passei por vários canais, mas todos mostravam o mesmo: o prelúdio da guerra. De repente, soube a quem telefonar, disquei e ouvi gritos e tilintar de copos do outro lado da linha.

— Estou na Feira do Livro de Londres.

— Você tem um momento?

Apresentei os prós e os contras o melhor que pude.

— Não sei se tenho coragem de correr esse risco — disse finalmente.

Houve um longo silêncio.

— A questão é se você tem coragem de não correr esse risco.

O sol começa a ficar forte, cega os meus olhos e queima a minha cabeça. Tiro os óculos escuros, desço o vidro da janela e observo como o deserto se aproxima depressa de mim, estou rodeada pela areia castanho-clara. Fico meio adormecida atrás das lentes escuras, enquanto Mohamed dirige ensimesmado a 160 quilômetros por hora.

— O Iraque — diz, apontando para um edifício no horizonte.

Faço esforço para acordar e endireito as costas no assento, preparada. Na fronteira encontramos os primeiros correspondentes. Saindo.

— Não quero ficar no Iraque agora por nada deste mundo — afirma um colega, claramente aliviado por ter chegado à fronteira da Jordânia. — O ataque pode começar a qualquer momento, 3 mil mísseis de cruzeiro por dia e Saddam pode responder com armas químicas, pode nos fazer reféns e nos arrastar com ele na queda.

O jornalista espera pelos seus documentos de saída com um nervosismo que deixa transparecer a sua pressa de sair de terras iraquianas. Eu, pelo contrário, acabo de entregar o meu visto para que carimbem a minha entrada no país e me sinto como uma idiota que não sabe o que é o perigo, tão pateta que nem noto quando a morte se aproxima. Carimbam logo em seguida os meus documentos.

Quando os funcionários da alfândega terminam de revistar o jipe, Mohamed entra no carro e dá uma elegante volta pelo cascalho antes de parar na minha frente e abrir a porta para mim. Entro e cumprimento com a mão os meus colegas no controle de fronteiras. Boa viagem para Amã! Sentados preguiçosamente no banco contra a parede banhada pelo sol, retribuem o cumprimento com um gesto de incredulidade, antes de virarem um para o outro e continuarem a conversa.

Observo o conhecido retrato que dá as boas-vindas ao Iraque aos recém-chegados. Somos poucos, nesta segunda-feira de manhã. Mohamed e eu somos quase os únicos contra a corrente: não somente os correspondentes saem do país, como também carros carregados de mantas, sacos, panelas, roupas e gente que foge de Bagdá.

No meio do deserto há um posto de gasolina e um cruzamento. Aqui, a auto-estrada que vem da capital se bifurca, por um lado vai para a Jordânia e, por outro, para a Síria. Enormes engarrafamentos se formam para encher o tanque. Três tapetes persas estão firmemente enrolados e presos no capô do carro da frente, por cima deles há várias caixas de papelão amarradas e dentro do carro vêem-se cinco pessoas apertadas entre malas, caixas e papelão. Um vestido está pendurado na janela e um saco de limões, enfiado debaixo do assento. Peço a Mohamed que sirva de intérprete para que eu possa falar com eles.

— Vamos para a Síria. Vamos para casa de uns parentes até que a guerra acabe. A minha mulher vai dar à luz dentro de pouco tempo e Bagdá é agora um lugar péssimo para nós — explica Yasir.

A avó, uma senhora de idade, inala profundamente o fumo do cigarro, enquanto manuseia o maço:

— Alá decide o nosso destino, mas, por vezes, nós temos que fazer um pouco a nossa parte — suspira.

O trânsito avança lentamente com os carros em várias filas. Alguns vêm para se abastecer de gasolina, outros para terem combustível suficiente para a viagem de exílio.

— O preço do combustível é a única coisa que não mudou nos últimos dias — diz Mohamed.

Continua a ser vendido por pouco mais de 10 centavos de euro o litro, mas a luta para comprar ficou mais dura.

— Tenho quatrocentos litros no meu jardim, guardo num depósito. Mas não tenho coragem de comprar mais, imagina se o depósito explode!

Mohamed se gaba, porque os seus serviços de motorista subiram de preço nos últimos dias.

— Agora custa 700 dólares por pessoa ir de Bagdá para Amã, amanhã custará ainda mais, e durante a guerra os preços vão subir até as nuvens.

Ri e faz como se apontasse com uma arma para o céu.

— *Fighting* — diz. — *Big fighting*.

Viro-me para observar dois ônibus cheios de jovens jordanianos com bolsas de estudo iraquianas para sair do país. As autoridades da Jordânia, como as de outros países, aconselharam os seus cidadãos a sair do Iraque.

Em outro carro lotado está uma família que veio da mesma direção que nós, da fronteira com a Jordânia. Não os deixaram passar.

— Não temos visto, mas tenho documentos que provam que sou proprietário de um negócio em Akaba, na Jordânia. Aqui estão — diz o pai. — Não aceitaram os documentos e estão nos mandando de volta. Agora tentaremos a Síria.

A maioria dos que fogem de Bagdá vai para a Síria, o único país vizinho do Iraque que deixa os iraquianos entrar sem problemas. As fronteiras da Arábia Saudita, Kuwait e Irã estão fechadas. Na zona limítrofe entre o Iraque e a Jordânia estão sendo preparados campos de refugiados. Os iraquianos podem ficar neles, mas não entrar no país propriamente dito. Quando passamos esta madrugada, o deserto ainda estava completamente vazio. A única coisa que vimos foram dois homens medindo o terreno: não havia ainda nem barracas nem depósitos de água.

— A maioria das pessoas escolheu ficar. Mas muitos vão entrar em pânico assim que as bombas começarem a cair, e aí poderá ser tarde demais — diz uma senhora a caminho de Damasco. — Ontem me despedi dos meus parentes, nós desatamos todos a chorar. Não sabemos o que vai acontecer conosco. Você sabe, na saída da capital, vi dois acidentes. As pessoas estão tão nervosas que nem conseguem se concentrar para dirigir. É assim que se vive sob a ameaça das bombas — suspira, ainda afastada do posto de gasolina atrás de mais de cem carros.

A tarde em que chegamos a Bagdá estava quente e sonolenta e a cacofonia familiar, as buzinas, as sinetas e os carros ruidosos me acordaram. No Ministério da Informação o caos reinava: uma longa fila de correspondentes tentava pôr em dia as contas da sua estada; sem isso não conseguiriam o carimbo necessário para sair do país. O senhor Jamal, um homem magro e quase sem dentes, que andara sempre com uma mala cheia de notas de dinheiro, estava tenso. Contava as notas, ceceava, discutia e calculava, e a fila avançava muito lentamente. Nenhum dos correspondentes sabia a história dele, mas estávamos convencidos de que guardava algum segredo: não tinha unhas, dava para ver quando contava as notas. Teria sido torturado? Teria estado contra o regime? Ou teria sido esse o castigo pelo furto do dinheiro que administrava? Mas não era um dia para especulações. Os correspondentes dos mais importantes jornais ingleses e norte-americanos estavam abandonando Bagdá.

— Você também deveria ir embora — diziam-me.

— Mas eu acabei de chegar.

Fazíamos filas para ver os mesmos burocratas, eles para irem embora e eu para ficar. As pessoas passavam apressadas ou esperavam umas atrás das outras, colavam-se, insistiam e suplicavam. Tinha que preencher, de novo, a minha ficha do arquivo, tinham que registrar, novamente, o meu telefone via satélite e romper o lacre que haviam posto na fronteira, eu devia prometer outra vez que só o usaria no ministério. Porém, desta vez, ninguém me pediu uma lista dos lugares que desejava ver ou das pessoas que queria entrevistar e não se preocuparam também em me impor um assistente oficial.

O edifício fervia de pânico, desde os chefões do oitavo andar até os súditos do térreo. Nos andares superiores arrastavam, empurravam e levavam móveis para baixo, onde os punham em plataformas para serem levados sabe Deus para onde. Armários de arquivos, computadores, estantes e caixas, tinham que tirar tudo dali. O Ministério da Informação era um dos primeiros alvos militares dos norte-americanos.

— Åsne, você tem que ir embora — murmurou no meu ouvido um deles. — Por favor, vai embora daqui!

O pânico também ia se apoderando de mim. Uns colegas me ofereceram a possibilidade de partir com eles na manhã seguinte, mas primeiro tinha que escrever um artigo, mesmo que fosse um só, não podia ter estado ali em vão. A inscrição demorou horas, o que significava que não poderia ir embora no dia seguinte, já que o procedimento inverso ia demorar, no mínimo, o mesmo tempo. Estava enganando a mim mesma.

Aí está Kadim. Ele também me viu, ele que não queria me dar um novo visto.

— Como é que você voltou a entrar no país? — quis saber, agarrando-me com força pelo braço com um olhar sombrio.

Esquivo-me à pergunta, dizendo:

— Todo mundo está indo embora agora.

— Comprou o visto? — balbucia acusador.

— O que podia fazer?

— Tentei telefonar para o seu hotel, em Amã, durante todo o dia de ontem e toda essa manhã para lhe dizer que o seu visto estava pronto. Quanto é que você pagou?

— Muito — digo, optando pela reserva.

— Fez mal, o meu teria sido grátis. Por que você não confiou em mim? Eu já lhe havia dito que ia mandar um visto para você.

— Mas estava ficando tarde para mim — desculpo-me como se tivesse sido desobediente. — Além disso, creio que volto amanhã de manhã; não quero ficar aqui sozinha.

— São poucas as pessoas que vão partir, aqui as coisas estão bem — diz Kadim, animado e com a voz já mais suave. — Você tem medo das bombas? Pense em todas as crianças iraquianas que não têm medo, os iraquianos nunca têm medo. Olhe, tem aqui o meu número de telefone, venha para minha casa se ficar assustada. Tenho mulher e cinco filhos que podem tomar conta de você — oferece-me, estendendo um pedaço de papel.

As noites de bombardeios na casa de Kadim poderiam dar uma boa história sobre "O Burocrata de Bagdá". Também me faz sentir um pouco mais segura. Ou será que ele quer me entregar aos bandidos quando as coisas ficarem feias? Isso também daria uma história cheia de suspense, suponho.

De um canto aparece Janine.

— Então, já chegou — disse. — Seja bem-vinda.

A inglesa está à espera de um esclarecimento por parte do chefe de redação do *Times*. A maioria dos que se foram nesta segunda-feira havia recebido ordens de fazer as malas e partir.

Não era particularmente reconfortante ver as grandes cadeias de televisão arrumando as suas caixas e cabos para ir embora. Faziam-me sentir abandonada. Em Londres, o Departamento de Defesa tinha convocado, nessa mesma manhã, as direções de todos os meios de comunicação com colaboradores na capital iraquiana, aconselhando todos eles a se retirar e deixando-lhes bem claro que deviam considerar a possibilidade do uso de armas químicas, de virem a ser feitos reféns ou, pior ainda, que os seus correspondentes, fotógrafos e técnicos fossem acorrentados a instalações militares. Além disso, o bombardeio planejado, a chamada campanha de Shock and Awe, Impacto e Terror, ia ser algo de inédito. Mais duro, mais rápido e mais terrível que tudo o que se tinha visto até aquele momento.

Eu precisava encontrar um lugar para me instalar. Por razões de segurança, o meu antigo Hotel Al-Fanar ficava, infelizmente, de fora. Podia escolher entre outros três: Al-Rashid, Al-Mansur e o Hotel Palestina. A maioria dos correspondentes tinha-se hospedado no gigantesco Al-Rashid até o momento, mas agora aquele local não era seguro. Na entrada havia um cartaz que anunciava: *"More than a hotel"*, e os rumores diziam que realmente o Al-Rashid era mais do que um hotel. Suspeitava-se de que por debaixo do enorme edifício havia uma rede secreta de túneis e um centro de inteligência que faziam do hotel um alvo militar prioritário.

O segundo melhor hotel era o colosso de concreto Al-Mansur, situado entre o Ministério da Informação e a ponte Al-Sinak, mas sendo o ministério, como todas as pontes, alvos militares, os jornalistas que restavam deixaram também o Al-Mansur e se juntaram no Palestina, uma torre em frente ao palácio presidencial. Era o hotel menos inseguro, segundo os rumores que corriam. Tudo, nesses dias, se baseava em rumores, rumores que começavam como um discreto sussurro que se tornava um pouco mais ligeiro nos corredores e que depois passava a ser uma brisa que rodopiava em volta das cabeças mais receptivas, onde se transformava num silvo vertiginoso. Finalmente o vento do blablablá se transformava em tempestades e furacões que assolavam os ouvidos de todos nós. "Você ouviu? É verdade? Vamos morrer?"

O Hotel Palestina era grandioso e imponente visto de fora, rodeado por grandes palmeiras e jardins. Junto às palmeiras havia uma grande piscina, mas a água estava turva, de um tom verde-acastanhado como lodo. O fundo estava coberto de barro e areia, e as paredes, esverdeadas pelas algas, exalavam um cheiro de podre que atentava contra o nariz de quem passasse por ali. No jardim, atrás do hotel, as ervas daninhas cresciam livremente entre as lajes; a grama estava marrom e não havia flores. Debaixo de um pavilhão desbotado viam-se churrasqueiras embutidas na parede, onde fazia muito tempo que ninguém preparava um carneiro ou um boi.

— *No room* — disse um recepcionista mal-humorado.

— Onde eu vou ficar então?

— *No room.*

Eu sabia que era mentira; quase não tinha clientes. O que ele queria era dinheiro, e eu estava procurando algumas centenas de dólares quando chegou o Jean Paul do *Le Nouvel Observateur*, pedindo para se hospedar no hotel. Fez um escândalo quando soube que teria que pagar uma quantia extra além da que devia e, então, não sobrou absolutamente nenhum quarto.

Nesse mesmo momento chegou Janine com o fotógrafo, carregador e intérprete a reboque.

— Recebi ordem para sair do país! — exclamava indignada. — Não me contaram o que lhes disseram, mas com certeza absoluta a guerra será terrível. Quem disse foi o meu redator. Nunca o tinha ouvido tão sério e tão determinado.

Janine olha-me fixamente.

— Pense bem nisso.

— Ah, sim, claro... — balbucio.

— Tome cuidado — diz conciliadora quando lhe digo que não quero acompanhá-la à fronteira e me dá um abraço. — No fundo estou aliviada, assim não tenho que decidir nada. Como você sabe, vou me casar em agosto. Fique com o meu quarto — acrescenta, dando-me a chave.

O recepcionista tentou protestar por ficar sem o dinheiro pela troca.

O meu quarto tem paredes azuis, uma tapeçaria vermelha e cheiros difusos de sujeira, caruncho, vapor e canos. A tapeçaria, de parede a parede, parece ter vida própria, os azulejos do banheiro estão quebrados e, tal como o meu quarto 707 do Al-Fanar, o vaso sanitário solta água sem parar. Por sorte, o 734 do Palestina tem a mesma vantagem que o meu antigo quarto: uma varanda. E estou num andar suficientemente alto para ter uma boa vista, mas não tão alto que seja um pesadelo subir as escadas quando a eletricidade é cortada e os elevadores não funcionam. Os andares mais baixos são os mais requeridos nesses dias; estar perto do chão dá uma maior sensação de segurança. Mas do sétimo andar vejo toda a cidade e o melhor de tudo é que tenho vista para o palácio presidencial, do outro lado do rio Tigre. Diz-se que Saddam tem leões e tigres, corças e cães de guarda nesse edifício de vários quilômetros quadrados. Serei uma das primeiras pessoas a saber se é verdade caso o palácio seja bombardeado... caso ainda esteja viva.

Finalmente, posso sentar-me para escrever e entre as paredes azuis escrevo um artigo sobre o clima na capital iraquiana, sobre as pessoas que fogem e sobre os ministérios que se esvaziam. Tenho que ir ao Ministério da Informação para enviar o texto e encontro alguém que se dirige para lá de carro.

O ministério está quase completamente vazio. As grandes caixas com equipamento foram carregadas em carros e levadas para outro lado. Muitas das antenas parabólicas dos canais de televisão desapareceram, mas ninguém se preocupou em desmontar os estandartes do terraço que balançam solitários na escuridão da tarde, abandonados ao vento e às bombas. O corredor onde antes se ouvia burburinho de vozes e de telefones está tranqüilo e vazio, o gabinete de Janine está fechado a chave e os espanhóis barulhentos do gabinete ao lado já foram embora. A bela correspondente da CNN, Turk, a quem todos chamávamos Delícia Turca, pôs um trinco na sua porta; a ABC já não está, a NBC, a CBS ou a CBC, também não. Até o vendedor de chá, Abu Ali, desapareceu com o seu pequeno fogão. A porta da *Newsweek* está fechada com cadeado, embora Melinda ainda não tenha partido, e Michele, a repórter da Sky News, está soluçando diante do seu gabinete e mal se dá conta da minha presença em meio às suas lágrimas. Decidiu deixar o país e chora pelos colegas que ficam para trás.

— Você está de volta? — consegue dizer.

— Cheguei esta tarde.

— Eu vou amanhã de madrugada, já não posso mais.

O som dos meus passos ecoa pelo corredor até que chego ao gabinete da RTL, onde deixei o meu telefone via satélite com Antonia, que me garantira que estaria sempre no seu gabinete e que ninguém o tiraria dela.

— Não ficará muitos dias aqui, receio — diz-me agora. — Todas as manhãs tenho medo de que tudo tenha desaparecido e de que o gabinete esteja fechado a sete chaves. Agora, fazem tudo o que lhes dá na telha e certamente vão pegar tudo o que puderem quando começarem a ver o seu fim se aproximar — sussurra-me Antonia, porque as paredes do Ministério da Informação podem ter ouvidos.

— Você fica? — pergunto-lhe.

— Claro — responde, acabando de pôr a última camada de maquiagem na face macilenta. — Não passei os últimos dois meses subornando, suplicando e adulando para ir embora quando tudo vai começar.

Pinta as sobrancelhas em dois arcos e aplica as mais recentes cores de Christian Dior nas pálpebras.

— Não se esqueça de fechar a chave — entoa e guarda a escova, os lápis, os pincéis e o espelho na bolsa, antes de subir, precipitada, ao terraço para transmitir ao vivo para Colônia.

É uma sensação agradável sentar novamente em frente de uma das mesas de plástico colocadas diante do Ministério da Informação. Estão cobertas por uma grossa camada de sujeira e de pó e já não restam quaisquer cabos. Antes discutíamos por causa dessas mesas e cadeiras, e alguns tinham que escrever sentados em cima de tijolos no chão, mas nessa tarde de primavera somos somente eu e um italiano que estamos tentando enviar as nossas reportagens.

O meu telefone via satélite não funciona.

— É quase impossível — diz o italiano, apertando freneticamente o botão de rediscagem do seu telefone.

O que aconteceu? Será que os norte-americanos saturaram o céu? Outro argumento para voltar para casa. Que sentido faz cobrir a guerra se não posso enviar os meus artigos? A hora do *deadline* se aproxima e, seguramente, estão se perguntando agora nas redações por que o meu trabalho não chega. Telefonei no dia anterior de Amã para lhes dizer que ia tentar enviar alguma coisa. Na redação ninguém sabe, de fato, que consegui voltar para o Iraque; não vão saber até verem o meu artigo na caixa de entrada do computador.

Agora! O crepitar do satélite soa como campainhas do céu, consegui estabelecer comunicação e em alguns segundos viajam milhares de letras até aqueles que estão nas redações esperando.

Durmo que nem uma pedra, depois da viagem da noite anterior pelo deserto. Enquanto descanso, o presidente dos Estados Unidos aparece nas televisões de todo o mundo. — Saddam Hussein e os seus filhos devem abandonar o Iraque dentro de 48 horas. Caso se neguem a fazê-lo, um conflito militar acontecerá no momento que nós decidirmos — declara. Vêem-se fotografias de família ao fundo, da sua mulher e das duas filhas. — Para sua própria segurança, todos os estrangeiros, incluindo jornalistas e inspetores de armamento, deverão abandonar o país imediatamente.

O discurso tem o seu efeito, ainda que não o tenha no presidente iraquiano, pelo menos nos últimos indivíduos imperturbáveis. Partem nessa mesma manhã. Eu permito-me ficar um dia a mais para escrever, pelo menos, um artigo. E procuro a minha intérprete. "*No Aliya*", dizem simplesmente no Ministério da Informação e me impõem uma nova guia particular: Rawda, que fala francês perfeitamente. Tem os olhos claros e o cabelo pintado de um tom amarelo-alaranjado; mantém a distância e é fria. Faz-me sentir logo a falta de Aliya. Rawda trata-me por *vous* e repete o tópico de que poderemos fazer o que eu quiser; só que deveremos, primeiro, pedir autorização.

— Não é o momento para pedir autorizações — respondo desembaraçadamente.

Aprendi que, por vezes, funciona melhor ser antipática. Arrasto a minha nova intérprete para fora do Ministério, chamo um táxi sem lhe dar tempo de reagir e digo ao taxista para nos levar à escola mais próxima. Uma vez ali, peço a Rawda que pergunte ao diretor se podemos falar com os alunos. Não podemos, obviamente, necessitamos de uma autorização e nem em sonhos temos tempo de a conseguir ainda hoje; já conheço os procedimentos que impedem tudo. Tento convencer o diretor usando apenas o bom senso.

— Dentro de uns dias o bombardeio de Bagdá será uma realidade — digo. — George Bush apresenta os iraquianos como inimigos, procura apoio para a sua guerra, pintando vocês como se fossem diabos. Há muita gente contra a guerra, até nos Estados Unidos. As histórias de pessoas singulares, como alunos e professores, gente com cara e nome próprio, podem fazer com que mais gente desperte e pense: por que vamos matá-los? Mas vocês não me deixam e estão cometendo um grave erro na guerra da propaganda.

Vejo que o diretor fica pensando seriamente no que eu digo, enquanto Rawda traduz o meu pequeno discurso. A intérprete pisca os olhos de nervosismo, mas continua a traduzir, e ele, finalmente, aceita.

O diretor da escola, três professores e um funcionário estão presentes quando entrevisto as meninas. As entrevistas no Iraque são assim, já me acostumei com isso e limito-me a perguntar coisas simples como qual a quantidade de comida as famílias armazenaram, como protegeram as suas casas, se estão pensando em vir à escola no dia seguinte. As alunas foram instruídas para se protegerem dos ataques. Sejam bombas ou mísseis, deverão deitar-se no chão.

— Primeiro é preciso abrir as janelas — diz uma. — Para não quebrarem.

— É, mas se for um ataque químico, é preciso fechar as janelas — interrompe outra, e a sua amiga concorda:

— Você deve pegar um pano e encharcá-lo na água, pôr sal, um monte de sal, e tapar o nariz e a boca.

As meninas falam excitadas sobre as normas de segurança que lhes incutiram: como limpar as feridas, atar as fraturas dos ossos, apagar incêndios e proteger as janelas. A gravidade da situação não apaga o entusiasmo por partilhar os seus conhecimentos com alguém de fora e a conversa não é tão sem sentido como eu temia. Até me permitem acompanhar uma das alunas a sua casa.

— Até amanhã — despedem-se com naturalidade ao saírem pela porta.

— Espero que a cidade não fique muito destruída — suspira Marwa, dirigindo-se a mim um pouco depois.

Da janela do ônibus escolar vêem-se carros abarrotados, para fugirem, lojas fechadas e vazias, janelas cobertas com plásticos grossos e — é muito difícil não ver — postos militares montados nas esquinas de cada rua, com sacos de areia que chegam somente até a cintura dos soldados.

— Vamos continuar a ir à escola mesmo que haja bombas. Já fomos atacadas antes — explica-nos Marwa.

A sua frase se enquadra muito bem na linha de propaganda iraquiana que diz que a população vai resistir e, finalmente, combater e expulsar o inimigo.

A adolescente desce do ônibus no bairro Al-Durin, onde as ruelas são tão estreitas que os carros não podem passar e as ruas não são asfaltadas. As crianças correm de um lado para o outro descalças nas valetas e as mulheres andam cobertas por longos xales. Marwa abre a porta de uma casa típica de Bagdá com um pátio coberto no meio e uma divisão com quartos de um lado e um sótão em cima. As poucas janelas estão cobertas por plásticos, barbantes e fita adesiva, o terraço está cheio de sacos de arroz, farinha e favas. Tal como os demais iraquianos, a família recebeu rações antecipadas, prevendo-se uma longa guerra. Marwa mora aqui com os seus pais, quatro irmãos mais novos, os tios e três primos. Um clima de resignação domina a casa quando a filha mais velha volta da escola.

Nayih, o pai da menina, apresenta primeiro a lengalenga obrigatória a favor de Saddam Hussein. Depois vêm as preocupações e as perguntas.

— Por que os espanhóis? — pergunta de repente. — Eu me pergunto o que nós fizemos contra eles. Sempre tivemos boas relações com os espanhóis. Compreendo que os americanos e os ingleses estejam contra nós, mas os espanhóis? — diz, referindo-se ao apoio de José María Aznar às forças da coalizão.

A sua mulher complementa o que a sua filha acaba de aprender na escola com outros truques simples que ela usou em anteriores ataques.

— Algodão nos ouvidos das crianças — diz Rana. — Assim que caem as bombas, vêm as explosões e nós ficamos feito uns loucos. Vou tapar os ouvidos dos meus filhos para eles não se assustarem. Também comprei comprimidos para dormir e calmantes para eles dormirem e escaparem das coisas terríveis que acontecerem em volta da gente — explica, enquanto amamenta um bebê.

— Não estamos pensando em fugir — afirma o pai. — Vamos ficar em casa, unidos num abraço. Todos os nossos parentes fora de Bagdá já têm as casas cheias de gente, não queremos ser um peso para eles. Para onde vamos, então? Para um acampamento de refugiados no meio do deserto? Não, temos que ficar aqui e agüentar seja como for.

Nayith tem uma pequena loja de roupas, mas o negócio ultimamente não tem andado muito bem.

— As pessoas não compram mais roupas. Mas eu entendo. Quem pode pensar em se vestir bem nos dias de hoje? As pessoas precisam de dinheiro para a comida, água e aquecimento.

Marwa ouve calada o seu pai. Está sentada, quieta, no chão, com um xale estampado de preto e branco, a sua pasta da escola está a seu lado. Por vezes, parece ter o olhar perdido. Quando eu e a intérprete estamos prontas para ir embora, ela nos mostra os seus livros escolares. Tem deveres de casa de Física para o dia seguinte, "Movimento e vibrações", chama-se o capítulo. Serão talvez os seus últimos deveres num tempo tranqüilo, mas não lhe faltarão movimentos e vibrações na sua vida cotidiana.

No estacionamento encontrei Amir, que ficou paralisado quando me viu.

— Miss Hosna! O que faz por aqui? Por que voltou? — exclamou o motorista corpulento de olhar temeroso.

— Tudo vai correr bem, fique tranqüilo, tudo vai dar certo — tranqüilizei-o.

De volta ao hotel, constatei que já tinha ido embora a maioria dos que queriam partir e somente tinham ficado os destemidos, os que desprezavam a morte e os idiotas. Um grupo de jornalistas norte-americanos havia simplesmente ignorado as ordens do seu editor de abandonar o país, dando a desculpa de que não tinham pago as suas dívidas com o estado iraquiano e seriam, por isso, presos na fronteira caso tentassem sair do país. E estar na prisão no início dos bombardeios seria o pior, então era preferível ficarem. Eram alguns dos correspondentes mais experientes que já tinham desafiado a sorte durante a primeira Guerra do Golfo, na Tchetchênia, na Bósnia e no Afeganistão. Como podiam deixar agora o Iraque, antes que começasse o drama? O editor não podia levá-los dali pessoalmente e, com certeza, o jornal aceitaria os seus artigos mal começassem a cair as bombas.

Fredrik e Aage da TV2 norueguesa também decidiram ficar e nós três combinamos com o cônsul norueguês que nos esconderíamos na embaixada vazia se os iraquianos tentassem nos fazer de reféns. Ainda assim, não estávamos tão convencidos na hora de fazer os preparativos: eu não me imaginava correndo a toda a velocidade até a embaixada da Noruega e pulando as grades se os guardas armados assaltassem o hotel. Remy, do *Le Monde*, que tinha sempre os melhores contatos e conhecia caminhos secretos, revelou-me em voz baixa o seu plano de fuga:

— A embaixada da França não está vazia, ao contrário do que todo mundo pensa — confiou-me no banco traseiro do carro de Amir. — Certamente o embaixador saiu do país e o subsolo está vazio, mas ficaram dez soldados franceses das forças especiais. Estão armados até os dentes e o embaixador disse-me antes de partir que a porta está aberta a todos os cidadãos franceses se a situação ficar perigosa. Você pode vir comigo — prometeu-me.

Este me parecia o melhor plano. Seguramente poderia esconder-me atrás de dez soldados franceses.

As exortações de Janine soavam nos meus ouvidos. "Você tem que estar prevenida." Ela própria tinha guardado quantidades imensas de água engarrafada e comida para uma eternidade nos seus três quartos de hotel. O seu motorista tinha ido aos três hotéis buscar tudo, logo que ela foi embora. Chegara o momento de eu tomar também as minhas precauções e levei a minha nova intérprete para comprar o que precisava ou o que pensava que necessitaria.

Ao sair dei com Tim, que se ofereceu para ir às compras porque não tinha mais nada para fazer. Se Woody Allen tivesse sido correspondente de guerra, seria parecido com o Tim: distraído, intelectual e divertido, às vezes, sem querer. Além disso, Tim era destemido, parecia ser capaz de manter distância em relação a tudo o que estava acontecendo. Era como se em vez de perceber os acontecimentos ao vivo, ele os filtrasse a altíssima velocidade no seu cérebro e os vivesse exatamente como depois ia apresentá-los na *New York Review of Books.*

Com Tim a reboque, comprei todo tipo de comida em lata: milho, sardinhas, feijões em molho de tomate, azeitonas e até encontrei queijo em lata. Comprei grandes sacos de frutas secas, chá e café. Ainda tínhamos eletricidade e tinha esperança de que a minha chaleira elétrica continuasse a funcionar. Provi-me de fósforos, pilhas, sabonetes, papel higiênico e guardanapos. Numa barraca encontrei umas grandes velas fantásticas de diferentes cores e desenhos, algumas douradas, outras em forma de rosa, videiras ou personagens de contos de fadas. Tim devia ter-se perguntado em que mundo eu vivia quando me via sofrendo para escolher entre os diferentes modelos de colherzinhas, xícaras de café e tigelas.

— Você está pensando em ficar até quando? — perguntou-me, rindo.

Facas, colheres, tesouras, quebra-nozes, lixa para as unhas, travessas, pratos, lâmpadas, esfregões, repelente para mosquitos, abridor de latas, saca-rolhas, copos de várias formas. Tudo isto entrou na minha sacola de compras, mas Tim me deteve quando cheguei às panelas.

— E onde você vai usar? Na cozinha do hotel?

Percebi que o meu colega tinha razão e devolvi as panelas, mas trouxe no lugar uma almofada. Seriam boas para o abrigo antiaéreo.

— Que grande estratégia de sobrevivência a sua. — Tim continuava rindo na volta. — Agora, pelo menos, você tem o enxoval preparado se precisar!

— Eu nunca vou te convidar para um chá — ameacei. — É importante estar prevenido.

— Com 12 tipos diferentes de colheres e oito variedades de xícaras de porcelana com desenhos orientais, enquanto as forças norte-americanas apontam os seus mísseis contra a cidade?

Tim descascava frutas secas: a única coisa que levou do mercado foi um quilo de amêndoas, de nozes e de passas. Carregada como uma mula, quebrei a proibição que fizera a mim própria de não entrar no elevador do hotel. Seria um autêntico pesadelo estar dentro dele quando começassem os bombardeios e a luz faltasse, o que podia acontecer a qualquer momento. Mas as pesadas compras obrigaram-me a viver de forma um tanto perigosa.

Amir me telefonou depois, da recepção do hotel, para me dizer que tinha comprado água. Trazia um carrinho de mão cheio e até tinha encontrado água boa. Nem toda a água que se vende no Iraque é boa. Além disso, deu-me vários sacos com alimentos: salgados feitos pela sua mãe, tâmaras recheadas com nozes, bananas, tomates, pão e um grande saco de pipocas. Eu esperava que ele não visse que eu também tinha feito compras, mas não havia realmente perigo, porque cada vez que me trazia alguma coisa, telefonava-me da recepção para ter certeza de que eu estava preparada e vestida. Depois de bater à porta, costumava dar dois passos para trás e dois para o lado, de modo a não ver o quarto quando eu abrisse a porta. Era assim que ele esperava sempre, a vários passos da minha porta, respeitando a minha privacidade.

Nessa mesma manhã eu havia reservado para ele um quarto no hotel. Tinha muita sorte em tê-lo como motorista e queria que estivesse por perto. Amir morava nos arredores da cidade e imaginara que a viagem até o hotel se tornaria impraticável com o tempo. Agora me perguntava se eu precisava dele, se queria sair para ir jantar, por exemplo. Quando lhe disse que ficaria no quarto do hotel, pediu-me licença para ir dormir na casa da mãe. Concordei, ainda que não fizesse muito sentido reservar um quarto para ele se de qualquer maneira ia dormir em casa. Mas não podia negar, porque o meu motorista era muito boa pessoa e se preocupava comigo. Adivinhava as minhas necessidades sem que tivesse dito, como aquele saco de pipocas.

Na manhã seguinte fui com Melinda ao Ministério da Informação. Ela estava aborrecida: tinha recebido ordens de ir embora, mas como era dos que tinham se proposto a pagar à burocracia iraquiana, não podia sair do país sem correr o risco de represálias. Era quarta-feira, 19 de março, a última oportunidade de sair do Iraque antes que acabasse o ultimato de George Bush. No dia anterior, vários jornalistas e funcionários de organizações não-governamentais tinham sido detidos na fronteira; levaram 14 mil dólares dos meus colegas noruegueses Line e Tore e de outros ainda levaram mais. Alguns tiveram de passar a noite na delegacia de polícia de Ramadi, a duas horas de carro ao sul da fronteira, e o representante da organização eclesiástica norueguesa que tinha deixado para nós as suas máscaras antigás tinha sido enviado de volta para Bagdá. Tinha de ir buscar autorizações bancárias, garantindo o direito de retirar do país as enormes quantias de dólares da organização.

O editor de Melinda tinha insistido que ela saldasse as suas contas e saísse do país nessa mesma manhã, mas, aparentemente Jamal — o burocrata sem unhas — pouco se importava com as decisões da *Newsweek* e andava desaparecido quando chegamos ao centro de imprensa. Melinda decidiu que meio-dia seria a sua hora limite: se o contador não voltasse antes dessa hora, ela teria que ficar, porque não teria tempo de sair do país antes do anoitecer.

Eu tinha recebido e-mails dos meus editores, dos meus pais e dos meus irmãos. Todos eles suplicavam-me que fosse embora. Mas quando via as crianças brincando nas ruas ou no mercado, o fato de eu *poder* sair dali e, pelo contrário, elas não, tornava difícil fazer as malas com o telefone via satélite, o computador e os montes de dólares. Ainda assim, a minha intuição me dizia que devia abandonar o país. Ninguém podia prever o que ia acontecer ou mesmo se algum dia poderíamos sair do Iraque. Mas eu não queria ouvir a voz da sensatez, não lhe dava atenção, não queria refletir sobre o que dizia.

Finalmente decidi que se Melinda fosse embora, eu também pensaria nessa possibilidade. Melinda tinha conversas desesperadas com Nova York. Com os seus 50 anos recém-completados era uma das colaboradoras mais experientes da *Newsweek*. O fato de ela ser a correspondente da revista no Iraque era um acaso; na realidade, devia-se aos problemas que a *Newsweek* havia tido na obtenção de vistos para os seus jornalistas. Todos tinham que solicitar um visto e, como a embaixada iraquiana em Pequim era mais flexível e rápida, Melinda tinha sido transferida, temporariamente, do seu posto como chefe da agência na China para o Iraque, a fim de cobrir os preparativos da guerra. Como todos os outros, fizera o possível para ficar, tinha discutido com o seu assistente oficial e procurado contornar a censura. E Melinda agora não queria ir embora.

— *Okay*, eu fico — disse quando chegou o meio-dia.

"Bom, então também fico", pensei, deixando como de costume que os acontecimentos decidissem o meu rumo.

Saí do gabinete de Melinda e abandonei o edifício. E justamente lá fora encontro-me com Aliya, a minha Aliya!

— Eu sabia que você ia voltar — grita ela ao ver-me e nos abraçamos, rindo. — *Let's work!* — exclama.

Despeço a rígida Rawda e ando pela cidade com Aliya para ver como estão os iraquianos. Vamos a Khadimiya, um dos bairros mais pobres e mais populosos de Bagdá. Há lixo e escombros por todo lado e as ruas parecem ser de lama seca. No mercado, o afã para acumular cria um clima tenso, muitas das lojas fecharam e outras estão prestes a fechar. Paramos em frente a uma alfaiataria. No chão há um corpo retorcido de uma mulher, dois braços estão estendidos ao longo do corpo e o quadril está desalinhado. Os manequins despidos estão em pleno processo de desmontagem. Em volta deles há pilhas e mais pilhas de *abayas*, a peça de roupa preta que cobre todo o corpo e que muitas mulheres em Bagdá usam.

— Há dias estou pensando que tenho que fechar o negócio, mas hoje não tenho outro remédio senão fazer isso — explica-nos o dono. — Faltam 12 horas para que o prazo expire e não quero me arriscar a perder a mercadoria. Vou levar tudo para casa.

Karim especializou-se em *abayas*. Para um estrangeiro, todas estas peças de roupa são iguais, mas para as mulheres que as compram são sumamente importantes as variações das rendas, dos debruados e dos plissados na sua parte inferior. Karim tem fama de ser um bom alfaiate e o seu negócio normalmente corre bem. Em Khadimiya, a maioria da população é xiita e o uso da *abaya* é muito comum.

— Vou perder muito dinheiro com essa guerra. De que a minha família vai viver se o conflito durar muito tempo? Estou muito zangado com esse tal Bush, é um criminoso, não tem direito nenhum de declarar guerra contra nós. Devia ficar quieto nem que fosse só pelas crianças.

O alfaiate aponta para o seu filho Abdul, que está na terceira série, mas que agora não irá às aulas durante uma boa temporada.

— Vamos mantê-lo em casa, agora que o ataque pode começar a qualquer momento — explica o pai, dobrando as *abayas* que estavam expostas para guardá-las em grandes sacos pretos.

Passa um amigo que vem da mesquita, onde participou da prece da primeira hora da tarde.

— Não cabia um alfinete. Agora deixamos a nossa sorte nas mãos de Alá — conta.

Durante todo o dia, Niyaz fez tudo o que podia, à sua maneira, para evitar a guerra, cumprindo na perfeição os preceitos religiosos.

— Jejuei, dei esmolas, cumpri as horas de prece. Se alguém estiver me devendo dinheiro, vou perdoar a dívida; quero entrar limpo nessa guerra. Ao nos confrontarmos com a morte é importante não ter nada pendente com ninguém — explica.

Tanto o alfaiate como o seu amigo dizem que se Alá não parar o ataque, eles próprios irão lutar. Karim é militante do partido Baath e recebeu uma arma; pertence a uma unidade de voluntários do seu bairro e recebeu instruções para onde ir e o que fazer logo que os ataques comecem. Niyaz também tem um rifle em casa e garante que vai disparar contra qualquer americano que cruzar o seu caminho.

— Serei um mártir.

É como se o clima tivesse mudado nas últimas horas antes do fim do prazo. Ainda que os iraquianos tenham, até agora, reagido à ameaça bélica com resignação, nesse momento a frustração de muitos se transformou em raiva.

— Se o Bush vier para cá, jogo este sapato na cabeça dele — grita uma senhora em frente do estabelecimento do alfaiate, tirando o calçado para fazer gestos ameaçadores e desatando a chorar. — Bush não tem coração, é um tirano! Eu perdi o meu filho por culpa dos americanos. O meu filho era eletricista e teve que reconstruir uma central elétrica que havia sido destruída durante a guerra anterior. Houve um curto-circuito e ele morreu. A culpa é do Bush e dos americanos, porque foram eles que destruíram a central!

A mulher intimida com o sapato. Depois, apoiando-se num pé só, consegue calçá-lo de novo e continua mais calma:

— Agora os dois filhos dele dependem de mim. Tenho que comprar um grande saco de balas para que eles tenham, pelo menos, alguma coisa com que se distrair esta noite antes de dormir. Vamos ver o que a noite vai nos trazer — suspira.

Chega o fim da tarde e o alfaiate já esvaziou o seu pequeno estabelecimento. Ficam somente os espelhos pendurados.

— Não vou levar, porque vão se quebrar aqui ou em casa — disse Karim resignado.

Ao redor de nós, as pessoas correm para as suas casas com sacos cheios de mantimentos, velas e mantas. Podem ser as suas últimas compras em muito tempo. Antes de fechar, o alfaiate dá uma olhada nos espelhos nus no estabelecimento vazio.

— *Inshala*, se Alá quiser, vão continuar aqui quando voltar, quando tudo acabar.

À tarde, vou ao centro de imprensa para enviar o meu artigo e para fazer um relato nos noticiários televisivos. A NRK da

Noruega me telefonou no dia anterior solicitando uma reportagem; na verdade, já tinham acertado com a agência de notícias Reuters. A SVT na Suécia e a DR na Dinamarca também fizeram o mesmo, de maneira que era melhor marcar presença.

Não há ninguém no centro de imprensa e imagino que os outros correspondentes tenham levado os telefones via satélite para os seus gabinetes. Coloco o meu no terraço e estou tentando ligar quando Josh da Sky News se aproxima de mim correndo para me avisar, depressa:

— Sai daqui, que vão começar a bombardear a qualquer momento.

— Mas ainda não consegui linha — digo, dando-lhe, nervosa, o teclado.

— Nós vamos tirar as nossas coisas do terraço agora mesmo, o carro vai sair daqui a três minutos.

— Mas tenho que fazer transmissões para três canais escandinavos ao vivo em meia hora.

— Esquece, ninguém vai ficar aqui. Todo mundo foi embora, ninguém faz transmissões ao vivo essa noite.

Milagre dos milagres, consigo ligar na terceira tentativa e enviar o artigo. Volto a desmontar toda a parafernália e entro no veículo da Sky News, apertada entre as caixas. O motorista pisa no acelerador e passamos a ponte a toda a velocidade, é como se as bombas estivessem à nossa caça. Ninguém diz uma palavra e, em frente do Hotel Palestina, saímos aos tropeções.

Telefono para as redações para explicar por que não vou poder fazer as emissões ao vivo esta noite. Em vez disso, faço, do meu quarto, uma reportagem por telefone, mas justamente antes da transmissão, Josh me telefona do décimo sexto andar.

— O ataque vai acontecer em muito breve; agora, essa noite, a qualquer momento. Avisaram-nos do Ministério da Defesa britânico — diz e me aconselha a vestir o colete à prova de bala.

— Dentro do edifício?

— Sim, os estilhaços podem vir das janelas. Você as protegeu com fita adesiva?

— Ainda não encontrei fita adesiva — respondo.

Josh me manda ir ao seu andar buscar fita adesiva; ele próprio está no telefone. Primeiro tenho que acabar as reportagens e olho com receio o vidro frágil, enquanto informo os espectadores das últimas novidades sobre a guerra, tentando afastar-me o mais possível das janelas. Depois subo os nove andares correndo e Josh me dá a fita adesiva antes de voltar apressado para o telefone. Coloco a fita adesiva nas janelas e na porta da varanda, cobrindo até quase esconder todo o lado de fora. Um colega que me visita mais tarde diz para tirar metade da fita adesiva.

— É demais, assim você corre o risco de que janela inteira caia e exploda dentro do quarto — explica.

Tiro cuidadosamente uma parte e vejo, outra vez, a bela imagem do rio Tigre.

— Fique sempre com a porta da varanda aberta, é a melhor garantia de que a pressão do ar não vai fazê-la estourar — diz o meu companheiro antes de sair.

Lembro-me do conselho de Josh de vestir à noite o colete à prova de balas e sigo a instrução. Experimento mas logo tiro o colete e o deixo ao lado da cama junto com o capacete, a máscara antigás, a lanterna de bolso e o calçado. A noite está escura e não se ouve nada.

Às quatro da madrugada vence o ultimato dado por Bush. Às cinco e meia soa a primeira explosão e, de repente, estou completamente desperta e o coração bate acelerado. Aproximo-me da varanda, primeiro agachada, para ver se vem algum míssil, depois de pé. À minha volta ouvem-se fortes impactos, o barulho dos bombardeios e dos intensos disparos dos mísseis antiaéreos iraquianos. Das varandas de cima, de baixo e do lado, escuto uma confusão babélica de vozes, falando em espanhol, árabe, inglês e francês. Todos nós temos o olhar fixo na penumbra, onde se vê apenas o contorno do palácio presidencial no outro lado do rio Tigre. Até o rio me parece tenebroso. E enquanto o primeiro ataque da guerra acontece em algum lugar nas redondezas de Bagdá, começamos a trabalhar. Os telefones tocam e vamos dando notícias em voz baixa. Como não temos autorização para usar os telefones via satélite fora do Ministério da Informação, posiciono a antena do aparelho o mais discretamente possível. Ninguém se pronuncia, ninguém grita que a guerra começou, todos os correspondentes murmuram ao telefone. É quase tranqüilizador este murmúrio de vozes que se mantém constante entre uma explosão e outra. E tranqüilizador também é descobrir que os telefones funcionam, que não lançaram nenhuma bomba E.

Havíamos recebido a notícia de que os norte-americanos tinham desenvolvido uma bomba capaz de destruir todos os equipamentos, uma bomba que anularia o sistema de defesa do Iraque sem baixas humanas. A arma funcionaria como um relâmpago descarregando bilhões de watts de uma vez só, criando um choque elétrico que alcançaria, inclusive, os abrigos antiaéreos através de tubos de ventilação ou tubulações de água. Destruiria o circuito eletrônico de telefones e dos discos rígidos. Eu pedira a Amir para comprar uma caixa de chumbo grossa; diziam que o chumbo protegeria contra esses efeitos, então eu pensava em guardar na caixa o meu equipamento quando não estivesse usando-o. Meu motorista veio com uma caixa de alumínio e tentei me convencer de que serviria da mesma maneira. Seja como for, o meu telefone continuava funcionando e não parava de tocar.

Fora do hotel, os guardas olharam para cima. Primeiro para as explosões, depois para nós. Era absolutamente impossível esconder a antena do satélite e, ouvindo os estrondos, eu temia que a qualquer momento batessem à minha porta e me tirassem o telefone. O que faria, então? Mas tinha que correr esse risco; não fazia sentido estar ali sem dar informações. Enquanto tentava ligar para uma emissora de rádio norueguesa, dei uma olhadinha preocupada nos guardas lá embaixo com suas kalashnikovs e pistolas, antes de voltar a observar o horizonte para continuar a descrever o que via.

— Sabe se mataram Saddam Hussein? — perguntou-me o chefe do programa de notícias.

"E eu sei lá!", pensei, mas respondi:

— Até agora não temos informação se o presidente iraquiano foi atingido durante o ataque.

— Pensar que começaram a guerra em plena hora da prece... — disse-me Aliya ao telefone.

A minha intérprete estava indignada. Tinha acabado de se levantar quando os primeiros estrondos foram ouvidos e se viram os mísseis antiaéreos no céu. Havia dobrado o tapete das orações e descido para o porão. Morava num dos bairros mais populosos de Bagdá e a sua casa transbordava de gente. Parentes que moravam perto de alvos militares óbvios como ministérios, edifícios militares ou centros de comunicação tinham se mudado para a casa da família de Aliya.

— Temos esperança de que não bombardeiem os bairros residenciais, até porque agora estamos todos acampados em tapetes e colchões espalhados por todo o chão. Além disso, preferimos ficar juntos quando somos ameaçados, assim não temos que ficar imaginando se aconteceu alguma coisa com algum de nós — contou-me.

Aliya tentava não perder o ânimo e esperava que não morressem civis no bombardeio dirigido contra um subúrbio ao sul da capital. As sirenes demoraram mais de uma hora a soar e avisar que o perigo havia passado.

— Por mais inteligentes que sejam essas bombas, elas podem errar o alvo. Estamos esperando, experimentando a morte e a vida ao mesmo tempo.

Aliya não tinha medo.

— Dormi depois do ataque. Aquilo não era nada. As explosões não foram, em nenhum momento, mais barulhentas que o latido dos cachorros do bairro — disse e deu uma risadinha. — Quando você quer que eu a encontre?

— Assim que possível.

Enquanto esperava pela minha intérprete, escrevi um artigo urgente para a edição vespertina do jornal sueco com o qual colaborava.

Na recepção, os guardas fumavam um cigarro atrás do outro, como se nada tivesse acontecido. A sala do café-da-manhã fervilhava de vida e os garçons serviam xícaras de chá quente. Os ovos cozidos estavam dispostos em travessas ao lado de ovos mexidos com excesso de óleo, o pão estava seco, os tomates sem sabor e as azeitonas tão salgadas que quase não dava para comer. Em suma, nada mudara.

Quando as sirenes marcaram o fim do perigo, naquele momento, não demorou a haver gente pelas ruas. Passava um ou outro carro, mas sobretudo ambulâncias. A população não recebeu informação alguma sobre o que aconteceu: os meios audiovisuais do país exibiam apenas marchas militares e canções de louvor a Saddam Hussein. No meio da manhã, o presidente apareceu na televisão para mostrar ao mundo que os norte-americanos tinham errado o alvo, porque o bombardeio da madrugada fora dirigido abertamente contra o presidente iraquiano.

O serviço de inteligência norte-americano tinha recebido informação confidencial de que o presidente e seus homens mais próximos estariam num edifício nos arredores, ao sul de Bagdá, e os mísseis deixaram o lugar arrasado. Triunfante, Saddam Hussein iniciou o seu discurso tecendo, indignado, a mesma crítica de Aliya: que os norte-americanos tinham começado o ataque em plena hora da prece. Depois exortou o povo a lutar contra "o pequeno Bush", que era como ele gostava de tratar George Bush filho. Terminou a alocução recitando poemas árabes clássicos sobre homens a cavalo e gloriosas batalhas a espada.

Aliya, por seu lado, não estava preparada para o combate quando chegou ao hotel.

— Não é das bombas que tenho mais medo, mas sim do que vem depois: a guerra civil. Se explodir o caos e surgir um vazio de poder, alguém pode se aproveitar da situação para se vingar do regime. Os xiitas atacarão os sunitas, e os bandidos poderão fazer o que lhes der na telha.

Foi a primeira vez que Aliya expressou uma dúvida sobre a capacidade do regime de se defender e manter a população sob controle. A mera menção da possibilidade de uma guerra civil era proibida: a felicidade e a harmonia deviam caracterizar o convívio entre os diferentes grupos da população. Quando eu quis saber mais, ela se calou. Tossiu, olhou para o outro lado e, como se quisesse enfatizar que era assunto encerrado, começou a me dizer o que saía nas notícias.

— O ministro do Interior pediu aos comerciantes que abram as lojas. Isso mostrará que não podem vencer-nos, que podemos resistir em circunstâncias extremas — recitou a minha intérprete. — Você está com medo? — interrompeu-se, de repente. — Não tenha medo; aconteça o que acontecer, eu vou estar junto e cuidar de você.

Aliya pegou na minha mão.

— Você é minha irmã. Se alguém a atacar, eu protejo você com o meu próprio corpo. Podemos nos esconder na minha casa se a situação ficar perigosa. Além disso, o nosso destino está nas mãos de Alá. Tudo acontece segundo a Sua vontade. Você é a minha irmã loura e eu a sua irmã morena. Somos *Shakra* e *Samra*, a loura e a morena. Certo? Vamos cuidar uma da outra, não é verdade?

— Como irmãs — concordo.

— Como irmãs — repete Aliya.

Após ter bebido várias xícaras de chá e forjado aqueles laços de fraternidade, tentamos obter autorização para ir ver os estragos que o bombardeio noturno tinha causado. Não nos deram permissão, então demos uma volta pelo centro.

Apesar do pedido do ministro do Interior, nove em cada dez lojas estavam fechadas. Parecia existir um temor geral de que os norte-americanos voltassem a atacar a qualquer momento, já que sequer respeitavam uma coisa tão sagrada como a hora da prece. Somente uns poucos se apressavam pelos passeios ao longo do rio. Dois vendedores de cigarros continuavam com o seu negócio na rua Abu Nuwas, mas a maioria da população permanecia escondida. Os únicos lugares para onde ia um grande número de pessoas eram as muitas mesquitas, e quando o muezim chamava para a prece, todos na rua paravam para rezar na calçada, no meio das avenidas ou nos parques. Uma visão rara em Bagdá.

— Gol!

Onze jogadores festejaram o gol, estavam ganhando de 3 a 2.

— A gente vem aqui toda tarde, por que não viríamos hoje? — disse-me Hamdi, um jovem de 17 anos que seguia o jogo da lateral do campo. — Mas vamos para casa quando escurecer. Amanhã viremos outra vez, mesmo que bombardeiem.

Apesar das suas afirmações, o time tinha se reduzido consideravelmente nos últimos dias.

— Alguns abandonaram a capital junto com as suas famílias. É mais seguro agora estar nas aldeias, mas a maioria de nós fica. E obviamente alguém tem de ficar para defender a cidade.

A praça onde jogavam era bastante perigosa, porque estava rodeada de alvos estratégicos: o centro de rádio e comunicações, com o seu enorme retrato de Saddam Hussein falando ao telefone, outros dois edifícios do governo, a ponte Al-Sinak, que conduzia ao Ministério da Informação, o canal de televisão estatal e o palácio do Congresso.

A partida de futebol não tinha outros espectadores além de um grupo de soldados vestidos com fardas velhas e desbotadas e sapatos já muito gastos. De pé, com as suas kalashnikovs nos ombros, tinham ordens para proteger os edifícios que rodeavam a praça.

— Protegemos o nosso presidente e o nosso país — declamou um dos rapazes fardados.

Não consegui perguntar outra coisa senão o óbvio.

— Como é que você vai proteger a capital com uma kalashnikov?

— Vamos pegar esses americanos, vamos mostrar a eles que os iraquianos são fortes — disseram simplesmente, fazendo eco da propaganda oficial como um disco arranhado.

Apontaram para a escada de um edifício.

— Vivemos ali embaixo; ali temos tudo de que precisamos.

Tinha que trocar dinheiro e, depois de procurar durante muito tempo, encontramos uma agência de câmbio aberta na rua Saadoun, justamente ao lado do hotel. À exceção dos três empregados que nos olharam fixamente de trás do balcão, o estabelecimento estava vazio. Na parede havia uma nota de dólar com George Washington substituído por Osama bin Laden.

— É a nossa maneira de protestar contra as bombas — disse o comerciante. — Se Bush continuar com essa agressão criminosa, receberá Osama bin Laden como presente na volta. O mundo não pode aceitar uma injustiça como essa. Os Estados Unidos pensam que podem agir como querem e até violar o direito internacional, como estão fazendo agora.

O homem falava ao mesmo tempo que contava. Passado um tempo, havia grandes pilhas de dinares no balcão e recebi um saco plástico cheio de dinheiro. O valor da moeda iraquiana baixara drasticamente por causa da inflação; para comprar qualquer coisa, por mais insignificante que fosse, era preciso levar um monte de notas.

— Não tenho nada contra os norte-americanos em geral — disse o comerciante. — Apenas não queremos que ocupem o nosso país. Se quiserem vir passear, serão bem-vindos. Poderão trocar dinheiro e fazer negócio com a gente; nós podemos fazer negócio com todo mundo. Mas vai ser melhor Bush não vir a Bagdá.

No meio da rua Abu Nuwas fiquei surpresa ao ver Teijo, o ativista finlandês. Com outros dois colegas, tinha se acorrentado a uma árvore com um cartaz onde se lia: "Não à guerra". Pedi ao motorista para parar e me aproximei do jovem. Afinal ele tinha ficado, embora a maioria dos escudos humanos tivesse abandonado o país há muito tempo. Perguntei a ele como tinha passado a noite anterior.

— Alguém me acordou aos gritos dizendo que a guerra tinha começado. A maioria das pessoas desceu para os abrigos antiaéreos, mas eu fui para o rio, queria ver as bombas. O bombardeio me deixou terrivelmente triste e desiludido. Foi a prova de que o nosso protesto não tinha funcionado. Ainda assim, a minha responsabilidade moral é ficar. Mas é verdade que tive medo, quando pensei que as bombas tivessem caído na central elétrica onde eu estava.

A central do sul de Bagdá era um chamado "alvo legítimo", porque se encontrava precisamente ao lado de uma instalação militar e da ponte que conduzia a Basra.

— Espero, obviamente, sobreviver. Mas se não for assim, aceito que esse seja o meu destino — prosseguiu Teijo.

— Você tem falado com os seus pais ultimamente?

— Continuam a me pedir que volte para casa. Ainda assim, entendem quando explico que isto é importante para mim, que é algo que realmente quero fazer. Sei que não seria covardia voltar para casa, mas eu ia me sentir assim. Ir embora agora representaria abandonar os meus ideais.

Os olhos do jovem brilhavam; era óbvio que tinha tomado a sua decisão. A seu lado, um funcionário iraquiano acompanhava a conversa. Quando caía a tarde, Teijo soltou as correntes e voltou à central elétrica ao sul de Bagdá para passar mais uma noite numa cama de armar acompanhado por outra sinfonia de bombas.

São quase sete horas na Noruega e ouço pelo telefone a vinheta do noticiário. Esperando para entrar ao vivo, ouço e vejo, não no horizonte como na noite anterior, mas perto do local onde estou, uma explosão enorme, logo seguida de outras mais; são estrondos parecidos com os de uma gigantesca trovoada. A julgar pela cor do céu, parece que a cidade inteira está em chamas: a escuridão da noite é iluminada por um oceano de labaredas alaranjadas. Do outro lado do Tigre cai um míssil após o outro e a artilharia antiaérea iraquiana responde. Apesar das explosões dos mísseis, ouço os aviões de caça silvando no céu. Deito no chão, o mais longe possível da janela, sem perder de vista o exterior. Escuto outro estouro e me arrasto até a varanda para ver melhor. A visão é esmagadora e revela o alvo desta noite: o palácio presidencial na outra margem, a poucas centenas de metros. O palácio está em chamas e as explosões continuam, provavelmente de depósitos de munição naquela área.

Continuo a ouvi-las e vejo-as por entre as grades do parapeito da varanda.

Relato aos espectadores noruegueses o que tenho diante dos olhos. No estúdio, ouvem os estrondos e as explosões pelo telefone. Várias vezes sinto tremer o enorme hotel de concreto, e as janelas vibrando. Uma explosão, volto a falar, outra explosão, continuo, mais um estouro, e o estúdio se despede de mim com um "obrigado, Åsne Seierstad, de Bagdá". A ligação é cortada. A cada minuto que passa o ataque se intensifica; ouço o ruído metálico do impacto no concreto, no mármore, na terra. Permaneço no chão após desligar. Então, ser bombardeado é isto. Tenho os punhos cerrados, os braços tensos, e os olhos olham sem ver. Agora a coisa é para valer.

Batem à porta. Remy e Pascal querem saber como estou.

— Descemos para o abrigo? — pergunto junto à soleira da porta.

Não respondem.

— Lá estaremos mais seguros, imagino — tento de novo.

— Você vai estar tão segura como aqui — diz Remy.

— Ou tão insegura, como preferir — acrescenta Pascal indolentemente, entrando no quarto, onde deixa uma garrafa de vinho sobre a mesa.

Quase nenhum correspondente desceu para o abrigo antiaéreo nas noites de bombardeio. Os poucos que ficaram para trás, na capital iraquiana, estavam curiosos demais para permitir que o drama acontecesse sem que o presenciassem. No subsolo ficava-se isolado de tudo, não se ouviam os aviões nem se viam as chamas. Além disso, o abrigo estava cheio de mulheres e crianças iraquianas: os burocratas do Ministério da Informação e os funcionários do hotel tinham deixado ali suas famílias. Pensavam que os norte-americanos não atacariam um hotel cheio de jornalistas ocidentais, como se isso fosse uma garantia. Passavam as noites no abrigo e os dias vigiando as suas casas. As crianças corriam por todos os lados, incomodando os clientes que ainda se atreviam a usar os elevadores, que tinham se tornado brinquedos de criança: de cima para baixo, de baixo para cima.

Meus dois amigos franceses não haviam ido ao meu quarto somente por altruísmo, mas também porque minha varanda tinha a melhor vista da cidade e dava para o palácio presidencial. De pé na varanda, vimos o fim do drama. Desde os meus primeiros minutos de terror, deitada no chão, já tinha ficado mais corajosa. Além disso, na realidade, era a mesma coisa estarmos na varanda, no chão ou sob a cama: se atirassem em nossa direção, estávamos acabados.

O bombardeio terminou ao fim de uma hora intensa. Agora, eram as sirenes das ambulâncias e dos carros de bombeiros que perfuravam o ar. Lá embaixo, na rua Abu Nuwas, passavam alguns carros, talvez com feridos, a caminho do hospital. Durante o alarme, os guardas haviam estado na praça mais abaixo, tentando ver onde caíam os mísseis, mas agora voltavam a dirigir os olhares para nós. Guardei outra vez o telefone via satélite no quarto, escondi-o atrás do armário, esvaziei o copo de vinho e fui dormir.

Segundo o ministro da Informação, houve 37 feridos durante o bombardeio noturno.

Durante a madrugada, as pessoas não acordaram ao som das bombas como no dia anterior, mas sim ao chamado do muezim para a prece de sexta-feira. Funcionou como um sinal; centenas de iraquianos saltaram dos seus esconderijos. Ao amanhecer, ouvia-se a típica sinfonia matinal das buzinadas dos motoristas, dos ônibus avançando lentamente, de bicicletas rangentes e sapatos ruidosos. Ainda que os engarrafamentos não tivessem as dimensões normais, de resto parecia um dia normal de primavera em Bagdá, ensolarado e barulhento.

Ainda assim, algo indicava que a guerra dera uma trégua apenas temporariamente: o tipo de mercadoria à venda. Atrás de pequenas mesas, junto de carros ou de bancos, havia fileiras de vendedores. Um dispunha de três artigos à venda: pilhas, lanternas de bolso e velas; outro vendia lampiões a óleo e fogareiros; um terceiro oferecia um único artigo: fita adesiva grossa e marrom, que ultimamente estava em falta. Ganhavam bem a vida, o preço das pilhas e lanternas triplicara nos últimos dias.

Um homem vendia lanternas chinesas da marca Bazooka: "A sua arma contra a escuridão", lia-se na embalagem.

— Normalmente, vendo duas dessas por mês, mas agora vendi 120 em três dias — explicou-nos Sami, que colocara sua mesa diante de sua própria loja de eletrodomésticos, que mantinha fechada. Tomara as suas precauções.

— Esvaziei a loja quase toda, tanto para evitar que os artigos se quebrem nos bombardeios como para prevenir os roubos. Claro que é bom ganhar muito dinheiro nestes dias, mas não gosto das bombas — responde o vendedor às minhas perguntas, enquanto mostra a lanterna chinesa a um cliente.

Eu também compro uma Bazooka. Tim, que está comigo, limita-se às velas e sai ganhando, porque nunca consegui pôr a Bazooka para funcionar.

— Bush diz que quer nos libertar — afirma indignado um homem. — Diz que invade o Iraque por razões humanitárias. Então, por que lançam bombas que nos matam e mutilam? Por que torna os nossos dias tão difíceis? Por que nos deixa sem eletricidade e sem água?

— Ele não vai bombardear hoje — afirma outro homem com convicção. — É impossível lançar bombas numa sexta-feira. Se fizer isso, vai demonstrar que não respeita os muçulmanos, e isso significaria que também não respeita os cristãos. Temos o mesmo Deus e Ele manda respeitar o dia de descanso, portanto não haverá bombas às sextas-feiras e aos domingos — conclui, completamente seguro da sua análise.

— Isto para Bush tanto faz — opina outro. — Ele é ateu. Se não fosse, não poderia fazer uma coisa tão terrível como a que está fazendo contra nós.

Deixamos os homens em plena discussão sobre a fé do presidente norte-americano para sondar o ambiente no mercado de pássaros do outro lado da rua. Pombas, falcões, papagaios e aves raras cantam e piam ao sol. Mas a noite foi penosa: um vendedor lamenta a morte de duas aves.

— Como tinha que fechar a loja ontem à noite, tive que deixar vários pássaros na mesma gaiola. Brigaram entre si, os mais fortes ganharam e estes dois morreram a bicadas — explica-nos Taha, tirando os dois pequenos corpos de uma caixa. — Valiam 100 dólares cada um... vivos. Agora não valem nada.

— As minhas pombas ficaram nervosas com o bombardeio de ontem à noite — conta-nos outro vendedor de pássaros. — Mas dei um pouco mais de comida e elas se acalmaram.

Por outro lado, ambos estavam contentes com a venda.

— Como as pessoas não têm mais nada a fazer além de esperar, têm tempo para comprar pombas e papagaios — diz Taha, que vende pássaros de dia e vigia as ruas de noite. — Visto a farda, pego no rifle e vou para onde me mandam. Sou voluntário do partido Baath. Esta noite também vou sair.

No meio da praça, as gaiolas dão lugar a caixas transparentes com água: o mercado de peixes. Os aquários estavam presos com fita adesiva, do mesmo modo que as janelas das casas.

— Isto é um negócio arriscado — comenta Hardan, preocupado. — Se houver um bombardeio forte, os aquários todos vão quebrar e os peixes vão morrer.

De volta ao carro, passamos em frente ao corpo de bombeiros da área, onde um bombeiro nos conta que participou do combate às chamas que afetaram o Ministério do Planejamento.

— Nunca tinha visto chamas tão intensas — diz este homem robusto que podia ser o símbolo do herói norte-americano, não fosse ele o inimigo.

Não chegamos a perguntar mais nada, porque nos expulsam do recinto.

Por meio de gestos, um homem grosseiro nos convida a desaparecer e fazemos a sua vontade sem protestar. Não é o dia ideal para irritar as autoridades iraquianas. Bem ao lado ficam os escritórios principais de uma das centrais elétricas de Bagdá. Diante do prédio, há grandes pilhas de sacos de areia e dois homens enchendo mais sacos para colocar junto à entrada. Os últimos preparativos antes do próximo ataque.

Numa esquina, o restaurante Al-Maida serve em mesas brancas de plástico kebab e frango assado. Há uma longa fila em frente à churrasqueira.

— Comprei centenas de quilos de frango — afirma o dono, Latif, um homem grisalho de rosto curtido. — Vou abrir, aconteça o que acontecer. Ontem à noite não fechei antes da meia-noite e depois fiquei vendo as bombas caindo. Recuso-me a me render e, além disso, ganho um bom dinheiro, porque a maioria dos estabelecimentos fecha. Infelizmente, sou velho demais para participar da defesa do país, de modo que a minha forma de desafiar os norte-americanos será continuar com o meu negócio, apesar de tudo. Tenho desprezo por eles; são tão burros como os filmes deles, que não têm nada de verdadeiro, são todos uma mentirada.

Latif senta-se pesadamente à nossa mesa.

— Acho que o grande bombardeio virá esta noite. Tenho essa intuição. Quando escurecer, as bombas voltarão a cair e eu vou estar aqui fazendo churrasco de frango — diz e ri indolentemente.

— Chamam-no de Shock and Awe [Impacto e Terror] — explica Tim, referindo-se ao termo sonoro e quase religioso com que os políticos falavam do ataque. — O problema é que não consegue provocar nos iraquianos esse impacto e esse terror.

Latif tinha razão. Nessa noite o bombardeio foi mais intenso. Daquela vez também foram atingidos alguns edifícios que estavam no nosso lado do rio, e nós, os correspondentes do Hotel Palestina, tentamos adivinhar de que instituições se tratava. Os ministérios do Planejamento e da Educação, os centros de comunicação e o comando militar, quartéis-generais militares... Não tínhamos mapas com indicações exatas dos prédios e Aliya não queria me dizer nada ou, então, realmente não sabia. Os jornalistas da BBC, CNN e Sky News — os únicos canais de televisão de língua inglesa — tinham sempre um representante iraquiano ao lado quando enviavam os seus informes, para que não qualificassem Saddam Hussein de "ditador", "tirano", "brutal" ou coisas do gênero e que não dessem informação exata dos alvos alcançados. Não era permitido dizer nada mais concreto do que "um grande prédio perto daqui".

Durante o ataque dessa noite, temi que o Uday, do Ministério da Informação, estivesse na varanda de baixo, ou Mohsen, o engenheiro, na do lado, e eu não sabia o que fazer com o telefone via satélite. Na noite anterior, as autoridades iraquianas tinham apreendido trinta telefones das varandas do hotel; tanto a CNN como a BBC perderam dois e a agência de notícias francesa AFP teve, de fato, a infelicidade de perder sete.

Todos nós desenvolvemos os nossos próprios métodos para que as autoridades não descobrissem nossos telefones. O jornalista da BBC Andrew Gilligan — que mais tarde ficaria mundialmente famoso por acusar o governo britânico de ter exagerado o relatório dos arsenais de armas iraquianas — elaborou um código secreto. Quem quisesse entrar no seu quarto devia conhecer a sinfonia de batidas e pausas, com sua cadência específica, que ele tinha criado e revelado a poucas pessoas. Nunca abriu a porta a ninguém que não soubesse o código; ficava calado e sem se mexer até que tivesse ido embora, fosse quem fosse.

Eu tinha uma estratégia diferente: quando falava pelo telefone via satélite, abria a água do chuveiro no máximo, tirava toda a roupa e me enrolava numa toalha. Se alguém batesse à porta, gritava: "Quem é?" Se fossem os guardas, eu me molharia um pouco, entreabriria a porta e pediria que me dessem um momento para ficar apresentável. Isso me daria tempo de esconder o telefone e a antena. Não fazia sentido fingir que não estava, como meu colega inglês, pois os guardas tinham as chaves de todos os quartos do hotel.

A noite estava iluminada por flashes de luz e labaredas. Os aviões ressoavam pelo céu, despejando a sua carga mortal. Eu me sobressaltava com todos aqueles estrondos e tentava imaginar de onde vinham. Era como estar no meio de um mar de fogos de artifício eternos. Misturados aos zumbidos dos aviões e às explosões dos mísseis, ouviam-se os chamados para a prece na mesquita da praça do Paraíso. A cada estrondo e incêndio nas redondezas, os chamados se renovavam. Tentei dormir, mas não consegui. Coloquei proteção nos ouvidos, mas não adiantou. Quando de manhã acabou o ataque, dormi cansada.

Mas embora as noites ardessem em clarões e incêndios, de manhã acordávamos para o verdadeiro terror. Com o fogo extinto, a luz do sol revelava os impactos: as crateras, as ruínas, os edifícios derrubados. Todas as noites, centenas de feridos eram levados para os hospitais de Bagdá.

— Esta é minha mãe, este é meu pai — sussurra uma voz fraca.

Sobre um lençol azul, debaixo de um cobertor e com uma toalha alaranjada servindo de travesseiro, vejo dois olhos castanhos, um nariz pequenininho e uma longa trança. A trança serpenteia no travesseiro, acaba num rabo-de-cavalo e se move no chão quando a vozinha fala.

— Meu nome é Rusul.

Junto da menina, uma mulher chora; é a sua mãe. Um homem observa esta última, impotente; é o pai da menina. O homem afasta um pouco o cobertor e vejo que o peito frágil de Rusul e um de seus braços estão cheios de bandagens. Em vários pontos o sangue encharcou a gaze.

— Tínhamos ido visitar uns familiares — conta o pai. — Eu acabara de abrir a porta, minha mulher e dois dos nossos filhos estavam entrando. Rusul ficou um pouco para trás, eu segurei a porta para ela, ela estava alegre e dançava. Foi então que ouvi a explosão.

O irmão mais velho de Rusul acrescenta:

— Foi como se uma bola vermelha voasse pelo ar antes de cair ao chão e depois aconteceu a explosão. Senti qualquer coisa caindo atrás de mim e, quando me virei, vi que era a minha irmã.

A última coisa de que Rusul se lembra é que estavam entrando em casa, mas a mãe lembra-se de tudo.

— Ela estava estendida numa poça de sangue e eu pensava que tinha morrido. Lancei-me sobre ela e tomei seu pulso. Tentamos encontrar um carro, mas foi difícil. Ninguém na nossa rua tinha carro e àquela hora estava todo mundo dentro de casa, todos tinham medo das bombas. Nós também não devíamos sair, obviamente; mas só tínhamos ido ver os nossos familiares na casa em frente, não pensávamos que isso fosse perigoso. Finalmente, encontramos um carro que trouxe a minha filha para o hospital. Ainda me lembro do rastro de sangue que deixava atrás de si, enquanto a levavam para o carro.

Rusul ouve tudo sem se mexer, tudo lhe dói quando se movimenta. Os estilhaços de metralha deixaram cortes profundos no seu corpo e, por vezes, ela deixa escapar um leve gemido.

— Tchau, prazer em conhecer você — diz esta menina de 10 anos quando nos despedimos.

Na rua de Rusul e da sua família há uma cratera. Alguns rapazes nos mostram entusiasmados onde caiu o míssil. Vários portões da rua têm marcas dos estilhaços, mas somente Rusul ficou ferida. O buraco no chão tem uma pequena depressão redonda no meio; é possível que tenha caído um míssil antiaéreo iraquiano, e não uma bomba norte-americana. Durante o bombardeio da noite passada, o exército tentou em vão derrubar os helicópteros inimigos; e tudo que sobe em algum momento tem que descer. Às vezes, os mísseis iraquianos caíam em áreas residenciais e explodiam. Quanto às bombas, elas eram, obviamente, mais certeiras e alcançavam sobretudo alvos relacionados ao regime Baath, mas os estilhaços, ainda assim, podiam atingir pessoas afastadas do alvo previsto; eles podem voar várias centenas de metros.

Rusul foi uma das vítimas quando Bagdá já estava há dois dias sob bombardeio. No hospital de Yarmuk, onde estava internada, tinham recebido 101 feridos após o bombardeio da noite anterior. Estas são as vítimas civis; as militares podem ser em número muito maior. Mas o fato de um soldado morrer ou ficar ferido é considerado um segredo militar.

— As pessoas chegam com as mesmas feridas da época da Guerra do Golfo — diz o doutor Abid Hassan, resignado. — Pernas destruídas, mãos arrancadas, feridas produzidas pelos estilhaços de metralha, membros esmagados, queimaduras...

O hospital também foi atingido pelo bombardeio noturno. O diretor nos mostra várias janelas quebradas.

— Mas não vamos nos render. Agüentaremos até que Bush se canse ou até que ele parta para o exílio... Bush, quero dizer — emenda e ri de um modo um pouco forçado.

Algumas camas mais à frente de Rusul, uma mulher está sentada com um rapaz nos braços. O rapaz está tenso e tem ataduras brancas em volta da cabeça e das mãos. Veste um pijama esburacado, o mesmo que usava durante o bombardeio. Os buracos foram feitos pelos estilhaços de metralha.

— Estava brincando com a irmã — conta-nos Duha, sua tia. — Ambos foram atingidos, mas a irmã já teve alta, sofreu apenas uma pancada atrás da orelha. Ahmed, por outro lado, continua inconsciente. Estávamos todos jantando na sala. A bomba estourou justo quando chamávamos as crianças para jantar. Ele e a irmã caíram no chão e nós os trouxemos para o hospital. Isso foi há 15 horas.

Ahmed continua desacordado; enquanto isso, um estilhaço na parte posterior de sua cabeça afunda-se cada vez mais. Mas enquanto estamos ali, ele se mexe, emite sons ligeiros e se contorce um pouco. Duha inclina-se e sussurra-lhe qualquer coisa ao ouvido, aproxima a cabeça da sua boca para ouvir melhor e desata a chorar.

— Quero ir para casa — diz Ahmed pausadamente e abre os olhos. — Onde está o meu ovo? — murmura, e o pranto da tia aumenta.

— Tínhamos acabado de lhe dar um ovo quando a parede se abriu e ele caiu no chão. Um ovo cozido.

Dirigindo-se ao rapaz, promete a ele que poderá comer todos os ovos que quiser.

Do quarto ao lado chegam fortes gritos e leves reclamações. Os gritos vêm de Warda, uma menina de 12 anos. As suas pernas ficaram cheias de estilhaços e levaram horas para tirá-los; agora é preciso limpar as feridas. Arde, e a menina geme e esperneia desesperadamente, enquanto os médicos seguram as suas pernas. A menina chora de dor.

Na cama ao lado está a tia de Warda, Hanan, que dará à luz dentro de um mês. Tem uma perna esmagada, mas os médicos não querem lhe dar analgésicos, porque podem prejudicar o bebê. Hanan se contorce com dores, revira os olhos e as lágrimas inundam o seu rosto. A camisola está ensopada.

— Ai, dói muito, dói muito! — grita.

Os gritos da mulher grávida são abafados por um grupo barulhento que entra no quarto. São enfermeiras e auxiliares entoando slogans de punhos erguidos. "Saddam Hussein, o seu nome é honra. Saddam Hussein, um dedo da sua mão vale mais que os EUA", gritam as mulheres que começam a dançar, sapateando e batendo palmas. Os pacientes em melhor estado de saúde unem-se ao coro e fazem gestos ameaçadores com os punhos. A rádio estatal está de visita. Um homem segura um grande microfone para gravar os slogans e entrevista pacientes e equipe médica sobre a guerra, Saddam Hussein e os Estados Unidos. Alguns pacientes viram a cara quando o homem da rádio não os vê. Entreolham-se com expressões vazias, são as primeiras vítimas da guerra.

Um dia, meu motorista bate à minha porta.

— Tenho uma novidade para você — anuncia, entusiasmado. — Atingiram um piloto norte-americano precisamente na área onde eu moro.

— Como assim? Não ouvi nada disso nas notícias.

— Foi agora mesmo, com certeza acabaram de saber, neste momento. Quer vir falar com os que abateram o helicóptero?

Não custa nada verificar, penso eu, e convido Remy e Pascal para virem na pequena expedição.

— Assim, podem conhecer a minha mãe — diz Amir, entusiasmado.

Nas coletivas de imprensa, o ministro da Informação fala constantemente de helicópteros norte-americanos abatidos, mas só muito raramente essa notícia é confirmada pelos Estados Unidos. O fazendeiro que, supostamente, abateu o helicóptero com um rifle converte-se em herói nacional: sua imagem e a de seus vizinhos entregues a uma dança da vitória sobre o aparelho abatido passa incessantemente na televisão. O velho fazendeiro recebeu uma condecoração das mãos do próprio Saddam Hussein. Sendo assim, por que não poderia ocorrer algo semelhante no bairro de Amir?

No carro, discutimos a última novidade do Hotel Palestina: a de que a CNN está indo embora. A CNN, que sempre está onde as coisas acontecem, era expulsa por não seguir as normas do centro de imprensa. Contrariamente ao resto de nós, tinham levado para o hotel todo o equipamento — câmeras, telefones etc. —, razão pela qual não puderam transmitir ao vivo as coletivas de imprensa do ministro, o que o enfureceu a ponto de expulsá-los do país, dando-lhes apenas algumas horas para fazer as malas e sair.

Até agora, o fato de haver pelo menos um canal norte-americano no hotel tinha nos garantido uma mínima sensação de segurança. Além de Peter Arnett, a serviço da NBC, e de um freelance da ABC, não restavam mais representantes de canais norte-americanos.

— Sabiam que seriam expulsos se desobedecessem à ordem de Al-Sahaf. Fizeram isso para poder abandonar o país de cara limpa, sem deixar a impressão de que são uns covardes — considerou Pascal.

O meu motorista nos leva para sua casa, e sua mãe é exatamente como eu a tinha imaginado: corpulenta e amorosa. Amir, orgulhoso, mostra-nos o seu lar, uma casa de tijolos que parece ter sido constantemente reformada ao longo de várias gerações. Sua mãe nos serve um café fortíssimo. O irmão de Amir, Sadik, tem 18 anos e estava presente quando o avião foi abatido. Parece uma versão mais jovem de Amir.

— Aconteceu logo de manhã cedo — relata o jovem. — Estávamos perto da escola do bairro, falando dos lugares que tinham sido bombardeados e, de repente, ouvimos um disparo e vimos um helicóptero cair. O piloto saltou do aparelho e desceu no pátio da escola; eu estava por perto, porque fazia a ronda de segurança naquela área. O piloto abriu fogo a partir do pátio; disparava em todas as direções, apesar de estar cercado. Por fim, largou a arma, pôs as mãos na cabeça e se ajoelhou. A polícia o prendeu, algemou e o levou.

O rapaz parece estranhamente tranqüilo, tendo em conta o drama vivido, como se a captura de pilotos norte-americanos fosse um fato rotineiro.

— Você viu o piloto?

— Vi, estive bem ao lado dele.

— Como era?

— Era branco e não usava barba nem bigode. Tinha um capacete e, num dos bolsos da calça, na altura da coxa, trazia um mapa. Estava vestido com um macacão de piloto com um enorme zíper na frente. Num dos ombros havia uma bandeira americana. Parecia muito assustado, tremia e andava de um lado para outro, assim — diz Sadik, imitando o piloto.

Uma descrição fidedigna de um piloto norte-americano. Mas talvez não fosse mais do que uma recordação do filme *Top Gun*.

— Podemos ir à escola para ver? — pergunto.

Sadik pronuncia-se com reserva:

— Acho que não. O acesso está vedado.

— Mas poderíamos chegar perto, deve haver muitas marcas de balas, já que o piloto disparou tantas vezes. O helicóptero acidentado ainda está lá?

— Não, não; foi retirado imediatamente. Além disso, caiu a vários quilômetros de distância.

Sadik era militante do partido e uma de suas tarefas era convencer a população da futura vitória do Iraque para manter o espírito de luta aceso. Como havia poucos triunfos de que falar, um helicóptero abatido ou alguns soldados capturados como reféns eram apresentados como grandes heroísmos. Na televisão, eram exibidos trechos de antigos desfiles militares e gravações de soldados em treinamento, pulando tanques em chamas, lutando caratê ou subindo encostas íngremes correndo, como se fossem dublês das perigosas cenas de ação dos filmes de James Bond.

— O Iraque vai vencer — afirma o adolescente. — Temos que cortar a mão do inimigo.

Volta a dizer que é importante divulgarmos a notícia do piloto abatido nos nossos jornais.

— Não poderemos escrever nada se não pudermos ver o local com os nossos próprios olhos — objetamos.

— Impossível — diz o jovem militante.

Quando nos despedimos da mãe de Amir, ele sussurra que pode nos levar à escola. Mas, se formos parados, não podemos dizer por que estamos ali, devemos dizer que íamos para casa, combinado?

Quando chegamos à escola Al-Kindi, não vemos sinais do drama da manhã. Pedimos a Amir que pare, mas ele se recusa e o seu enorme corpo começa a tremer. Então, também nós vemos a milícia armada que monta guarda no edifício e que olha para nós.

— Vamos perguntar a eles — digo, mas o motorista continua a dirigir, olhando fixamente para a frente.

Deixa a escola para trás e sai do bairro; é como se tivesse visto o diabo. Assustado como é, agora certamente está com medo de que nos prendam como espiões. Como sabemos do helicóptero? Não deu no jornal. O seu irmão poderia ser acusado de informar o inimigo, e Amir, de fazer o jogo dos americanos. Ninguém diz nada no carro. Não há artigo.

Vamos ao centro de imprensa para saber se há alguma novidade. Quando entramos no estacionamento, vemos que todos os membros do centro de imprensa correm em direção ao Tigre. Ouvem-se disparos de metralhadora ao longe e nos apressamos em seguir nossos colegas. Os disparos atingem a superfície da água e o rio engole as balas. Cinco barcos patrulham a margem, os soldados procuram entre os juncos e tentam fazer marola para dificultar que alguém se esconda na água. O alarme soa; sabe-se que um helicóptero norte-americano foi atingido e que os pilotos pularam de pára-quedas. A história do piloto abatido tinha se transferido da escola secundária de Al-Kindi para a margem do rio, perto do Ministério da Informação.

Há vários mergulhadores descendo, subindo e voltando a descer. Alguns deles, uniformizados, jogam gasolina no juncal e ateiam fogo, provocando a alegria da multidão. De vez em quando, alguém grita "Venham aqui!", e todo mundo corre apressado de uma margem a outra para ver o que está acontecendo. A ponte que cruza o rio também está repleta de gente. Durante horas assistem ao único espetáculo da cidade, e só de vez em quando um ou outro estampido desvia a sua atenção. Quando se ouvem sete explosões seguidas e uma nuvem branca se eleva no horizonte, discutem em voz alta onde poderia ter caído a bomba. Depois voltam a centrar a atenção nas margens do rio.

Mas onde está o helicóptero? E os pára-quedas? Quem os viu realmente? Uma criança tem certeza absoluta de tê-los visto cair, e um engenheiro mostra-se igualmente convencido:

— Estão em algum lugar na água ou no lodo do fundo — afirma da ponte.

As forças da coalizão negam que um helicóptero tenha sido abatido. "Não temos desaparecidos", anunciam.

Nos restaurantes e casas de chá de Bagdá, os rumores correm; fala-se de prisioneiros norte-americanos, helicópteros abatidos, vitórias militares e baixas dolorosas para a coalizão estrangeira. E Saddam Hussein? Tinha sido ferido no bombardeio noturno ou não? Alguém o tinha visto sair de um dos seus palácios numa ambulância?

Todo mundo viu alguma coisa, ou conhece alguém que viu, ou alguém que conhece alguém que ouviu falar de alguém que viu alguma coisa...

Enquanto Bagdá ferve de boatos cada vez mais fantasiosos, é atingida várias vezes pelas bombas. Fortes explosões fazem vibrar os vidros das janelas, mas as pessoas continuam a sair para a rua. Depois de quatro dias de bombardeios, a curiosidade venceu o medo. A maioria das pessoas quer saber onde caem as bombas.

Ao pôr-do-sol, os últimos espectadores deixam a ponte sobre o Tigre. O rio continua a fluir tranqüilamente em direção ao Golfo Pérsico, tal como o fazia quando Deus castigou a humanidade com o caos de Babel, muito tempo e muitíssimas guerras atrás.

Os rumores, as especulações e a propaganda dominam ambos os lados durante a primeira semana da guerra. O general Tommy Frank afirma que as forças da coalizão fizeram "avanços espetaculares" e que somente encontram uma "resistência esporádica". As tropas avançam em direção a Bagdá num ritmo contínuo, diz. Os iraquianos, por sua vez, vangloriam-se das suas vitórias. Todos os dias, às duas, somos levados para ouvir o ministro da Informação Al-Sahaf. Todos os dias, as coletivas de imprensa são igualmente chatas, assim como as transmissões de TV que Aliya traduz para mim. "O inimigo está enfraquecido", diz o apresentador todas as noites, também ele agora vestido com o uniforme militar verde do partido Baath. "Estamos ganhando em todas as frentes."

Nunca há qualquer informação sobre onde e quando ocorreram as batalhas, quantos morreram ou quanto avançaram os agressores. As transmissões quase não oferecem informação; são praticamente pura propaganda. Tenta-se dar ao iraquiano comum a sensação de ele próprio estar participando na luta contra os norte-americanos. Na primeira página dos jornais promete-se uma recompensa da parte de Saddam Hussein para quem conseguir atingir o inimigo. Cem milhões de dinares para quem derrubar um avião militar, 50 milhões para quem atingir um helicóptero e outro tanto se capturarem um piloto com vida. E somente metade do valor se já estiver morto.

Um dia, Saddam Hussein aparece de novo na televisão. A sua mensagem é de que os norte-americanos estão prestes a cair numa armadilha. Muitos pensam depois que Hussein tem poderes mágicos, porque nessa mesma tarde há uma tremenda tempestade de areia que impede o avanço norte-americano em direção à capital. É a pior tempestade de areia nos últimos quarenta anos. O vento assobia pelas esquinas das ruas, silva no lado de fora das casas e arrasta tudo o que não está preso ou fixado com parafusos.

— Alá voltou a nos ajudar — ouve-se nas mesquitas. — Ele deteve os infiéis com o seu poder!

A tempestade do deserto banha a cidade com uma luz mágica. As rajadas de vento trazem uma fina areia amarelada do Sul que se mistura à fumaça das gigantescas colunas de fogo que sobem em círculo em torno da capital. As nuvens baixas fazem com que a fumaça, o pó e a areia formem uma camada espessa sobre a cidade.

Numa tarde em que estamos na sala de recepção do ministério, esperando pelo ministro, aquele nevoeiro pesado gira em torvelinho devido às fortes rajadas de vento. Vemos através das janelas cobertas de fita adesiva que as palmeiras se inclinam perigosamente com a força do vento. Então, aparece Kadim muito agitado.

— Vão ao mercado Shaab — grita. — A coletiva de imprensa está cancelada.

Corremos para os carros, com medo de que o burocrata mude de opinião e nos chame de volta para as duras cadeiras da sala de conferências. Rumamos para o norte a toda velocidade. A maioria da população da capital ficou em casa nesse dia devido ao mau tempo, e os poucos que saíram para a rua escondem-se debaixo dos seus casacos e sobretudos. Duas caixas vazias voam no meio da rua. Embora seja pleno dia, há pouca visibilidade, porque o céu está enevoado em função da areia do deserto e da fuligem dos incêndios.

Chegamos ao mercado. Todos os edifícios estão carbonizados e os veículos retorcidos. As manchas de sangue foram absorvidas pela areia do chão e as pessoas choram. Tento reconstruir o que ocorreu nesta tempestuosa quarta-feira de março, falando com testemunhas oculares e com familiares e vizinhos dos mortos.

É quase meio-dia. Dentro de pouco tempo Zahra estará de volta. Ela e a sua família decidiram voltar para casa, no bairro Shaab, em Bagdá. Fugindo dos bombardeios, viveram a última semana com familiares nos arredores da cidade. Agora que a guerra se aproxima por terra, a família pensa que é mais seguro estar no centro da cidade.

Zahra tem o bebê nos braços no banco traseiro do microônibus. Viajam com ela o marido, a irmã, a mãe e os três filhos. O ônibus pára e a família desce.

Justamente ao seu lado acaba de parar um carro-pipa. O motorista quer comer no restaurante Ristafa, um dos poucos que continuam abertos. O estabelecimento está quase vazio. Em frente correm crianças no meio da poeira arenosa que cobre o chão depois dos últimos dias de tempestade.

Antes de o motorista atravessar a rua, ouve-se a explosão. Um míssil atinge a calçada justamente ao lado de um carro de combate e provoca um incêndio. O motorista e os que estão ao seu lado morrem imediatamente. Toda a família de Zahra é jogada ao chão por causa da pressão de ar.

De uma casa próxima Mohamed vem correndo. Ouviu o estrondo e quer saber o que aconteceu. Outro míssil chega silvando, atinge o chão e dispara os seus letais estilhaços em todas as direções. O jovem de 22 anos cai no chão e geme, uma das suas pernas se transformou num frangalho sangrento de carne e a outra está cheia de estilhaços de metal. À sua volta, caem mais pessoas ao chão, derrubadas pelo deslocamento do ar, pelos estilhaços, pelo choque. O carro-pipa está em chamas, assim como uns vinte veículos em volta dele. Os que passavam por ali quando os mísseis explodiram morrem carbonizados dentro dos seus carros. As barracas do mercado estão destruídas e vários prédios ficaram completamente arrasados. O mobiliário do restaurante Ristafa está em pedacinhos e todos os que estavam lá dentro almoçando morreram.

Os gritos atravessam o ar. Há sangue por todos os lados, misturado à areia da rua e à que cobre os passeios. Os que conseguem voltam a se levantar.

Zahra e a família ainda estão estendidos no chão, todos eles inconscientes. Mohamed, que está caído, uiva de dor. Ao seu lado um homem tem uma artéria do braço cortada e se esvai em sangue. Ambos estão conscientes quando a ambulância os recolhe.

Cerca de trinta feridos são levados para o Hospital Al-Zahrawi, que fica próximo dali. No caminho, o homem da artéria cortada morre. Os mortos são levados para o Hospital Al-Kindi para que as famílias possam ir buscá-los na mesma tarde para enterrá-los. São recolhidos no chão membros decepados ou arrancados. Ao fim de algumas horas, só resta o sangue sobre a areia.

Então, vem a chuva e as poças se tingem de sangue. Os incêndios, a areia do deserto, a fuligem e a fumaça caem como gotas de água. Tudo fica manchado de um amarelo-acastanhado: os carros, as paredes, as janelas, os rostos das pessoas.

Furiosos, aterrorizados e encharcados, os moradores começam a assimilar a idéia de que o seu bairro fora atacado.

— Bush disse que só atacaria alvos militares. Mas o que é isto? — grita um homem.

— Querem nos destruir — grita outro.

— Aqui não há alvos militares. Isto é a vingança, porque estamos ganhando deles nesta guerra. Bush deveria ter vergonha!

Zahra está acordando no hospital. Tem estilhaços por todo o corpo e quatro costelas quebradas. Ao seu lado está sua filha Aisha, de 3 anos, com o cabelo cheio de lama, mas sã e salva. Aisha passa a mão no ombro da mãe e faz carinho no seu braço. Zahra sorri para ela, sem forças. A seu lado está o marido, com feridas no peito. Na cama seguinte, a sua irmã mais nova, com lesões na perna e no peito. Encostada na parede, vê a avó; tem uma atadura ensangüentada na cabeça, porque perdeu uma orelha.

— Onde está Hamudi? — pergunta Aisha.

— O seu irmão está em casa. Está bem — responde Zahra, que acaba de saber o que aconteceu, e que o seu bebê e Hamudi, de 10 anos, saíram ilesos do ataque. As lágrimas caem-lhe pelas faces.

— Três bebês ficaram feridos; um deles perdeu parte da cabeça; o outro está cheio de estilhaços. O terceiro foi gravemente ferido, porque a mãe o perdeu no momento do impacto. O menino soltou-se dos seus braços e foi contra uma parede — conta-nos o doutor Sermed al-Gailani, que tem cuidado dos feridos. — Isto é terrível — suspira. — São inocentes, não merecem uma coisa dessas. Mas a guerra é assim. Haverá mais mortos e mais feridos. Pensar outra coisa seria enganarmos a nós mesmos. Isto será muito pior do que tudo o que vivemos até agora.

A tempestade de areia continua desenfreada do lado de fora do hospital. A escuridão cai sobre o mercado destruído, as pessoas entram em suas casas e na rua ficam somente os veículos queimados. Ouvem-se explosões de bombas que caem nos arredores de Bagdá. A guerra continua, enquanto o sangue das poças é lavado pela chuva.

Está escuro como breu quando voltamos para o hotel. Ouvimos explosões, mas não sabemos onde caem as bombas. Passam poucos carros. Imagino assim o dia do Juízo Final: uma tempestade violenta, areia voando pelos ares, fumaça cobrindo o sol, sangue, membros decepados e gritos.

Chego ao meu quarto cheia de lama e encharcada até os ossos. Ligo o computador para escrever o artigo. Recebo um e-mail do editor de Internacional do jornal dinamarquês que publica os meus textos. Assunto: Um conselho.

Querida Åsne,

Espero que você esteja bem; o bombardeio do mercado, hoje, foi terrível.

Queria dar a você um conselho diante da situação atual: ponha a cama e a escrivaninha o mais longe possível das janelas para não ser atingida pelos estilhaços de vidro caso as janelas se quebrem durante um bombardeio; já sabemos que as bombas costumam ser lançadas de noite, enquanto as pessoas dormem.

Deixe um copo de água no parapeito. Se a água começar a tremer, pode ser que os bombardeiros estejam chegando.

Tente aliviar o estresse, dormindo o bastante e lendo sobre outras coisas que não a guerra no Iraque; sugiro a Barbara Cartland (mas evite se maquiar como ela, isso significaria o seu fim na televisão). Procure ter as idéias muito claras.

Mantenha sempre por perto o colete à prova de balas e a máscara antigás, nestes dias. Você pode precisar deles a qualquer momento. O risco de ser afetada pelas armas químicas aumentará quando o vento vier das posições norte-americanas em direção a Bagdá. Tome muito cuidado.

Um grande abraço,
Michael

A escrivaninha está fixada na parede com parafusos e já pus a cama longe da janela. Não é possível encontrar os livros da Barbara Cartland, muito menos o estojo de maquiagem dela. O conselho de dormir o bastante e evitar o estresse vem de um mundo cujas regras não se aplicam aqui. Tenho o colete e a máscara antigás ao lado da cama, mas não consigo levá-los comigo para todo lado. Diria que sigo o conselho de manter as idéias o mais claras possível; na verdade, acho que estão de uma nitidez cristalina. A pressão me ajuda a me concentrar e não sei de onde me vêm as forças. Não durmo nem como, mas, mesmo assim, trabalho vinte horas por dia. Já não me sinto eu mesma, apenas escrevo, informo, relato. E tomo muito cuidado; não se preocupe, querido chefe.

Amir tem um amigo que se chama Abas. Parece um garotão de praia com o cabelo liso penteado para trás, suas calças jeans, o boné ao estilo americano e as camisetas coloridas. Assim como Amir, Abas também trabalha como motorista para jornalistas estrangeiros. Porém, ao contrário do amigo, ele é rápido e corajoso, ou, pelo menos, é o que diz. Enquanto Amir não pronuncia uma palavra crítica contra o regime, o outro é muito mais livre no seu discurso.

— Vivemos numa prisão — diz com convicção. — Estamos nos afogando lentamente.

Pensa com nostalgia nos anos em que podia viajar, tinha dinheiro e levava uma vida boa.

— Agora vivemos na lama — acrescenta, evidenciando o contraste.

Mas Abas não se deixa abater. Geralmente está muito animado, e as suas únicas preocupações parecem ser coisas como ocultar suas diferentes namoradas umas das outras e, sobretudo, impedir que a mulher desconfie de suas escapadelas. Conta com detalhes como dá presentinhos a uma e convida outra para passear no parque, como se lembra dos dias de aniversário de cada uma delas e, acima de tudo, como, agora, nos dias de bombardeios, ajuda um pouco a todas.

— Mas não são namoradas à maneira ocidental — sublinha, dando por certo que sabemos o que ele quer dizer com isso. — Somente lhes dou presentes e talvez uns beijinhos. São mais amigas do que namoradas.

Invejo Pascal por trabalhar com Abas. Porque Abas faz o que poucos motoristas fazem: enche Pascal de histórias. Assim, numa tarde, Pascal bate à minha porta excitado.

— Entrevistei um desertor! — diz já dentro do quarto e com a porta fechada.

Abas tinha levado Pascal a uma casa onde moravam alguns dos seus familiares. Falavam disto e daquilo, se as pessoas tinham comida o bastante, quais alvos tinham sido atingidos, do tempo. Um jovem rapaz entrou no quarto e se sentou. Pascal perguntou-lhe de onde vinha.

— De Hillah — respondeu ele.

— Hillah? E como vão as batalhas por lá?

— Não tínhamos a menor chance, nem vontade para fazer nada. Fui embora.

— Foi embora?

— Corri. Ninguém atirou, ninguém me perseguiu. E aqui estou.

— Desertou — explicou Abas.

Com isto, Pascal tinha um furo. Ninguém mais havia falado com um desertor. A maioria mal tinha falado diretamente com alguém; e nós, em vez disso, precisávamos nos contentar com conversas vigiadas com vendedores de chá, vendedores de pilhas e seus clientes, pessoas na fila do pão e padeiros. Voltávamos sempre à mesma coisa: à Bagdá superficial, e era uma superfície que guardava bem os seus segredos. Mas uma noite Pascal me contou, sussurrando, a história pessoal de Abas.

— Antigamente, ele tinha um posto importante nos serviços de inteligência militar. Trabalhava para o regime, mas duvidava dele cada vez mais. No princípio, guardou as dúvidas para si mesmo. Mas quando constatou a crueldade da repressão, começou a comentar com as pessoas mais próximas. Uma das suas namoradas trabalhava no mesmo gabinete que ele. Ao fim de algum tempo, Abas se cansou dela e quis terminar o namoro. Ela pediu a ele que passasse só mais uma noite com ela. No dia seguinte, Abas foi preso. A amiga tinha colocado um microfone debaixo da cama e o incitou a criticar o regime. E ainda que Abas não tivesse dito grande coisa, ficou quatro anos na prisão. Se tivesse falado demais nessa noite, provavelmente não estaria aqui hoje. Quando foi solto, tinha perdido o emprego nos serviços de inteligência; por isso, começou a trabalhar como motorista. Atenção, ninguém pode saber disso até o desaparecimento total de Saddam; não diga nada nem a Amir.

Um dia, Pascal me cedeu Abas, porque o meu motorista tinha que ir ver a família. Quando saí do hotel, Abas estava chorando no carro. Entrei no veículo, imaginando o pior. Será que alguém da sua família tinha se ferido no bombardeio da noite?

— O meu melhor amigo voltou ontem do front — soluçou. — Morto. Foi enterrado ontem à tarde. Deixou uma mulher e três filhos pequenos.

Hamid, o seu amigo falecido, tinha sido comandante de um destacamento no front de Najaf, 200 quilômetros ao sul de Bagdá. Abas não sabia como ele tinha morrido, só sabia que tinha sido no deserto.

— Era como um irmão para mim. Desde crianças morávamos na mesma rua e fazíamos tudo juntos. Servimos o exército juntos. Agora ele não está mais vivo — disse, acrescentando com amargura: — Hamid agora é um mártir. Eu posso ser o próximo.

— Você?

— Se os norte-americanos entrarem em Bagdá, eu também vou lutar. Não vou deixar que ocupem Bagdá. Pascal vai ter que procurar um outro motorista, nesse caso.

No dia anterior, Amir tinha me dito o mesmo:

— No caso de os norte-americanos atacarem Bagdá, não vou poder continuar a trabalhar para você.

— Não, claro — respondera eu, pensando que ele ia se esconder na casa da mãe.

— Vou defender o meu país. O meu irmão já se envolveu e agora vou fazer a mesma coisa. Esta tarde irei ao partido pedir uma arma — prosseguiu.

— Faça o que você tiver de fazer.

— Diziam que só alvos militares — afirmou. — Desde quando mulheres grávidas são alvos militares?

Cada vez mais iraquianos falavam em pegar em armas se os norte-americanos invadissem a cidade. Era algo que a propaganda tinha inculcado neles: o dever de cada cidadão era defender a pátria. Será por isso que Abas e Amir tinham decidido combater? Ou será que todos os motoristas tinham recebido ordens do centro de imprensa para nos dizerem que queriam ser mártires? Estaria Kadim por trás disso tudo? Era difícil para mim imaginar Abas lutando por Saddam Hussein, depois de tudo o que Pascal me contou.

Nunca gostei do Ministério da Informação, mas, nesse momento, detestava-o com todas as minhas forças. Detestava entrar no prédio ou subir ao terraço onde transmitíamos as nossas reportagens para a TV. As gravações eram constantemente interrompidas pela passagem dos aviões. Então, todo mundo corria escada abaixo e ficava esperando no estacionamento até que os bombardeiros se afastassem. Como se o estacionamento fosse muito mais seguro. Quando usava o meu telefone, mantinha-me nos limites do estacionamento, o mais afastada possível do edifício, mas sem sair da área do ministério, cumprindo assim as normas de uso dos telefones via satélite. As gravações eram feitas de dia, porque ninguém queria ficar de noite nas proximidades do ministério, um dos alvos prioritários dos invasores.

Apesar de ninguém gostar de ficar no ministério, éramos obrigados a isso. Aqui, aconteciam as coletivas de imprensa, daqui saíam as excursões obrigatórias de ônibus. Um dia estávamos numa reunião no primeiro andar quando ouvimos os aviões sobrevoarem a cidade a baixa altitude. Então, ouviu-se por perto uma explosão forte e os vidros quebrados tilintaram. Depois, mais um silvo seguido de outra explosão. Todos nós saímos do edifício apressadamente, convencidos de que o novo míssil poderia atingi-lo a qualquer momento. Eu tinha deixado o meu telefone do lado de fora do prédio como de costume, e, enquanto corria, hesitei muito em abandoná-lo ali. Não, não podia deixá-lo. Enquanto os outros passavam ao meu lado a toda a velocidade, apanhei os cabos e o telefone o mais rapidamente que pude. Os aviões rugiam por cima de nós e ouvi as bombas serem lançadas. Fechei a bolsa com todo o equipamento e saí em disparada.

Amir já tinha o motor ligado, preparado para sair dali o quanto antes, e Aliya já estava sentada dentro do carro. Joguei o telefone para o banco de trás, Amir pisou fundo no acelerador e abandonamos aquele lugar terrível onde os alvos militares se encontravam um ao lado do outro. Decidi não voltar mais ali enquanto durasse a guerra.

Durante a noite, os norte-americanos atacaram o ministério e atingiram tanto as defesas antiaéreas como o gabinete do ministro. Os andares mais altos foram incendiados e, segundo os rumores, o próprio Al-Sahaf estava em seu gabinete quando começou o ataque. Saiu ileso, mas ficou impressionado. Na manhã seguinte, uma nota oficial anunciou que o centro de imprensa tinha se transferido do Ministério da Informação para, justamente, o Hotel Palestina e que, a partir de agora, podíamos usar os telefones via satélite nos nossos quartos. Que alívio! Já não era preciso acordar às oito da manhã para ir ao maldito ministério e ligar o telefone no estacionamento poeirento para enviar as reportagens de rádio. Já não precisávamos fazer papel de herói diante das câmeras ao vivo, enquanto olhávamos para o céu à procura de aviões.

Uday, Kadim e Mohsen mudaram-se para os escritórios abandonados da Iraqi Airways. Do lado de fora, três homens fortes sentam-se a uma mesa onde há uma folha de papelão com os dizeres "Centro de imprensa" e o desenho de umá mão apontando para uma porta logo atrás. Eles têm extensas listas em árabe diante deles, bebem chá e fumam, e nunca entendi o que estavam fazendo ali. Só Deus sabe o conteúdo daquelas listas.

— Vamos chamar a atenção — protesta o meu motorista. — Não é conveniente passar pelas mesmas ruas muitas vezes.

— É só um minuto — digo.

Quero encontrar o padre Alberto. Procurei-o por todos os claustros da capital em vão. Ele tinha me dado o nome de um mosteiro, mas ninguém sabia onde ficava, ou não queria dizer. Depois de dar várias voltas por Al-Karada — o bairro cristão da capital —, Amir fica inquieto e diz que temos que sair dali. Insisto em procurar um pouco mais e batemos em algumas portas perguntando pelo padre, mas ninguém ouviu falar do claustro de Santa Ana. Numa igreja, finalmente, um homem nos explica o caminho. A porta do prédio é azul, diz, mas não conseguimos achar.

— Estamos sendo seguidos — diz Amir, assustado.

É verdade, há um carro preto nos seguindo por todas as ruelas estreitas. Voltamos ao caminho principal. O carro continua atrás de nós até chegarmos ao estacionamento em frente ao hotel; então, passa ao largo lentamente.

— Desgraçados, anotaram o número da placa. Desconfiam imediatamente quando vêem o seu cabelo louro. Com certeza acharam que estamos procurando alguém que não deveríamos procurar. Vi a milícia nos seguir com o olhar quando tentei dar a volta, mas como você estava tão empenhada em encontrar aquele padre... Lamento, mas não vou entrar de novo naquele bairro.

Bagdá está mergulhada no medo e todos se vigiam mutuamente. Os líderes também têm medo: de serem esmagados pelos americanos, presos e humilhados — ou até mortos — diante dos seus súditos. Amir tem medo de tudo.

Caminho devagar até o hotel, decepcionada por não ter encontrado o padre Alberto. Ao entrar pelas portas de vidro, ouço a voz de Kadim nos alto-falantes:

— Coletiva de imprensa urgente com o ministro da Defesa. Todos devem comparecer sem demora.

Não é má idéia ouvir o que o ministro tem a dizer; além disso, já está na hora de eu dar as caras. Eu não vou muito às coletivas de imprensa diárias e Kadim sempre me repreende por causa disso.

Os soldados já estão em posição de sentido fora da sala: apresentam suas armas em duas fileiras, da recepção à sala de conferências. Entro e sento-me onde posso ver Kadim.

— Ouviu o discurso do Saddam? — pergunta-me Antonia.

Faço que não com a cabeça e a correspondente da RTL — sempre tão bem informada — me põe a par de tudo. Nada do outro mundo. De fato, o mais espantoso era que ainda, no sétimo dia de guerra, ele pudesse fazer discursos pela televisão. Apesar das tentativas por parte dos invasores de bombardear as emissoras iraquianas, as transmissões continuavam. Numa manhã, calaram-se completamente durante algumas horas, até voltarem ao ar. Os iraquianos possuíam várias estações móveis de localização desconhecida dos americanos. Diariamente — ao vivo ou em gravação —, aparecia o presidente iraquiano na tela, falando de batalhas heróicas e da necessidade de se unirem, responsabilizando cada cidadão pela defesa do país: "Não esperem ordens, tomem iniciativas, mesmo que sejam atacados ou quando o inimigo se aproximar."

— O que ele quer que façam? Que joguem sacos de areia sobre os norte-americanos em cada esquina? — ri Antonia, lançando os cabelos para trás.

Antonia é uma mulher fascinante. Apesar das tempestades de areia, da chuva, do vento ou dos bombardeios, parece sempre saída de um comercial de xampu. É uma das jornalistas de televisão mais populares da Alemanha e as suas reportagens, rigorosas e muito apuradas, fizeram-na ganhar o apelido de Coração de Leão, por conta de sua inteligência e engajamento. Dada a quantidade de transmissões de que participava, Antonia raramente tinha tempo de andar pela cidade para falar com as pessoas; quando nos encontrávamos à noite para entrar ao vivo, eu lhe falava do clima das ruas e ela me punha a par das notícias.

Estávamos esperando há quarenta minutos quando o ministro da Defesa entra abruptamente na sala. Era o iraquiano mais gordo que tinha visto na minha vida. A sala formigava de soldados, alguns olhando para a porta e outros nos vigiando, as kalashnikovs prontas para disparar. Será que acreditavam que a CIA estaria presente na sala com um plano de assassinato? Pensando bem, me dei conta de que tinham as suas razões para temer uma coisa dessas. Sem dúvida, o esquema de segurança em torno do seu colega americano, durante estes dias, também era de peso.

A voz do ministro retumba na sala:

— O inimigo tentou ontem sitiar Najaf — começa por dizer Sultan Hashim Ahmed. — Mas as suas linhas foram cortadas pelos nossos contra-ataques, e eles se retiraram para o deserto depois de ter sofrido baixas consideráveis.

Pensei em Hamid, o amigo de Abas que caiu em Najaf. Fariam alguma referência a ele e aos seus companheiros? Não. Segundo o homem gordo de uniforme, eram os americanos que tinham mortos. Embora Hamid venha a ser enterrado em Bagdá, não constará em nenhuma lista de baixas. Ainda não existe um registro semelhante no Iraque; não há agora, nem houve durante a última Guerra do Golfo. As autoridades nunca davam informações sobre as baixas militares, falavam unicamente de vitórias.

"Os iraquianos continuam a sua heróica jihad contra as forças de ocupação", escrevera o *Al-Thawra* nessa mesma manhã. O artigo estava recheado de detalhes: "Um helicóptero, 11 tanques, 12 carros blindados e dois aviões não-tripulados foram postos fora de combate. Provocamos muitas baixas no inimigo e um grande número de mortos ou feridos jaz no campo de batalha. As suas forças estão agora dizimadas e em pleno caos graças à corajosa resistência dos nossos soldados." Nem uma palavra sobre os mil soldados iraquianos que os norte-americanos tinham dado como mortos no deserto, na batalha de Najaf. Hamid e os companheiros só seriam lembrados pelos seus.

No meio do discurso do ministro, a sala fica às escuras. Todo mundo permanece imóvel; é o mais seguro, tendo em vista a quantidade de homens armados que nos rodeia. Um par de lanternas de bolso ilumina tenuemente a sala, enquanto Kadim nos conduz para a saída como um rebanho de ovelhas com blocos de anotações. Dão ordens para continuarmos com as lanternas até o Hotel Sheraton, que está vazio, no outro lado do estacionamento.

— Eu vou fugir agora mesmo, porque tenho uma transmissão ao vivo. Você vai ter que me contar depois se acontecer alguma coisa interessante — sussurra-me Antonia e deixa discretamente o grupo.

Nós nos sentamos na nova sala e esperamos de novo pelo ministro. Alguns instantes depois ele chega com o seu uniforme gigante e sobe no estrado, retomando seu discurso sem o menor sinal de perturbação. Enquanto reafirma o êxito da resistência iraquiana contra a invasão, ouvimos a invasão prosseguir intensamente. Ouvimos detonações surdas de bombas sabe-se lá onde. O ministro da Defesa não quer admitir que as linhas de defesa ao redor da capital foram destruídas pelos bombardeios.

— Como vocês sabem, nós, iraquianos, conhecemos bem o deserto. Ainda que as nossas trincheiras só tenham 60 centímetros de profundidade e meio metro de largura, são eficazes. Se uma bomba cair a 10 metros das nossas forças, os soldados saem ilesos — sustenta Sultan Hashim Ahmed e chama os norte-americanos de covardes. — Bombardeiam de tais altitudes que não atingem os seus alvos com precisão; não têm coragem para travar uma batalha corpo a corpo. O inimigo tem, de fato, capacidade para abrir caminho, mas, para ganhar, terá que atacar a capital e, então, pagará caro. O inimigo pensava que esta seria uma guerra de cinco, seis, sete dias. Eu preferiria que acabasse amanhã. Mas, se durar mais, isso significará simplesmente que o inimigo terá mais baixas. Os inimigos podem estar às portas de Bagdá dentro de cinco ou dez dias, mas não vão conquistar a capital.

Olho para o relógio. Tenho que ir embora para chegar a tempo da transmissão ao vivo, então me levanto silenciosamente e me aproximo da porta pé ante pé, para não incomodar. Mas a porta está fechada a chave. Tento outra: fechada também. Um soldado se aproxima e me manda voltar para o meu lugar. Aponto para o relógio e depois para a porta. Kadim chega.

— Tenho que ir embora — digo.

— Não pode sair antes do ministro.

— É que tenho que fazer uma transmissão dentro de dez minutos.

— Não pode sair antes do ministro.

— Mas o que o programa vai fazer sem mim?

— Não pode sair antes do ministro.

— Você não pode me impedir de sair da sala — enfatizo e sinto como estou cansada do ministério.

Tenho medo de não controlar a raiva e tento argumentar com a retórica do regime.

— Saddam Hussein proferiu hoje um discurso importante, que eu ia reproduzir para os meus espectadores.

— Não pode sair antes do ministro.

— Desculpe, senhor Kadim, o senhor entende que o ministro da Defesa é mais importante que o próprio Saddam Hussein?

Kadim olha para mim com um ar indolente antes de dar meia-volta e sair. A porta continua fechada a chave. Os guardas me vigiam, mas eu fico onde estou durante uma pequena eternidade.

Finalmente ouve-se um ruído de cadeiras no estrado e o ministro abandona a sala a passos lentos. Os jornalistas não podem sair até que ele esteja fora do hotel. Dane-se o ministro, dane-se a transmissão ao vivo. Preciso telefonar e dizer que me retiveram contra a minha vontade no Sheraton. 1 a 0 para Antonia por ter fugido a tempo.

Desço correndo para lhe contar sobre o discurso e para que ela me informe sobre Saddam para a minha próxima transmissão. Sentado numa cadeira de plástico ao lado da jornalista, está o seu assistente oficial. Sabe alemão e controla toda a informação que ela envia. Acabam sempre discutindo o que se pode ou não dizer. O assistente é teimoso e rígido, mas Antonia é osso duro de roer. O assistente critica-a sempre por ela utilizar a palavra "regime" em alemão, alegando que nessa língua tinha conotação negativa. Em vez de "regime de Saddam", ela deveria dizer "o governo iraquiano". Além disso, ela deveria mostrar o mínimo de respeito, referindo-se a ele como "o presidente Saddam Hussein" e não simplesmente "Saddam Hussein", ou não?

Quando a jornalista acaba a transmissão, ele se levanta e começa a fazer avaliações.

— Acho que deveria ter falado mais das crianças.

— Mas o tema de hoje foi a guerra e a política.

— Mesmo assim, acho que deveria ter falado mais das crianças.

— Mas eu falo das crianças toda hora! Você não tem prestado atenção? — dispara, tão cáustica como só uma austríaca pode ser, antes de virar as costas. Os lábios da correspondente estão apertados e os seus olhos lançam faíscas.

Espero a minha vez de entrar no ar. Por sorte, ninguém me controla. Posso dizer o que me der na telha; a escola de espionagem do Iraque não é tão avançada no ensino de norueguês.

O pátio do hotel e o jardim estão cheios de câmeras e de repórteres e a coisa funciona como uma linha de montagem.

Agências de notícias como a Reuters e a AP posicionam as suas câmeras e conectam-se por satélite ao mundo inteiro, alugando o tempo para os correspondentes. Alugam dez minutos por centenas de euros e não lhes faltam clientes. Os meus clientes fixos — os canais escandinavos — reservam os horários com uma semana de antecedência.

No decurso das três semanas da guerra, eu tenho cada vez mais trabalho. Acabei por aparecer não só na televisão escandinava, mas também na finlandesa e na holandesa e em diversas estações de rádio desses países. Por vezes, trabalho também para a BBC World e para a CBC, do Canadá, mas nunca utilizo o meu próprio nome, com receio de que Uday e os homens do Ministério da Informação me apliquem uma punição por dizer algo impróprio ou, na pior das hipóteses, me expulsem do país.

Numa noite, enquanto reporto do terraço do Hotel Palestina — em inglês, porque é para a televisão holandesa —, percebo a presença de um homem sentado numa cadeira, diante de mim, observando-me. O olhar dele atravessa a escuridão e parece me fulminar; perco o fio da meada do que estava dizendo. Teria eu dito que no Iraque não se pode contar o que a população diz porque se vive numa ditadura? Fico zangada comigo mesma; fui imprudente. Será que vão me expulsar agora? Penso que preciso parar com as minhas reportagens em inglês e volto a me concentrar, recuperando o fio do que estava dizendo. Falo sobre os danos civis, os feridos nos hospitais e os mortos. Lembro-me da discussão que Antonia tivera com o seu assistente designado — *Kinder, verletzte Kinder* — e termino falando sobre as crianças feridas.

Quando termino a transmissão, passo apressadamente junto do homem de olhar penetrante. Talvez não tenha entendido quem eu era. Vejo que continua sentado diante da câmera da Reuters para vigiar a transmissão seguinte, uma morena que cicia em espanhol numa velocidade impressionante.

Hoje é 27 de março, aniversário de Josh, e o louro escocês nos convidou para comemorar no seu quarto no décimo sexto andar. É o mais amável e solícito de todo o Hotel Palestina e não me resta alternativa senão procurar um presente para ele na Bagdá bombardeada. Somente alguns botequins permanecem abertos e não há nenhum presente à vista. Penso em todas as vezes que Josh me telefonou de manhã para me convidar para o café. Tinha sempre três tipos de flocos de cereais: com banana, com passas ou simples, e todo tipo de café ou chá. *Tenho que* encontrar um presente para ele. Finalmente, peço ao motorista que me leve ao mercado de livros para ver se ali encontro alguma coisa. Aquela área está abandonada e castigada pelos ventos; somente um homem com um cesto cheio de pão caseiro passa por ali. Na entrada das ruas não se vê ninguém e as janelas estão fechadas a sete chaves. Algumas folhas de revista voam arrastadas pelo vento, que leva tudo o que não está preso. Lixo, revistas e sacos plásticos girando no ar numa dança triste.

Só uma loja está aberta. É uma papelaria com papéis, cadernos e grampeadores. Haveria alguma coisa aqui que servisse de presente? Pego na mão por alguns instantes um grampeador, mas o que o meu amigo faria com um grampeador? Bem embrulhado e com grampos extras? O dono olha para mim curioso; pergunta-se seguramente por que eu haveria de querer material de escritório àquela altura. Eu, por minha vez, me pergunto — bem como a ele — por que estava aberto.

— Estava ficando maluco em casa; não suporto ficar sem fazer nada — explica-me. — Mas é quase tão ruim quanto estar aqui. Agora não posso fazer outra coisa além de esperar que os clientes venham.

— E já veio alguém?

— Você é a primeira de hoje — diz e observa a rua deserta antes de acrescentar umas frases de elogio a Saddam.

Fala com entusiasmo, mas tem que ser assim. Quem seria o árabe que me acompanhava?

É então que os vejo. Grandes livros encadernados com capas cor-de-rosa, lilás, pretas ou verdes. Têm páginas pautadas e serviriam perfeitamente para diários. Mais animada, começo a escolher as cores: o cor-de-rosa seria muito feminino para Josh; o lilás, muito claro; o preto, muito deprimente. Tem que ser o verde. Verde é a cor da esperança. Depois vejo na estante debaixo um bonito cartão com um ursinho de pelúcia cor-de-rosa escrito *Happy Birthday*. Quando abro, ouve-se uma pequena e estridente melodia, a de "Parabéns para você". Fecho na hora o cartão para não gastar a bateria. Foi uma extravagância encontrar uma coisa assim neste lugar.

Somos um grupo seleto, os convidados do aniversário de Josh naquela noite. O repórter David da Sky News senta-se refestelado numa poltrona baixa e me cumprimenta como sempre num tom amável e com os seus sempre apropriados comentários. Fala com sotaque de Oxford e estudou com Tony Blair. Com um estilo descontraído e o cabelo ligeiramente grisalho e penteado para trás, tem sempre aquele ar de quem vem diretamente de um torneio de golfe... de um torneio recém-conquistado.

Tim afunda-se na única cadeira que há no quarto e sussurra-me que sente falta dos seus cinco filhos. Remy, do *Le Monde*, sentado na cama, está absorto no mapa que Josh pegou na internet, um documento enorme que encontrara na página da Universidade da Califórnia. Veljko e Milan — os operadores de câmera sérvios que a Sky News encontrara no último momento, quando os seus próprios funcionários decidiram abandonar o Iraque — estão sentados no chão com as costas apoiadas na parede e segurando grandes copos de plástico cheios de *brandy* da marca Champagne.

Toca uma música dos Red Hot Chili Peppers e Josh está de pé no meio do quarto contando uma história.

— Hoje à tarde, quando cheguei de volta ao hotel, o carrinho da limpeza estava do lado de fora da porta do meu quarto. Entrei e, quando passei pelo banheiro, fiquei que nem uma pedra. A mulher da limpeza estava ali com a boca cheia de pasta de dentes experimentando a minha escova de dentes elétrica!

O escocês desata a rir e conta que resolveu a situação dando a ela a escova de dentes. Entrego a ele o meu presente e fico surpresa ao ver a luz rosada que ilumina o cartão quando se abre. Não tinha reparado nesse detalhe na loja castigada pelos ventos. Alguém baixa o volume do som para que todos possam ouvir a melodia do "Parabéns para você". O som baixinho parece vir de um outro mundo.

Nesse momento, uma explosão faz tremer o hotel. O edifício balança de um lado para outro e os homens correm para a varanda. A oeste, para além do Tigre, vislumbro algo semelhante a bombas de fumaça. Raios de luz atravessam o céu, o som e os clarões da artilharia antiaérea nos cercam. Atrevo-me a ir até a varanda atrás dos outros. Uma nova explosão.

Vários edifícios de vários quarteirões ao lado do Ministério da Informação estão em chamas. Ffffiiiiuuu, passa um míssil com a sua luz ofuscante. Ouvimos quando acerta o alvo e explode do outro lado do rio. Ffffiiiiuuu, outro; fffiiiiuuu, mais um; fffiiiiuuu, mais outro. O hotel estremece de novo, mas não entramos no quarto: *queremos* ver o que acontece. De qualquer maneira, se formos atingidos por um míssil Tomahawk, não faz diferença estar na varanda ou no banheiro.

David sai correndo: tem que transmitir a informação. Ninguém mais têm transmissões ao vivo esta noite e ficamos tomando *brandy* na varanda. Os clarões da artilharia antiaérea continuam a decorar o céu, como se quisessem convencer a população da capital de que as defesas funcionam perfeitamente. É, no entanto, uma defesa frágil para fazer frente a uma onda após outra de mísseis de cruzeiro e bombas que os B-52 lançam de milhares de metros de altura. Enquanto nós observamos o céu do hotel, mães acordam em suas casas com crianças aterrorizadas, e as maternidades se enchem de bebês prematuros. As crianças mais velhas contam o números de estrondos e os pais temem que suas casas sejam atingidas e desabem em cima das suas famílias. Esta noite inspirará em muitos um terror que não poderão esquecer durante muitos anos.

Quando os estrondos diminuem, rimos apesar de tudo. Porque no início do ataque, Josh tinha jogado o cartão de aniversário em cima da mesa e ele continua lá, como se nada tivesse acontecido, tocando "Parabéns para você" com o mesmo som fraco de antes.

— Você sim compra coisas de qualidade — diz David brincando. — Não como o relógio suíço caríssimo do Josh, não é verdade?

O relógio de Josh parou na segunda noite do conflito. Ao cair a bomba mais potente no palácio presidencial, do outro lado do rio, a 21 de março, à 1h05, hora local, o mecanismo do relógio parou e não voltou a funcionar.

A festa de aniversário dura pouco. Estamos todos exaustos pela falta de sono e é como se estivéssemos imunes ao riso e ao *brandy*, ao medo e à fome. A insônia e os traumas presenciados nos deixaram insensíveis. A brisa noturna faz ondear as cortinas. Agora que não é mais possível abandonar Bagdá, paramos de falar do medo. Não é de bom-tom falar disso, é, de fato, quase um tabu. Uma vez iniciada a guerra, não ouvi ninguém falar nesse assunto. É claro que muitos de nós tinham medo, mas não era necessário demonstrá-lo. Agora estávamos aqui e não havia saída de emergência nem possibilidade de voltar atrás. Nos piores momentos dos bombardeios, todos olhamos para o vazio ou pela porta da varanda, mas não nos permitimos observar o terror.

Despeço-me de todos e desço pelas escadas com a minha lanterna de bolso. Vejo outra lanterna subindo. É Lindsay, do Channel 4, que me faz parar.

— Tudo bem? — pergunta-me.

Digo que sim com a cabeça, mas nesse mesmo momento me dou conta de que não, de que, agora que ela perguntou, nada está bem. Ficamos conversando durante um tempo nas escadas sobre a guerra e Saddam Hussein, os americanos e os rumores.

— Você não deveria dormir sozinha — diz. — Por que não vem dormir com a gente? Podemos colocar mais uma cama na sala. Com o Timothy no quarto, não se sente tanto medo durante a noite.

O mito dos duros correspondentes de guerra é exatamente isso: um mito. Em Bagdá, muitos dos jornalistas eram mulheres maduras com um forte instinto maternal. Também têm as suas regras: consolar, proteger, mas nunca falar do próprio medo.

— Venha, pelo menos, jantar um dia desses — diz Lindsay quando recuso o seu amável convite.

As lanternas separam-se e ela sobe para o décimo terceiro andar, enquanto eu desço para o sétimo.

Os jantares com o Channel 4 não eram de se jogar fora. Toda noite, por volta das dez — quando os últimos boletins informativos já tinham sido enviados —, sentavam-se com as suas visitas. Lindsay e Timothy tinham uma cozinha cheia de panelas, frigideiras e ingredientes.

Além disso, tinham quatro microondas. No entanto, nenhum deles servia para cozinhar. Estavam ligados na tomada, mas nunca funcionaram. Toda noite, Lindsay e Timothy guardavam laboriosamente todos os laptops, os telefones via satélite e as partes mais sensíveis do equipamento de redação dentro dos fornos. Timothy fora soldado no exército de Ian Smith, na Rodésia, e tinha a teoria de que os microondas protegiam contra os efeitos eletromagnéticos das bombas E. Assim, no caso de os norte-americanos usarem essas bombas, em questão de segundos seriam destruídos todos os discos rígidos, todas as câmeras e todos os telefones via satélite dos outros, mas os do Channel 4 não, seriam os únicos que poderiam continuar a enviar boletins informativos.

Os dois tinham, na varanda, geradores de eletricidade que alimentavam os seus computadores e as suas ilhas de edição. Possuíam vários telefones via satélite, alguns autorizados e outros escondidos. Além disso, Timothy trouxera três telefones Thuraya, absolutamente proibidos no Iraque, porque as autoridades pensavam que podiam ser usados para controlar mísseis a partir do solo, e porque eram mais difíceis de controlar que os telefones via satélite, ocupavam muito espaço e requeriam um certo tempo na montagem. O Thuraya não era muito maior que um celular e funcionava quase tão bem como os telefones via satélite. Timothy tinha procurado em todo o hotel um bom esconderijo. Finalmente, resolvera esconder numa abertura do sistema de ventilação, entre o nono e o décimo andar. Era um lugar poeirento, e Timothy deixara o telefone num saco plástico escondido debaixo de um montinho de lixo. O outro estava debaixo de um azulejo solto no banheiro, e o terceiro, colado na parede atrás de um armário.

Todas as manhãs há uma trilha de suor da saída do subsolo do hotel até o terraço. Em cada um dos 17 andares, o odor da transpiração se mistura com o de areia, sujeira e lixo. Subindo as escadas, ouve-se, às vezes, alguém ofegante vindo atrás, ou vê-se alguém descendo a escada a toda velocidade. É um homem encharcado de suor vestindo uma camisa Puma, bermuda e bandana, e que nos molha as faces com um beijo ao mesmo tempo que grita "*Ciao, bella!*". É Lorenzo, que treina para a sua próxima expedição ao Everest. Toda manhã corre durante duas horas escada acima, escada abaixo, no Hotel Palestina, caiam bombas ou não.

Além disso, é o homem mais feliz do mundo. — *Vuoi un cappuccino?* — Lorenzo tem uns sacos enormes com pó de cappuccino que serve de duas maneiras, *caldo* ou *fredo*.

Esta manhã está chateado por ter perdido uma maratona.

— Reservei o vôo e o hotel e estou inscrito para a corrida. Não tinha pensado que esta guerra duraria tanto. Devia ter começado em janeiro, teria sido mais conveniente. Agora, tenho medo de que até a expedição ao Everest saia sem mim. Mas, bom, vão no início de maio, assim, se a guerra acabar lá para a Semana Santa, talvez dê tempo — pensa em voz alta. — Ainda que também não esteja muito bem preparado, correr escada acima e abaixo não é o suficiente e, além disso, fica um pouco monótono depois de um tempo. Se a guerra tivesse sido no Afeganistão, poderia correr um pouco pelas montanhas. Gostou do cappuccino?

O correspondente italiano fala tão depressa que é difícil entender tudo o que diz. Fala como vive: *en allegro*.

Estamos sentados em duas poltronas no seu quarto, de costas para uma das camas que Lorenzo colocou contra a janela. Há mantimentos por todos os lados: verduras e latas de tomate, queijo e macarrão. As pessoas levaram os seus hábitos alimentares para a guerra. Lorenzo mantém a normalidade, cozinhando o macarrão na chaleira elétrica. Com pimenta local e tomate enlatado, faz um macarrão *all'arrabbiata*. Por outro lado, Stefan — um correspondente alemão — encheu o seu quarto com salsichão em lata, enquanto Remy fez provisões de vinho tinto e de cigarros, e Janine deixou o armário repleto de chocolates, pacotes de bolachas e balas. Josh dispõe de uma grande variedade de comida instantânea: *chicken curry, vegetable stew* ou *Christmas pudding*, e eu mesma tenho um enorme sortido de tâmaras, pistaches e passas.

Um dia ouvi uma coisa que me fez tremer. Cinco jornalistas tinham desaparecido da face da Terra. Homens armados do serviço de segurança tinham forçado a porta de seus quartos por volta das cinco da manhã, puseram-lhes o rifle na cabeça e levaram-nos. Um repórter que dividia o quarto com um deles contou o que aconteceu. Levei um susto ao saber quem eram, porque três deles faziam parte do falso grupo de turistas com quem eu teria entrado no país se não tivesse obtido o meu visto de jornalista no último minuto. Os outros dois tinham entrado como escudos humanos, assim como eu também tentara fazer. Todos tinham se registrado, depois, como jornalistas no Hotel Palestina. Fui falar com Kadim no centro de imprensa.

— Escondiam-se aqui alegando ser jornalistas, mas na realidade eram espiões — diz.

— Mas onde estão agora?

— Não tenho nenhuma informação a esse respeito. Estão nas mãos do serviço de segurança.

— Mas você tem que me dizer onde eles estão!

— Não pergunte mais por eles — dispara Kadim. — Não sei nada deles.

Os correspondentes do hotel decidiram entregar o caso à Cruz Vermelha, que ainda estava em Bagdá e tinha melhores chances de chegar a algum lugar. Freqüentemente eu ia falar com o chefe suíço da delegação para saber como estavam as buscas, mas ele nunca tinha novidades.

— Para dizer a verdade, não faço a mínima idéia — sussurrava. — Não temos notícias deles.

Melinda me telefona do terceiro andar:

— Ninguém deve dormir sozinho à noite depois dos desaparecimentos. Além disso, o meu quarto está mais próximo do térreo que o seu, como você sabe — diz, mas eu fico onde estou.

Telefona regularmente para ter certeza de que estava tudo bem.

— Ponha uma das camas contra a porta da varanda — aconselha. — Vai proteger você do perigo dos estilhaços.

Mais uma vez, éramos nós, mulheres, que cuidávamos melhor umas das outras.

— Saiam daqui! Peguem um carro e saiam daqui!

Kadim dirige-se a todos nós na recepção. Já havia escurecido.

— Sem intérprete, sem assistente?

— Saiam daqui, já!

Olhamos boquiabertos para o burocrata, que mexe os braços energicamente. Estamos na recepção trocando informações, quando Kadim aparece e nos manda sair. É a primeira vez que temos autorização para sair da cidade durante a noite. Por sorte, levo um bloco de anotações no bolso, então estou preparada. Mas meu intérprete ficou com a família nessa noite e meu motorista não está à vista.

— Vem com a gente! — grita-me Pascal.

Andar em comboio à noite é desagradável: se os norte-americanos nos vêem do céu, podem nos confundir com algo absolutamente diferente. Com um ministro iraquiano, por exemplo, a caminho de uma reunião importante com os seus guarda-costas. A propósito, para onde estamos indo?

— Para Al-Nasser, no norte da cidade. Um míssil acaba de cair no mercado — explica o motorista do correspondente francês.

Nem abrimos a boca enquanto Abas nos leva para o mercado. Uma vez ali, ouvimos os gritos dilacerantes cravando-se nos nossos ouvidos. Os motoristas deixaram os faróis da frente acesos como se fossem lanternas, e alguns de nós têm lanternas de bolso. Numa esquina, algumas tochas acesas. Todo o resto está completamente escuro.

Atravessamos a praça do mercado, saltando obstáculos. Há barras de ferro retorcidas e caixas desfeitas por todo o lado. Os postos de venda — e grande parte da mercadoria — estão destruídos e espalhados pelo chão. Alguns iluminavam com as lanternas a cratera onde o míssil caíra. Os moradores da região e os vendedores nos cercam. Alguns batem no peito, enquanto outros tentam acalmá-los. Muitos parecem estar em estado de choque. Perco Abas e Pascal na escuridão e vou atrás de outro que possa traduzir para mim.

— Olha, aqui, perto da calçada, havia crianças, agora estão todas mortas — geme um homem.

Um pequeno sapato é tudo o que resta das crianças. A calçada está coberta de sangue, assim como a parede da casa atrás. Há vidros quebrados e pedaços de metal por todo lado. As crianças foram retiradas dali, mortas ou agonizantes, há poucas horas.

— Fizeram um vôo rasante por cima das nossas cabeças durante um tempo, e depois ouvimos uma terrível explosão. Foi então que vimos fumaça e corpos por todos os lados. Troncos sem cabeça, sem braços, sem pernas — conta-nos outro homem. — Os feridos se retorciam entre os mortos e as pessoas começaram a levá-los. Havia sangue por todo lado.

— Quantos mortos?

— Eu mesmo contei cinqüenta — diz um senhor idoso, chorando.

Depois dá meia-volta, antes de baixar a cabeça e abrir caminho para se afastar da multidão.

Durante a tarde, quando os aviões sobrevoaram a praça, o mercado estava cheio de gente. Como num pesadelo, todo aquele local se encheu, de um momento para o outro, de sangue e gritos.

— Massacre, massacre — repete sem parar uma mulher.

Vários caixões já estão na mesquita. As famílias dos mortos se concentraram do lado de fora do edifício. Um tem um primo num dos féretros, outro um sobrinho, outro uma tia.

— Onde está a sua democracia? Onde está a sua humanidade? — grita um homem velho.

Perdeu o neto.

Vejo de novo Pascal e seu motorista na multidão. Vão ao hospital para ter uma idéia das proporções dos estragos. Vou com eles e, após um tempo circulando por ruas escuras, Abas encontra o local.

— Eu recebi cerca de sessenta — diz o médico. — Para muitos deles dei logo o atestado de óbito. Estão ali. — Aponta para uma casinha de tijolo atrás do hospital.

Enquanto Pascal e Abas ficam no hospital, atravesso o pátio e passo por um caminho estreito que leva à casinha de tijolo. A porta está aberta. O interior está cheio de mortos. Jazem em liteiras de três andares.

Um rapaz vestido com um conjunto Adidas e uma camiseta branca tem o torso destroçado e o rosto coberto de sangue.

Outro — talvez um adolescente — tem o crânio esmagado. Está deitado de lado e a cabeça é um grande buraco. Há pedaços de pele e restos de roupa abandonados e endurecidos pelo sangue coagulado.

Duas crianças dividem a cama de uma liteira: estão de olhos abertos. Os dedos separados de ambas se tocam e parece que tentam agarrar-se. As suas peças de roupa estão cheias de sangue e rasgadas; os seus pequenos corpos, cheios de cortes profundos.

Uma mulher rechonchuda vestindo *abaya* e xale preto está de costas. O sangue que saiu pelo nariz e pela boca está coagulado. As suas roupas estão abertas e vêem-se os ossos quebrados de um braço.

Uma mulher jovem parece dormir com os olhos fechados e a mandíbula levemente erguida. Dá vontade de pôr um travesseiro debaixo da cabeça deles para ficarem mais confortáveis no seu frio leito.

Um rapaz com uma camisa quadriculada tem o corpo despedaçado. A perna está ao seu lado, em cima do metal da liteira, completamente separada do seu corpo. Tem uns 14 anos, talvez 15, e um rosto fino e bonito.

Não posso me mover, não posso me afastar. Se for embora, a realidade vai me engolir e, então, estarão mortos de verdade. Tenho a sensação de tê-los visto antes. O rapaz com o conjunto Adidas, as crianças que morreram no mesmo segundo, as mulheres que, seguramente, estavam carregadas com sacos cheios de frutas compradas nas barracas do mercado.

Como os corpos que se encontram nas liteiras, eu também estou petrificada nesta mansão da morte. Por que não saio daqui? Por que não deixo em paz os mortos?

Como é frágil o ser humano! Tão facilmente se fratura um crânio, tão rapidamente a vida de alguém pode ser arrancada.

Um homem e um rapaz que entram apressados me acordam do transe. Olham desesperados à sua volta, examinam os corpos nas camas. Ambos têm os ombros caídos, os rostos sombrios e um aspecto abatido. O homem lança um grito abafado que parece vir do mais profundo do seu ser, como um grito ancestral. Fica tenso por instantes e depois desata a correr na direção do rapaz da camisa quadriculada. Fica de cócoras e abraça a roupa ensangüentada. O rapaz que veio com ele se ajoelha também junto do cadáver. Ambos soluçam.

Entram dois homens com um caixão e os dois familiares — provavelmente pai e filho — se levantam. Retiram do leito aquele que talvez seja o irmão mais novo e o depositam no caixão. Depois colocam a sua perna ao lado e fecham a tampa do caixão. O cadáver será levado para a mesquita para ser lavado e na manhã seguinte será enterrado.

Na cama fica uma poça de sangue coagulado quase negro. Algumas gotas são mais claras: é o sangue fresco que saiu do corpo do rapaz quando foi removido.

Isto é o que os leitores e espectadores de televisão não vêem. Nem os políticos, nem os generais. É cruel demais para ser mostrado. Mas nós, que estávamos no depósito de cadáveres, naquela noite, levaremos sempre conosco essas imagens.

Além dos mortos, chega ao Hospital Al-Noor, nessa noite, cerca de uma centena de feridos. Crianças e adultos, uns ao lado dos outros nos leitos. As crianças gemem com as suas ataduras, alguns feridos choram e outros perderam a consciência e têm cortes por todo o corpo.

Quando um míssil explode, os seus estilhaços candentes espalham-se por toda parte a muitas centenas de graus de temperatura. Os estilhaços podem ser pequenos como pregos ou grandes como machados. Cortantes e ardentes, fundem-se com facilidade num corpo humano ou o dividem em dois.

Um médico passa apressado.

— Disseram que não iam matar civis — grita.

Hassan está sozinho junto de uma cama onde se encontra o seu irmão mais novo, com estilhaços no estômago, a cara amarela e em delírio.

— Tem que viver, tem que viver — chora Hassan e, entre soluços, conta: — Estávamos em frente à nossa casa, Ali, Jamil e eu. Eu não fui atingido, mas os meus dois irmãos mais novos caíram no chão numa poça de sangue. Este é o Ali, o Jamil morreu na hora. Tinha acabado de fazer 6 anos.

— Onde estão os seus pais?

— O meu pai está na mesquita lavando o corpo de Jamil. A minha mãe está em casa com as minhas irmãs.

Tenho que ir embora. Quero passar pela mesquita. Consulto o relógio e vejo que perdi a hora da primeira transmissão e também da segunda, mas estou a tempo da última ao vivo. Tenho que falar sobre este massacre.

Na saída do hospital, encontro Abas. Está fumando e olha para mim com uma expressão vazia sem fazer qualquer comentário. Vamos para a mesquita.

Não tenho lenço e cubro a cabeça com o casaco. O santuário está repleto de gente e algumas pessoas nos dirigem olhares desconfiados. Devemos sair? Estamos incomodando? O ambiente me perturba e estou quase indo embora quando um homem agarra a minha mão. Parece perturbado, tem os olhos revirados, a boca retorcida e o casaco desabotoado. É alto, com sardas e cabelo louro desgrenhado. Arrasta-me até um caixão, falando constantemente em italiano.

Mantém a minha mão na sua e me olha nos olhos quando levanta a tampa do caixão. Olho para dentro e vejo um rapaz de bermuda e camisa com uma grande ferida no peito. Ele também tem sardas e o mesmo cabelo louro que o homem. Tem arranhões nos joelhos, manchas na roupa, a bermuda parece ser verde. Os arranhões já deviam estar lá antes de ser atingido pelo míssil. Talvez estivesse jogando futebol. Talvez estivesse andando de bicicleta. Nunca mais terá arranhões.

— *Perché? Perché?* — pergunta o homem com uma voz fraca. Olha para mim e, em seguida, para o caixão. — *Perché?*

Uma pergunta sem resposta. Não posso lhe dizer que é porque os Estados Unidos acreditam que Saddam Hussein possui armas de destruição em massa. Não é isso o que o homem está perguntando. As palavras se misturam na minha garganta e, quando olho de novo para ele, tenho a sensação de estar caindo. Mas continuo de pé, com um casaco sobre a cabeça e chorando convulsivamente junto ao caixão de um rapaz sardento. O homem se debruça sobre o filho e vários homens choram em silêncio à sua volta.

O rapaz parece uma escultura de pedra no pequeno caixão. Tem os olhos abertos, contemplando fixamente o teto da mesquita, em direção ao céu, em direção à eternidade.

Um outro homem pega na minha mão e me leva para os fundos da mesquita, até um banheiro. Ele fica do outro lado.

— Conte isto para o mundo inteiro — diz num inglês atrapalhado. — Tire fotografias. Mostre ao mundo. Os nossos filhos estão morrendo!

Dentro do banheiro, há uma menina morta. Está nua e três mulheres vestidas com túnicas negras lavam o seu corpo. Fátima tem cortes nos joelhos, no estômago e nas costas, mas o rosto está intacto. O cabelo é escuro e cacheado, deve ter uns 10 anos. A pele é pálida e delicada, parece tão macia que me dá vontade de afagar. O olhar faz lembrar o da Virgem e parece que os olhos castanhos continuam a ver, como se atravessassem a realidade.

Tiro a máquina fotográfica prudentemente e pergunto com o olhar às três mulheres se posso usá-la. Fazem um gesto de consentimento com a cabeça. Fotografo as mulheres envolvendo a menina num plástico transparente e, em seguida, várias vezes, numa tela branca que, finalmente, prendem pelos lados. No final, fazem aberturas para os olhos e a boca.

No chão há outro caixão. Dentro dele está a mãe da menina, Hasna. Uma das mulheres conta-me o que aconteceu:

— As duas estavam a caminho do mercado. Estavam por acaso no lugar onde caiu o míssil. Hasna tinha 11 filhos: deixa dez órfãos.

Colocam a pequena no caixão ao lado da mãe. Está limpa e a caminho do paraíso. Dois dos seus irmãos choram do outro lado da porta.

De volta ao quarto 734, tenho vinte minutos para escrever a história de Fátima. Envio a fotografia do lindo rosto infantil para o jornal norueguês, mas não a querem. Eu já imaginava; enviei-a, basicamente, para que não fosse a única a tê-la visto.

Uma semana mais tarde, a *New York Review of Books* quer imagens dos últimos momentos antes de terem depositado Fátima no caixão. Mas não do seu rosto. Envio a eles a última fotografia, em que a menina está pronta, em cima do banco escorregadio, envolta em plástico transparente preso nas pontas. Um rosto infantil morto é um prato forte demais para a imprensa internacional. Mas a guerra é isso: pessoas morrendo.

No dia seguinte, voltamos ao mercado para ver à luz do dia o que de fato se passara. Na mesquita, 65 pessoas tinham sido colocadas em caixões, ao longo de toda a noite.

— Ai, meus filhos, meus filhos!

Shamsiya está sentada no chão, batendo com os punhos no peito. Junto dela estão a sua mãe, a filha, as irmãs, as sobrinhas e as vizinhas. Mulheres de preto entram e saem. Não falam; choram e ouvem em silêncio a litania de Shamsiya. Às vezes, elas também cantam, batem palmas por algum tempo e voltam a ficar quietas. Toda a atenção está concentrada na mãe aflita. O luto e a compaixão tomam conta da sala.

Shamsiya perdeu três filhos homens. Os estilhaços do míssil que caiu no mercado destruíram a porta da entrada, atravessaram o pátio e entraram na sua casa pela janela.

— A casa toda tremia, as janelas se quebraram e ouvi gritos. Saí e ali estavam os meus filhos em grandes poças de sangue. Fiquei petrificada, olhando para eles. Foi como se entrasse com eles na morte, mas fui mandada de volta — soluça a mãe.

O caçula morreu imediatamente com estilhaços no coração. Os dois filhos mais velhos faleceram no hospital durante a noite.

— Tinha dito a eles para ficarem em casa, porque tinham caído muitas bombas perto daqui — lamenta a mãe, entre soluços. — E olha o que aconteceu! Encontraram a morte em casa! — grita e aponta com um dedo para o pátio.

O pátio está cheio de estilhaços e o sangue ainda não saiu. As moscas se aglomeram em volta das poças e bebem nelas. Shamsiya interrompe a descrição para retomar os gritos de lamento:

— Ai, meus filhos, meus filhos!

Ela tira uma fotografia que guarda no peito embaixo da roupa. Mostra os seus cinco filhos. Agora, apenas dois deles continuam vivos.

— Olha que lindos — soluça. — Mohamed foi atingido no coração, Hussein na testa e Abas no peito. Mohamed não tinha mais de 12 anos: nasceu na guerra e morreu na guerra. A noite em que dei à luz foi uma das piores noites de bombardeios da guerra anterior — recorda. — Eram tão novinhos, ainda estavam na escola. Eu os amamentei, dei banho, vesti, ensinei a falar e mandei-os para a escola. O que vou fazer agora? Bush destruiu a minha vida. Por que ele mata as famílias? Por quê?

A litania vai aumentando e as outras mulheres a acompanham. Os gritos mais fortes vêm da rua, atravessam a porta estilhaçada e se misturam ao leve zumbido de vozes no mercado.

Num quarto ao lado do pátio está Khalil, o pai dos rapazes, chorando. Está sentado com as pernas cruzadas em frente à parede. No mesmo lugar onde estava sentado quando o míssil caiu.

— Se os garotos tivessem ficado neste quarto comigo, ainda estariam vivos. Como vou viver se os meus filhos morreram? Quem me dera que o míssil tivesse atingido a mim e não a eles!

Entra outro homem no quarto. Tem os olhos vermelhos.

— Jovid morreu — anuncia em voz baixa.

Jovid é o filho do vizinho, um dos amigos de Mohamed. Estava brincando na rua quando o míssil caiu no mercado e foi atingido pelos estilhaços. Levaram-no para o hospital, mas morreu durante a noite. É o seu tio quem vem contar o que se passou. Khalil diz que sim com a cabeça, pega na mão do tio de Jovid e recita uma prece.

No pátio, junto do seu irmão mais velho, há outro Mohamed de pé, com a mesma idade e o melhor amigo do Mohamed atingido pelo míssil. Veio correndo quando soube que partes do míssil tinham caído no pátio do seu amigo.

— Quando cheguei, vi o Mohamed ali estendido — disse o rapaz com os olhos vazios. — Voltei para casa correndo para buscar a minha mãe e o meu pai. O Mohamed era o melhor no futebol, era o mais rápido na bicicleta. Penso nele o tempo todo. À noite não consigo dormir.

Os caixões passam lentamente na rua. Estão presos no teto dos carros e são transportados em procissão através do mercado destruído. Depois de lavados na mesquita e de terem rezado por eles, foram levados nos féretros para as suas casas para passarem a noite com os seus. Esta manhã serão enterrados.

No mercado, as pessoas vagueiam examinando os estragos. Observam a cratera onde caiu o míssil, as barras de ferro retorcidas das bancas de venda, as toalhas de plástico destruídas, observam os pequenos pedaços espalhados que restam do míssil. Os pedaços de metal do míssil, ao explodirem, abriram caminho por onde puderam. Os que não atingiram lugar nenhum ficaram imóveis e frios no chão.

— Alá nos fará esquecer, Alá nos fará perdoar — diz um homem que acompanha o amigo morto à sepultura.

Ninguém sabe exatamente o que explodiu. Vários dos que estavam no mercado, precisamente antes de cair o míssil, contam que viram um avião sobrevoando a praça. Dizem que esse avião deve ter lançado o míssil. Mas é igualmente provável que fosse a artilharia antiaérea iraquiana, tentando abater o avião. Quando nós, jornalistas, chegamos ao mercado na mesma tarde em que tinha ocorrido o ataque, a polícia iraquiana já tinha retirado todos os pedaços grandes do míssil; talvez para ocultar a sua procedência. A cratera tinha 1 metro de diâmetro: pequena demais para que o míssil fosse do mesmo tipo daqueles que os americanos tinham lançado até agora.

Mas uma coisa é certa: o jovem Mohamed perdeu o seu melhor amigo, e Shamsiya e Khalil perderam três filhos, um de 12, um de 14 e outro de 18 anos.

Há algum tempo a primavera já parecia verão. A temperatura estava próxima dos 30 graus e a guerra se tornava uma rotina. O Hotel Palestina não tinha luz e nem água. O frigobar e o fogão elétrico não funcionavam. Subornei um dos eletricistas do hotel para ligar um dos abajures ao gerador. Meu motorista comprou para mim uns cabos e, de repente, tinha também corrente elétrica para o computador e para o telefone via satélite.

Às vezes havia água; então, avisávamos uns aos outros. Os que tinham tempo tomavam um banho de imediato, obviamente, com água fria. Enchíamos a banheira para termos água para o banho mais tarde ou para limpar o vaso e lavar a roupa. Os camareiros tinham desaparecido há muito e o hotel estava ficando cheio de lixo. Eu, no entanto, achava lógico que não viessem: estavam certamente ocupados cuidando das suas famílias ou fazendo patrulha para o partido Baath, tal como o irmão de Amir.

Perguntei a Aliya como a sua família estava se saindo.

— Não há problema — respondeu. — Temos cozinha com gás, todos os iraquianos têm. Ninguém é tão ingênuo para confiar que vai haver eletricidade todos os dias, nem em tempos de paz. Além disso, temos grandes reservatórios de água no pátio e armazenamos muita comida. Em Bagdá ninguém sofre por causa da guerra; bem, tirando os que são atingidos pelos mísseis.

Num dos dias mais quentes estamos à espera do ministro da Informação, como de costume. Os correspondentes têm sempre que esperar na sala, às duas da tarde sem falta, mas Al-Sahaf chega quando quer. Fico conversando com Robert Fisk, um jornalista culto e interessante, constantemente inquieto e sempre com idéias novas. Nesses momentos, está interessado no urânio empobrecido utilizado nas pontas dos mísseis norte-americanos para fazê-los perfurar as blindagens, os abrigos fortificados e outros alvos sólidos. Depois da primeira Guerra do Golfo, houve um número muito elevado de casos de câncer entre os soldados norte-americanos que prestaram serviço no sul do Iraque e também entre a população de Basra.

— Os tanques e os abrigos antiaéreos bombardeados continuam irradiando urânio empobrecido — explica Robert. — Você vai ver, daqui a pouco os veículos militares queimados estarão cheios de crianças brincando em cima deles. Depois, voltam para casa com restos de urânio nos bolsos, na roupa e no cabelo. Com os seus pequenos corpos contaminados.

Robert é interrompido pela entrada do ministro da Informação. Al-Sahaf conta orgulhoso que, a partir de agora, o Iraque usará armas não-convencionais na luta contra os norte-americanos. Interrogo Robert com o olhar. O que significava aquilo? O que significava "armas não-convencionais"? Seriam armas químicas ou, talvez, nucleares?

— Não posso saber de tudo — brinca.

Nessa mesma noite, há o primeiro atentado-suicida da história do Iraque. Com o seu táxi, Ali al-Nawani faz explodir uma barreira norte-americana nos arredores de Najaf. Quatro soldados norte-americanos morrem. No dia seguinte, ficamos sabendo que a nova arma não-convencional do Iraque é essa: os atentados-suicidas.

Na recepção do hotel, Aliya está absorta na leitura do jornal *A Revolução*.

— O que você está lendo? — pergunto.

— Estou lendo uma notícia sobre o Ali.

— Qual Ali?

— Ali, o mártir, obviamente.

A minha intérprete me mostra uma fotografia do jovem de 20 anos. Parece muito determinado, embora, com toda a certeza, a fotografia tenha sido tirada muito tempo antes de ele ter decidido morrer numa ação terrorista. Aliya olha à sua volta, pensativa.

— Imagine, ele conseguiu. Devia ser muito corajoso! E olha como era jovem e bonito! Mas não deve ter sido uma decisão fácil...

Não esconde a sua admiração. Fica muito séria e sussurra-me:

— Sabe, o suicídio é proibido no islamismo. É *haram*, proibido. Mas, como deu a vida por Alá, não é.

Suspira, obviamente contente por ter conseguido explicar estas complicadas questões teológicas.

— Agora está no paraíso para receber a sua recompensa — assegura-me e o seu rosto se ilumina, porque, no paraíso, a perda de uma vida era várias vezes compensada. — Ele chegará ao mais alto, sabe? No paraíso há sete níveis e ele chegará ao Al-Firdus, que é o mais alto. Nesse nível só estão o Profeta, outros homens santos e os mártires.

Aliya traduz para mim o artigo da primeira página, ou seja, o que ocupava metade da página, já que o resto era para o retrato onipresente de Saddam Hussein. Muitas vezes Aliya traduzia os artigos mecanicamente, e nem sempre conseguia esconder um bocejo, mas desta vez não foi assim.

"O presidente Saddam Hussein elogia o mártir", eis a manchete. "O presidente pede a Alá que abra as portas do paraíso a Ali." Além disso, Saddam Hussein condecora o mártir com duas medalhas póstumas. "Este é o primeiro mártir da Mesopotâmia. Ali foi um dos heróis supremos das forças militares. Queria dar uma lição aos agressores, seguindo o exemplo dos seus irmãos palestinos, e fez do seu corpo uma bomba terrível. Agora a sua santa alma está com Alá."

O mártir Ali fora oficial raso do exército. O texto explicava que um dia tinha comunicado aos seus superiores que estava disposto a sacrificar a sua vida num atentado-suicida. Ele mesmo escolhera o método e o lugar, segundo o jornal *A Revolução*. Enquanto os norte-americanos afirmavam que tinham morrido quatro soldados, os iraquianos disseram que havia 11 mortos e uma dezena de feridos, além de dois tanques e dois veículos blindados destruídos.

— A maioria dos países condena os atentados terroristas — objeto.

— E os americanos, o que fazem? Matam inocentes, matam mulheres e crianças. Isso não será, por acaso, terrorismo? Os americanos são superiores na força militar, mas nós temos uma força moral maior. E temos Alá do nosso lado.

Há cada vez mais gente adotando a retórica religiosa no Iraque, ao falar na guerra. O paradoxo é que, sob o regime de Saddam Hussein, os grupos islâmicos e fundamentalistas foram justamente os mais brutalmente perseguidos. Nos primeiros anos no poder, Saddam Hussein procurou fazer do Iraque uma sociedade laica, porque temia a ameaça dos grupos religiosos para a sua estabilidade no poder. Assim, esteve por trás das execuções de dezenas de milhares de muçulmanos acusados de serem extremistas ou fundamentalistas. Na década de 1990, no entanto, Saddam Hussein mudou de estratégia, pensando que poderia servir-se da religião. Começou a usar a retórica religiosa, com o fim de obter apoio na luta contra Bush. Os grupos islâmicos refugiados nos países vizinhos, para evitar a perseguição, eram agora recebidos como heróis e libertadores.

Através dos alto-falantes do hotel, os correspondentes são convocados para uma coletiva de imprensa com o vice-presidente Taha Yassín Ramadan. Eu prefiro sair com Aliya para conversar com as pessoas sobre o mártir Ali, mas, quando chegamos à porta, somos detidas por Kadim.

— Aonde vão? Haverá uma coletiva de imprensa dentro de instantes.

— É que queríamos...

Kadim me encara com seus olhos tristes.

— Por que você não assiste às coletivas de imprensa? Por que não viaja nas excursões? O que está fazendo aqui? Sabe muito bem que, se não participar nas coletivas de imprensa e das excursões, vamos ter que expulsá-la.

Damos meia-volta e nos sentamos nos fundos da sala à espera do vice-presidente. Ao chegar, diz:

— Os americanos vêm aqui com os seus B-52 e matam um monte de gente. Como pensam que será a nossa resposta? Acham que os iraquianos vão esperar para desenvolver bombas da mesma potência? Não, não temos tempo. Por isso, a partir de agora, todos os árabes vão se transformar eles mesmos em bombas. Se a bomba de um caça mata quinhentas pessoas, os nossos resistentes matarão 5 mil. Todos os dias voluntários se apresentam para praticar atentados-suicidas, e isto é apenas o começo. Voltaremos com mais boas notícias nos próximos dias. Já temos uma força de vários milhares de pessoas provenientes de diferentes países. Querem ser mártires da nossa causa e até disseram que, depois de mortos, não querem ser enviados de volta aos seus países de origem, que preferem ser sepultados na terra santa iraquiana. Procuram o paraíso e o caminho até ele passa pelo Iraque.

Ficamos muito assustados ao verificar que os escritórios de recrutamento dos mujahedin — os guerrilheiros santos — estão localizados no nosso hotel. Pertencem ao mesmo departamento que os escudos humanos, ou seja, ao Ministério da Paz e Amizade, dividindo o gabinete com eles. Entre o elevador e a recepção, há uma porta em que eu não tinha reparado até ver os suicidas imberbes desaparecerem atrás dela. A porta se abre para um corredor e, descendo por uma escada, chega-se aos escritórios de recrutamento.

A cada dia que passa há mais tipos sinistros na recepção. São fáceis de distinguir dos burocratas iraquianos com os seus cabelos curtos e bigodes bem cuidados. Estes tipos têm o cabelo desgrenhado e usam uma túnica tradicional, calças largas e lenço palestino, ou, então, roupa militar. Estão sentados em todo lado: na recepção, no telhado ou no jardim onde gravamos as reportagens para a televisão, no gramado à nossa volta. Tenho a sensação de que me olham com grande hostilidade quando passo, enquanto eu nem ousa olhar para eles. Ainda bem que estou no mesmo hotel que o Ministério da Informação e as famílias dos burocratas.

Para o quarto vizinho ao de Antonia, a correspondente austríaca, mudaram-se uns indivíduos que ela descreve como "uma dezena de sujeitos sombrios com uma típica barba islâmica". Em outros andares ficaram alojados tunisianos, sírios e jordanianos, todos com esse mesmo aspecto. Lorenzo observa os guerrilheiros durante dias e repara que, uma vez alistados, se despedem e desaparecem. Nenhum deles fica muito tempo no hotel.

No princípio da guerra, atravessavam a fronteira sem problemas. Um jornalista que entrara no Iraque com eles, de ônibus, contou que não controlavam ninguém na fronteira; ao contrário, conseguiram passar diretamente. Mas um dia, um ônibus cheio de combatentes foi bombardeado pelos norte-americanos. Quando estes tomaram o controle das estradas vindas de Amã e Damasco, tornou-se mais difícil para eles chegarem à capital. Alguns viajantes falaram de homens à beira do caminho com as mãos atadas atrás das costas e vigiados de perto por soldados americanos.

— Ainda assim, continuam a atravessar a fronteira — conta um motorista. — Agora que não podem usar as estradas, atravessam o deserto e vão diretamente para as posições militares que devem defender.

Os meios de comunicação iraquianos os tratam quase como heróis, como já haviam feito com Ali, o primeiro mártir iraquiano. Os primeiros dois soldados estrangeiros que caíram em combate saíram na primeira página do jornal *A Revolução*, assim como Ali. Antes de virar mártires, os sírios Iyad e Fadi tinham conseguido matar muitos infiéis, diz o jornal. Agora estão no paraíso, e os inimigos que eles mataram, no inferno, prossegue. Em honra aos dois mártires, foram atacadas as posições inimigas durante 24 horas, lia-se; nesse período pereceram 23 soldados americanos e foram destruídos 35 tanques, seis veículos blindados e um helicóptero.

Os comentários da imprensa tornam-se cada vez mais virulentos e também mais poéticos, à medida que a guerra se prolonga. O artigo dos dois suicidas acaba da seguinte maneira: "As mães e as mulheres do inimigo derramarão sangue em vez de lágrimas quando os seus homens caírem mortos nas mãos dos nossos guerrilheiros santos."

— Tenho mais medo deles que de qualquer outra coisa — cicia Lorenzo, num dia em que tipos misteriosos cruzam conosco na recepção. A televisão iraquiana exibe entrevistas com os mujahedin, os quais, em fila e mostrando as suas kalashnikovs, prometem aos espectadores libertá-los das forças de ocupação. Aliya traduz.

"Eu era engenheiro em Hamburgo e tinha um bom trabalho", diz um deles. "Mas um dia, acordei e me dei conta de que não podia continuar a viver assim e me juntei à luta dos iraquianos."

Segundo o programa, dois irmãos tinham vendido a sua barbearia em Oran, no Marrocos, para poder comprar duas passagens para o Iraque. "Quando um árabe está em perigo, temos que ajudá-lo", dizem.

— Não entendo por que os americanos não bombardearam aquela torre de televisão — sussurra Lorenzo, olhando à sua volta.

O correspondente do *Corriere della Sera* vive meio escondido. Uday, do Ministério da Informação, o odiava e já o tinha expulsado do país um mês e meio antes. Mas ele simplesmente se recusou a sair. Num dos seus últimos dias no Iraque, entrevistou Tareq Aziz, o vice-primeiro-ministro católico, que lhe disse que podia ficar o tempo que quisesse. Aziz deu ao burocrata instruções a esse respeito e este ficou tão irritado que, quando voltou a encontrar o italiano, lhe tomou o documento de autorização. Sem a carteira de jornalista, é difícil trabalhar; mas um dos subordinados de Uday recolheu a carteira do lixo e a devolveu a Lorenzo. Cada vez que Uday o vê, mostra-lhe os dentes:

— Vá embora daqui, aqui você não está protegido.

O jornalista evita passar pela recepção do hotel na medida do possível, e costuma sair e entrar por uma escada nos fundos. Mas depois do desaparecimento de outros cinco correspondentes que não estavam devidamente habilitados, se assusta de verdade. Apesar de tudo, fica.

— *Cossa posso fare?* Deixar o Iraque todo para vocês? — diz com um gesto de resignação, antes de nos convidar para um cappuccino no seu quarto.

Uma manhã, sou acordada por um alvoroço no estacionamento. Olho pela varanda e vejo que todos os passageiros de um ônibus, que eram combatentes armados, se lançam para a entrada do hotel. Será que o inferno está à solta? Nesse caso, é melhor ficar no quarto. O telefone toca. É Tim.

— Acabaram de chegar trinta suicidas do Iêmen. Vem ver!

Arrasto-me pelas escadas abaixo, para conseguir uma entrevista exclusiva com um iemenita. Se os recém-chegados vão explodir o hotel, provavelmente não faz diferença o lugar onde eu estiver. Na recepção, executam uma dança guerreira com as kalashnikovs ao alto. Eles também aprenderam os slogans a favor de Saddam Hussein.

A vitória é sua, Saddam.
Com o nosso sangue, com a nossa alma,
Nosso sacrifício é por você, ó Saddam.

É você o perfume do Iraque, Saddam;
a água dos dois rios, Saddam;
a espada e o escudo, Saddam.

Ao fim de algum tempo, vejo Kadim atrás deles. Era evidente que o espetáculo tinha que ser organizado pelo número dois do centro de imprensa. O burocrata fardado deixa os iemenitas gritarem um pouco mais antes de conduzi-los com um ar autoritário para uma sala de conferências. Um punhado de jornalistas os segue com os seus blocos de anotações. Kadim bate palmas uma só vez e dá a palavra a um dos mujahedin.

— Somos de San'a, no Iêmen, e viemos para lutar ao lado dos nossos irmãos iraquianos. Juntos vamos derrotar o inimigo da humanidade: os Estados Unidos! — grita o líder do grupo.

— Ao ataque! Vamos esmagá-los! Vamos matá-los! — gritam todos.

— Vamos atacá-los por todos os lados! Não vamos lhes dar tempo para respirar — grita outro.

— Está na hora de o mundo conhecer a jihad; temos que combater os cristãos e os sionistas — exclama o líder, acrescentando que precisam ir embora, porque em seguida vão para o front.

O grupo dança e bate palmas por mais algum tempo, até sair do hotel, correndo ao ritmo dos seus cânticos, para voltar a entrar no ônibus.

No banco da frente, está sentado Salah Rahman, de 30 anos. Chegou ao Iraque uma semana antes e disse que agora participaria com as tropas iraquianas da defesa de Bagdá.

— Os Estados Unidos pensam que podem decidir tudo. Bush é um terrorista que se preocupa mais com o seu cachorro do que com o resto do mundo. É um agente dos judeus e quer controlar todos os árabes. Os Estados Unidos são uma serpente e a sua língua venenosa é Israel. Mas desta vez, Bush vai ver que nós somos mais fortes, porque temos Alá do nosso lado.

É o que diz antes de a porta se fechar e o ônibus sair do estacionamento, rumo ao deserto, no Sul.

Tim tem um problema, o sobrenome: Judah. Ser judeu no Iraque de Saddam Hussein não é algo para se dizer em voz alta. Podem suspeitar que seja um espião sionista, um representante do pior inimigo. Antes da Segunda Guerra Mundial, quase um quarto da população iraquiana era judia. Em 1941, depois de um golpe de Estado de inspiração nazista, as primeiras centenas de iraquianos foram assassinadas. Muitos decidiram então sair do país. Quando Israel se constituiu como Estado sete anos depois, ainda restavam 150 mil judeus em Bagdá; mas no decurso dos anos seguintes, a maioria deles partiu. Viajar significava perder tudo: os judeus não tinham direito a vender os seus bens.

Agora só restam poucos deles; 34, para sermos exatos. A sinagoga fica escondida atrás de um muro de pedra, mas poucos se atrevem a passar por ali. Ao longo do Tigre, o muro e o edifício outrora eram decorados com a estrela-de-davi; agora as estrelas foram cortadas, deixando profundas feridas nas pedras.

Os antepassados de Tim deixaram Bagdá e o enfraquecido reino otomano no século XIX, rumo ao florescente império britânico. Foram primeiro para Bombaim e Calcutá, depois para Cingapura e Xangai e, finalmente, os pais de Tim se mudaram para Londres, quando ele tinha 4 anos. Ele sempre soube que, no fundo, vinha de Bagdá. "Chegamos ao Iraque no ano de 596 a.C.", o pai lhe contara. "Em tempos, chegamos a viver na Babilônia."

Quando Tim solicitou o seu primeiro visto para entrar no país — processo que demorou dez meses —, omitiu o fato de ser judeu. No quadradinho do formulário em que se perguntava a religião, marcou "cristão"; e foi assim que o primeiro Judah regressou a Bagdá, mais de cem anos depois.

Mas o sobrenome o denuncia pois, em persa, significa "judeu".

— Judah? Que tipo de sobrenome é esse? — perguntam-lhe na Jordânia.

— É só um sobrenome, não significa nada em especial — responde Tim.

E, de fato, em árabe, há um sobrenome que se pronuncia quase da mesma maneira que o seu.

Todos os dias — tanto antes como durante a guerra — enchem os nossos ouvidos com propaganda anti-semita. O Iraque oficial nem sequer diz "Israel", mas sim "o estado sionista", já que não reconhece o direito à existência de Israel.

Num dia em que estamos os três num engarrafamento, a minha intérprete diz que todos os povos do mundo têm o mesmo valor.

— Menos os judeus, obviamente — enfatiza.

Tim fica em silêncio.

Aliya pensa um pouco e depois acrescenta generosamente:

— Acho que até entre os judeus deve haver gente boa.

Tim concorda com a cabeça.

Além do seu sobrenome judeu, pesa-lhe a nacionalidade. Ser inglês nem sempre era muito simpático quando os controles do partido Baath nos mandavam parar. Uma vez, chegaram quando estávamos comprando cabos numa loja de eletrodomésticos.

— Norueguesa — digo quando perguntam a nossa nacionalidade.

— Francês — diz Tim, agitando o seu passaporte francês.

A sua mãe era francesa, então ele tinha dois passaportes. Ser francês era bem cotado no Iraque, graças à posição que a França tinha adotado contra a guerra norte-americana.

— Então, por que vem escrito inglês na sua carteira? — pergunta o oficial.

— Inglês? — responde Tim. — Devem ter se enganado.

O oficial olha para nós sem saber o que fazer, antes de iniciar uma longa conversa com Aliya, que finalmente consegue nos tirar daquela confusão. O fato é que Tim não tinha notado que na sua carteira estava escrito "inglês" em árabe, na credencial amarela que usava pendurada ao pescoço.

— Você tem que ser honesto sobre a sua procedência — repreende Aliya. — Não se faça de francês se você é inglês.

Finalmente, encontro o padre Alberto. O claustro fica situado atrás de uma porta azul-clara, tal como me haviam dito, no meio de um belo jardim exuberante. Quem nos deixou entrar foi uma freira magra que, depois de ter passado sete anos no Vaticano, falava como uma romana. Fez-nos esperar numa antecâmara, enquanto terminavam as orações.

A melhor recordação que guardo de Santa Ana é o cheiro de tomate e alho. Seria espaguete à bolonhesa? Talvez a freira tenha aprendido algo mais do que teologia durante a sua permanência em Roma.

A iraquiana romana se apresenta como Marta e se senta conosco quando a missa acaba. Fala-nos da basílica de São Pedro, da graça divina e da misericórdia. Conta-nos que, durante a noite, muitos iraquianos iam dormir no subsolo do claustro.

— Acham que aqui estão protegidos. Também vêm muçulmanos — confia-nos. — Dizem que os nossos cânticos são muito belos.

— Você nos encontrou — diz o padre Alberto ao entrar.

É como se soubesse que eu tinha estado procurando por ele. O velho homem leva-me ao terceiro andar, onde fica o seu gabinete, e a minha intérprete me deixa subir sozinha.

— O Iraque vai ser incendiado — observa com tristeza quando se senta atrás da escrivaninha junto à janela. — Vejo tudo fervendo à nossa volta. Os xiitas estão se mobilizando, os curdos também, e os fundamentalistas mais do que todos. Os cristãos têm cada vez mais medo. E antes mal havia muçulmanos no país. É por causa das bombas.

O seu escritório é repleto de símbolos cristãos. Cruzes, imagens de Jesus, quadros e, sobretudo, livros forram as paredes. O próprio sacerdote está escrevendo uma grande obra sobre a história dos cristãos no Iraque. Dedica, no entanto, poucos momentos à escrita, porque na maior do tempo viaja pelo país visitando os cristãos.

— É por causa das bombas — repete. — Tantos mortos, tantos mutilados. Por que têm de matar tantos inocentes? Isso faz com que o ódio fique enraizado no coração das pessoas. Eu era a favor da queda de Saddam, que é um homem cruel, mas não desta forma. Não entendo o que Bush quer. A única coisa que vejo é que está destruindo o país.

O padre se despede de novo com pressa. Não era bom que os vizinhos vissem estrangeiros passarem muito tempo no claustro.

— Deus a abençoe — diz ao se despedir.

Jamal, o burocrata sem unhas, tem o seu atual escritório ao lado do gabinete de recrutamento de suicidas. É ali que me encontro com Aage, da TV2 norueguesa, que está pagando as suas contas. Eu estou ali para obter uma nova credencial de jornalista, já com um dia de atraso. A longa fila avança lentamente.

— Nós vamos amanhã de manhã bem cedo — diz a minha conterrânea.

Eu sentia uma pontada no coração cada vez que alguém ia embora. Não gostava; tornava o fato de ficar mais inquietante. Fredrik e Aage iam juntos com mais dois carros na manhã seguinte.

Considero a idéia de ir embora com eles. Deixar tudo: o medo, as bombas, a guerra e ir para casa. O que vai acontecer aqui? Os norte-americanos estarão nas portas da capital dentro de pouco tempo. Talvez entrem de casa em casa.

Numa folha do meu bloco de anotações, vejo o que escrevi nessa mesma noite:

Aqui as coisas estão cada vez mais tensas,
muito interessantes,
mas
se eu não quiser continuar aqui,
tenho que decidir agora.

Como se o bloco pudesse me dar a resposta. Quero ir embora, mas não posso. Na manhã seguinte, passo pelo quarto de Fredrik e Aage para lhes desejar boa viagem. Eles desejam-me muita sorte e prometem telefonar assim que cruzarem a fronteira. Fico com a chave do quarto deles; assim, Aliya pode ficar no mesmo andar que eu. Facilitará a vida.

As forças invasoras já estão dentro do círculo vermelho e especula-se sobre a possibilidade de haver ataques com armas químicas. Começo a levar a máscara antigás quando saio do hotel, e a esquecer-me dela no banco de trás do carro de Amir quando volto. Os correspondentes só falam de uma coisa: onde estão os norte-americanos?

Anunciam que eles tomaram o aeroporto. Um jornalista da BBC que vinha acompanhando as tropas desde o Kuwait diz que fala diretamente da pista de aterrissagem no Aeroporto Internacional Saddam, a 20 quilômetros do centro.

— É propaganda americana — sussurra a minha intérprete. — Não dê ouvidos.

— Mas era a BBC que estava dizendo, e a gente sempre acredita na BBC, não é?

— Claro, e estão sempre mentindo.

Mais tarde, no mesmo dia, o ministro da Informação anuncia que as tropas estrangeiras não estão no aeroporto e que este será a sua sepultura se tentarem conquistá-lo. À tarde, organiza-se uma excursão de ônibus até lá e nenhum repórter vê qualquer norte-americano. Mas justamente quando partem, estouram os combates. Uma repórter da Reuters, que perdeu o ônibus, tem de procurar abrigo, enquanto as balas passam por cima da sua cabeça.

Entre nós, os que não tiveram lugar no ônibus para o aeroporto ficam matando o tempo em frente ao Hotel Palestina. Andrew, da BBC, vem nos perguntar o que estávamos fazendo.

Quando conto o pouco que sabemos, ele dispara:

— Então, continuem com as ninharias de vocês. Eu estou trabalhando em coisas sérias.

Coisas sérias; quem pode encontrar isso numa Bagdá repleta de barricadas?

Fico meio perdida. A minha cabeça está cheia de rumores, mentiras e meias-verdades, mas sobre o que poderia escrever? Na realidade, não faço a mínima idéia do que está acontecendo. Estou novamente de mãos atadas. Se tivesse ido ao aeroporto, teria tido material para escrever, mas não agora. Está ficando tarde e me rendo. Pela primeira vez, envio um e-mail aos meus editores dizendo "Nenhum artigo de Bagdá hoje". Estou no epicentro da atenção do mundo sem saber o que escrever.

As minhas pernas estão pesadas como chumbo quando subo as escadas para fazer a transmissão ao vivo para o telejornal norueguês. O que vou dizer a eles? Li uma página após outra de notícias de diferentes agências — Reuters, AP e AFP — mas o que elas dizem realmente? São quase sete horas, me arrasto até onde está a câmera, coloco o fone de ouvido e ouço a voz da produtora. Ela me vê na tela do estúdio enquanto eu cumprimento o olho negro da câmera.

— Como você está, Åsne?

— Muito bem — respondo, num tom leve e alegre.

— Oh, oh, não consigo mais ver você.

— É que ficamos sem luz.

A noite está negra à nossa volta. Parece que a eletricidade acabou em toda a cidade. O que está acontecendo? São alguns segundos de blecaute, até que os técnicos conseguem pôr para funcionar os geradores e volta a forte luz branca que me iluminava.

Como um eco mecânico de Oslo a Bagdá, ouço a vinheta do noticiário norueguês e aparece o apresentador.

— Sabemos que há um blecaute em toda a capital iraquiana. A que se deve isso?

Várias razões possíveis passam pela minha cabeça. Todas as centrais elétricas foram bombardeadas ao mesmo tempo? Seria sabotagem? Teriam os próprios iraquianos cortado a luz para encobrir movimentos de forças ou estariam deslocando tubos de gases químicos?

— Ainda não sabemos a razão do blecaute em Bagdá, mas provavelmente foram os próprios iraquianos que cortaram a luz — afirmo. Não haviam caído bombas durante todo o dia.

No dia seguinte, quando passamos de carro pelas ruas desertas, lembro-me de que é sexta-feira e proponho irmos ouvir o imame na mesquita Abu Hanifa. Como nem eu nem a minha intérprete usamos lenço e estamos longe do hotel, tentamos encontrar uma loja aberta para comprar alguma coisa para cobrir a cabeça. Está tudo fechado. A cerimônia em breve terá início e já há muita gente no local sagrado.

— E se pedíssemos em alguma casa xales emprestados? — sugiro.

— Não podemos fazer isso — responde Aliya.

— Por que não?

— É verdade, por que não? Está bem. Espere por mim aqui.

Volta pouco tempo depois com dois lenços.

A mesquita está abarrotada. Os que não encontram lugar sentam-se do lado de fora.

— Rezo a Alá pelos meus filhos, por Bagdá, pelos soldados no front — diz uma mulher, desatando a chorar. — É a tensão, o medo, toda esta carga — desculpa-se.

O templo está dividido em duas seções, uma para os homens e outra, menor, para as mulheres. O clima é pesado. Rostos sérios olham fixamente o imame, que do púlpito qualifica os norte-americanos de bárbaros.

— A sua agressão mostrou o ódio que têm pelo mundo árabe. Esta é uma guerra suja. As casas desabam sobre nós, os bebês morrem nos braços das mães, os mísseis se dirigem aos nosso lugares sagrados!

O imame também ataca duramente os outros países árabes, em particular a Arábia Saudita, país que na sua opinião se vendeu aos Estados Unidos e traiu o Iraque.

— Facilitaram o caminho do inimigo. Os árabes que apóiam a matança americana de muçulmanos no Iraque merecem um lugar no Inferno. Rezamos a Alá para que a população desses países se revolte contra os seus líderes!

Normalmente, o imame pregava durante algum tempo e depois todo mundo rezava. Hoje, interrompe, várias vezes o seu próprio discurso para incitar à prece. Finalmente, exorta os crentes a não ouvir os canais dos traidores.

— Tentam enfraquecer a nossa vontade de resistência! Quem escuta as notícias enganosas é um pecador!

Fora da mesquita, todos comentam o mesmo assunto do dia anterior: onde estão os americanos?

— Quando ontem à noite disseram que tinham tomado o aeroporto, desci ao subsolo para rezar antes de dormir. Estava certa de que ia acordar numa cidade ocupada, que as ruas estariam bloqueadas e que os tanques americanos estariam andando por elas — diz uma mulher jovem. — Mas quando acordei, tudo estava completamente calmo. Talvez ainda não tenham tomado Bagdá, pensei. Talvez Alá tenha me escutado.

Volto com Aliya para devolver os lenços. Desta vez, insisto em acompanhá-la. Uma jovem abre a porta e, na escuridão, atrás dela, vemos uma senhora curvada.

Rukaya mora sozinha com cinco filhos numa pequena casa no outro lado da praça da enorme mesquita. Hoje, vários dos seus filhos foram ao enterro do irmão de Rukaya.

— Morreu de infarto ontem à noite. O coração dele parou durante um dos ataques mais fortes — conta.

Ela mesma não tem coragem de sair, não consegue deixar a sua casa.

— Ele era mais novo do que eu — suspira. — Mas eu também sinto que estou agonizando.

A filha tenta convencê-la a ir ao enterro.

— Você corre o mesmo perigo de que caia uma bomba em cima de você no enterro ou aqui em casa — observa.

A mulher é idosa, mas parece ágil; no entanto, não sai de casa desde que os bombardeios se iniciaram há duas semanas.

— Quando faltou luz ontem à noite, tremi tanto que quase caí da cama. Sei que agora a coisa é séria. Não posso comer, nem dormir, nem pensar. Estas explosões estão acabando comigo.

A pequena casa está cheia de flores. Uma parede inteira é coberta por prateleiras repletas de rosas, tulipas, girassóis, buquês com lírios entrelaçados. De fibra, de plástico, de seda. Em cartões-postais, em quadros, em vasos de flores. Rosas vermelhas, amarelas, brancas, lilases, azuis. Em cima do sofá e no encosto da poltrona há tapeçarias de rendas. Cada detalhe da casa era cuidado com esmero.

Rukaya tinha perdido o marido na guerra contra o Irã.

— Voltou num caixão, completamente queimado. Os que o viram disseram que estava negro como carvão. Eu não tive coragem de vê-lo; queria lembrar dele como era em vida.

Três irmãs da viúva também perderam os seus maridos. Uma delas nunca soube o que aconteceu ao esposo, que continua desaparecido.

Cinco anos depois de o marido de Rukaya ter morrido carbonizado, o seu filho mais velho foi mandado para a guerra contra o Kuwait. Morreu antes de uma semana.

— Eu poderia ter tido uma vida feliz. Éramos felizes! Mas as guerras destruíram a minha vida, tiraram de mim todos os que eu amava. Agora, não me sinto com forças para nada, não lavo a roupa, não arrumo a casa; fico simplesmente aqui sentada lendo o Alcorão — diz Rukaya imóvel.

Não tem mais espaço para feridas da guerra.

Aliya, numa manhã, está preocupada.

— Miss Hosna, tem que tomar cuidado.

— O que você quer dizer com isso?

— Está sendo seguida.

— O que isso quer dizer?

— Tem que tomar cuidado quando transmite as matérias. Já sabe o que quero dizer, não é verdade? Pensei que devia lhe dizer.

Aliya quer acabar com aquela conversa e começar o trabalho do dia, mas eu insisto. Referia-se a mim em particular ou aos jornalistas em geral? O que tinham dito exatamente e a quem?

— Prometa que não vai dizer a ninguém, mas Kadim me perguntou de que lado você estava. Eu respondi obviamente que você fala sempre a verdade nas suas reportagens e que não gosta da guerra. Ele disse que vários jornalistas teriam que ir embora, porque há gente demais. Hoje vai fazer uma lista dos que têm que abandonar o país. Mas se você for expulsa, pode ir para Amã por uma semana e voltar depois com outro visto, como da outra vez.

— Mas, Aliya, dentro de uma semana esta guerra já vai ter acabado! Como é que eu vou para Amã a esta altura do campeonato? Seria uma loucura. Além disso, os americanos controlam as estradas que saem de Bagdá, atiram em todos os carros que se aproximam desde o martírio de Ali.

— Ah, é!

Aliya fica pensativa.

— Vou falar com ele — diz.

Nessa mesma tarde, efetivamente, é pendurada uma lista e o meu nome se destaca na parede. "Deve abandonar o país o quanto antes", diz.

Vou diretamente ao gabinete de Kadim.

— Você está me expulsando?

— Correto.

— Por quê?

— São muitos. Não podemos controlar tanta gente.

— É por alguma coisa que eu tenha feito? Ou alguma coisa que quis saber? É porque não participo das excursões de ônibus? Porque não vou sempre às coletivas de imprensa?

— Tem que ir embora.

— Podemos arranjar as coisas como antes?

O burocrata me despacha sem mais explicações.

— Tem que sair amanhã de manhã bem cedo.

— Já? Me dê mais um dia para encontrar um motorista, pagar as minhas contas e todas essas coisas.

— Tudo bem.

Tenho um dia para evitar a expulsão. O que significa isto? Tentam demonstrar o seu poder? Agora que já não precisamos dele, agora que não procuramos entrevistar ninguém nem ir a lugar nenhum, o Ministério da Informação perdeu sua função e tenta tirar de nós todo o dinheiro que pode. É isso que eu penso e pergunto a Aliya a sua opinião. Ela se limita a dizer:

— Aconteça o que acontecer, esconda-se atrás de mim. Quando os americanos chegarem, eu me esconderei atrás de você.

A situação muda inesperadamente a meu favor. "Expulsão adiada", aparece de repente num papelzinho colado na folha. Será este o primeiro sinal de que o centro de imprensa está desmoronando, de que um burocrata não sabe o que o outro faz? Será que isto significa que o Ministério da Informação está tremendo nas bases?

O centro de imprensa continua, no entanto, a exercer controle sobre nós. Para tudo temos que pedir autorização e ficou ainda mais difícil circular pela cidade sem um assistente imposto. Não que eu queira sair sozinha, andar com Aliya me dá uma certa segurança, mas mandavam-nos todos os dias para um lugar e para outro nos ônibus. Eu costumava fugir.

Durante horas ouvíamos as histórias do ministro da Informação sobre a força dos iraquianos e a covardia dos americanos. Um dia falou de pilhagens feitas por ingleses.

— Em Basra roubaram leite dos bebês das lojas — garantiu e todos os correspondentes disfarçaram o sorriso, enquanto Aliya tomava nota como sempre.

— Você acredita mesmo que os soldados ingleses roubaram o leite dos bebês — pergunto a ela depois.

— Claro.

— Mas para que eles vão querer tanto leite?

— Para o chá.

Durante todo o tempo em que estive com a minha intérprete, ela confiou cegamente no ministro da Informação. Tomava nota, aplicadamente, do número de tanques e helicópteros inimigos que as heróicas forças iraquianas tinham abatido ou destruído e o número de covardes soldados norte-americanos que tinham matado.

Ainda que fosse uma partidária leal do regime, também se mostrou uma das intérpretes mais corajosas, e era uma sorte eu tê-la como assistente. Com os bombardeios, a maioria dos intérpretes desapareceu; simplesmente nunca mais veio trabalhar. Aliya, pelo contrário, optou por ficar comigo, apesar de freqüentemente passar vários dias sem poder atravessar uma cidade cada vez mais destruída para visitar a família. Levava-me aonde ninguém se atrevia a ir, encontrava comida quando tudo estava fechado, saía comigo quando a maioria das pessoas ficava em casa.

Enquanto as forças invasoras avançavam em direção a Bagdá, os habitantes da cidade se alimentavam de um misto de pavor, espera e rumores. Tentavam saber dos últimos acontecimentos, mas as informações eram contraditórias. Um tinha ouvido alguma coisa de um primo que viera pela estrada de Damasco, outro tinha recebido uma mensagem de um familiar em Mossul, outro tinha escutado a BBC em árabe, outro tinha visto a televisão estatal iraquiana durante horas, outro tinha ouvido a rádio iraquiana e assim por diante.

Saber o que acontecia era como montar um quebra-cabeça com peças de caixas diferentes, todas elas com peças a menos.

Há algum tempo eu pedia a Aliya para visitar uma família iraquiana.

— Ninguém tem coragem de se relacionar com estrangeiros — ela diz.

— Mas eu gostaria de saber o que os iraquianos comuns pensam sobre isso tudo. Sabem que os norte-americanos estão invadindo a sua cidade?

— Mas não é esse o caso — objeta a intérprete.

— Eu só me pergunto o que os habitantes de Bagdá estão pensando.

— Você pode perguntar a mim.

— Claro, Aliya, mas eu não posso escrever sobre você. Trabalhamos juntas, temos que procurar notícias juntas, descobrir coisas. Certo?

No dia seguinte, Aliya encontrou uma família do seu bairro para mim. Eles moravam numa rua bem próxima à dela, e assim os vizinhos não falariam nada. Se a polícia nos parasse, poderíamos dizer que estávamos visitando a família de Aliya.

Hanan está sentada com os filhos na sala. O lugar é claro e moderno, o interior é de cor pastel e foi decorado com objetos de vidro. Na parede está pendurada uma reprodução da Mona Lisa. *Os familiares não estão todos de acordo sobre a guerra.*

— Não acredito que estejam somente a poucas dezenas de quilômetros de Bagdá; isso não passa de propaganda. Não devem ter conseguido ocupar sequer uma aldeia; certamente estão andando pelo deserto e vão atirando de vez em quando — diz Isam, o filho adolescente, que é mecânico de automóveis.

Isam ouve tanto as rádios estrangeiras como as nacionais, mas diz ter decidido confiar mais nos meios de comunicação estatais do seu país. E o mesmo fazem muitos dos seus conterrâneos. Assim eles têm um mínimo de segurança na vida cotidiana, a impressão de que os invasores não serão capazes de ocupar a capital.

Sua irmã Reem, no entanto, não adotou o mesmo ponto de vista.

— Ouvi que os americanos cercaram Karbala. Não sei se é verdade, mas não creio que tenham entrado em Basra — diz esta jovem de 20 anos que estuda Matemática na Universidade de Bagdá.

— As forças iraquianas conseguiram confundir o inimigo de tal maneira que teve de bater em retirada pelo deserto — intercala Huda, a irmã de 21 anos que estuda engenharia.

A mãe não sabe em que acreditar.

— A última coisa que ouvi na BBC foi que tinham cruzado a linha vermelha. Mas o que é exatamente a linha vermelha?

— Acho que fica a 30 quilômetros de Bagdá — responde a filha mais velha. — O Iraque os advertiu a não cruzar essa linha, sob pena de levarem uma boa lição — declara numa linguagem tipicamente propagandística, como costumam fazer todos os iraquianos quando não estão seguros do que devem dizer.

— Ah, estou tão confusa — desabafa Reem. — Cada um diz uma coisa diferente.

A jovem suspira e a Mona Lisa *exibe o seu sorriso misterioso na sua moldura de plástico. As duas irmãs participaram de cursos de defesa na universidade. Aprenderam a usar kalashnikovs e um pouco de defesa pessoal. Mas não pensam em empregar os seus conhecimentos se as forças terrestres tomarem a cidade.*

— Nesse caso ficaremos em casa, muito quietas — diz Reem.

A família não vai abandonar a capital.

— Não temos para onde ir e a guerra vai nos perseguir onde formos. É melhor ficar em casa.

Ainda assim, cada um deles arrumou as suas malas e uma pequena bolsa com pertences: uma muda de roupa, um pedaço de sabão, um rolo de papel higiênico e alguns objetos de valor afetivo.

— Pelo sim, pelo não — diz Hanan —, se a gente tiver que sair de repente.

A família pertence à classe média cada vez menos numerosa de Bagdá e ainda não lhes falta comida, água ou aquecimento. Têm um quarto inteiro cheio de mantimentos, parafina, petróleo, detergente e sabão em pó.

— Ainda podemos agüentar alguns meses.

Esta família não luta contra a fome, mas sim contra a melancolia. Não saem do bairro; a escola e a universidade estão fechadas e as lojas só abrem durante algumas horas por dia.

— É como se a vida tivesse parado — suspira Reem. — Estamos aqui sentados sem nos mexermos, esperando. Quase não tenho contato com os meus amigos e sinto falta da faculdade. Mas não consigo olhar para os meus livros de matemática; fico triste.

Toca o telefone. Apesar dos bombardeios, os telefones continuam a funcionar em alguns bairros. Reem levanta-se para atender e pouco depois volta ainda mais triste.

— Era Yenim. Eles estão indo embora. O pai dele quer levar a família para junto de uns parentes que moram numa aldeia. Fizeram as malas e estão esperando que o seu tio venha buscá-los.

Hanan e Huda ouvem-na muito tensas e ninguém diz mais nada.

— A guerra anterior foi pior — diz a mãe, finalmente. — Ou seja, o bombardeio é pior agora, mas naquela época ficamos sem água e sem luz nos primeiros dias. A vida diária foi mais dura.

Hanan acha que sabe por que as centrais de água e de eletricidade não foram bombardeadas.

— É por causa da quantidade de escudos humanos que chegaram ao país. Protegem os edifícios com os seus corpos.

E assim é jogada uma nova peça de outro quebra-cabeça no complicado jogo propagandístico.

— Ele está vendo as luzes de Bagdá!

Remy está animado. Acaba de falar com um grande amigo pelo telefone via satélite. Laurent segue uma das divisões das tropas norte-americanas que se encontram ao sul de Bagdá. Estão ali há vários dias, mas Remy não tinha conseguido se comunicar com ele até agora.

— Ele acha que vão retomar a marcha outra vez amanhã. Assim espero!

Eu, pelo contrário, não ficava mais feliz por saber que o combate por terra começava; ficava apavorada. Remy, pelo contrário, vivia mais intensamente com explosões à sua volta. Não o admitia, mas gostava da guerra, adorava o perigo. Entre guerras, caminhava melancólico por Paris, passando as noites em bares e dormindo de dia. A verdadeira vida de Remy era a Bósnia, Ruanda, a Somália, o Afeganistão. Começava a ficar entediado em Bagdá.

— Eu deveria me juntar a eles — diz.

— Está louco? Cruzar a fronteira? É melhor você se suicidar, pegar o carro do Amir e se atirar contra uma parede.

No dia seguinte, eu mesma telefono a Laurent para saber onde está.

— Estamos numa ponte nos arredores de Bagdá, mas não tenho um mapa decente, então não sei qual é! Posso tomar um banho quando chegar? Estou há semanas sem me lavar!

Não tenho coragem de lhe dizer que o hotel está sem água. Laurent tinha seguido a divisão do Kuwait, foi para lá a partir de Amã, no mesmo dia em que eu voltei para Bagdá. Agora, três semanas depois, contava histórias terríveis.

— Eles têm um medo terrível e atiram à toa. Outro dia mataram dois rapazes que caminhavam pelo acostamento da estrada. Bum! E os dois caíram no chão. Em outra ocasião, mataram um velho que estava atravessando o caminho. Os norte-americanos deram vários tiros de aviso, mas o velho continuou andando. Atiraram de novo mas o homem não parou. Então atiraram e deixaram-no estendido no meio do caminho. Sempre que entramos numa aldeia, atiram para o alto em sinal de alerta, para que as pessoas entrem nas suas casas. Se elas não fazem isso, atiram para matar. Um dia, quando nos aproximávamos de uma aldeia, vimos que havia vários homens na rua. "Se atirarmos e saírem correndo, são civis; se não se esconderem, são soldados", essa foi a lógica e foi assim que mataram uma mulher que estava trabalhando no campo na entrada da aldeia. Todo mundo correu para se refugiar, ou seja, eram civis. Os norte-americanos garantem que morre menos gente desta maneira. Dizem que é melhor matar alguém de saída para que as pessoas entendam que devem permanecer em casa e evitar, assim, que os soldados tenham que passar por uma aldeia onde pode haver um homem-bomba.

Laurent está sentado num extremo do acampamento, falando pelo seu telefone Thuraya. A divisão militar podia receber ordens para atacar a capital a qualquer momento. O jornalista diz que o fato de ter acompanhado as forças invasoras lhe permitiu entender a sua estratégia.

— A sua linha de combate é, em primeiro lugar, se defender; em segundo, ganhar a guerra. O medo os tornou perigosos. Hoje atiraram num homem que caminhava de mãos dadas com o filho e a filha. Não acertaram o pai, mas as duas crianças foram mortalmente atingidas. Os soldados queriam continuar como se nada tivesse acontecido, mas então eu explodi e gritei para o que dirigia o tanque que pelo amor de Deus parasse, que não podia deixá-los no chão sangrando até morrer. Ele queria continuar, mas eu fiquei tão furioso que, finalmente, parou. Consegui que um dos carros desse a volta e levamos as crianças para o hospital de campanha. Não sei o que aconteceu depois, porque tivemos que prosseguir. Estou convencido de que a menina morreu no hospital, tinha perdido muito sangue e estava quase inconsciente quando chegamos.

Laurent suspira fundo e não diz nada durante alguns momentos.

— À noite eles choram — diz, finalmente.

— Quem?

— Os soldados. Estou convencido de que muitos deles vão ter problemas. São muito poucos os que tomam a iniciativa nos tiroteios, como se gostassem de matar. E ninguém é castigado. Nunca tinha visto na vida soldados com tanta vontade de matar — diz Laurent, que tinha coberto guerras por todo o mundo nos últimos vinte anos e que fora ferido mais de uma vez.

Mancava um pouco desde que uma bala lhe atingira um joelho em Gaza, poucos anos atrás. A viagem ao Iraque era a sua primeira guerra desde aquele incidente.

— Estou louco de vontade de tomar um banho — diz agora menos sério para encerrar a conversa. — E de tomar uma bebida.

Yves chegou a Bagdá antes de Laurent. Estava com a barba comprida e a roupa imunda e não o reconheci ao vê-lo na recepção do Hotel Palestina. Quando passei ao seu lado, agarrou-me pelo braço.

— *Mademoiselle* — disse, rindo. — Não se lembra de mim?

Claro que me lembrava de Yves. Foi uma das pessoas mais curiosas que conheci no Afeganistão. Muito boa pessoa e com um riso contagiante, sobretudo quando ria das suas próprias piadas. Era impossível não rir com ele ou até rir dele sem maldade. A sua grande paixão eram as armas. Sabia os nomes dos sistemas de armamentos de todos os exércitos do mundo e se gabava de um modo quase infantil, adivinhando pelo som, o cheiro ou a potência de que arma se tratava e qual era o seu calibre. Tinha, assim, encontrado o trabalho ideal, indo a todas as guerras do mundo a serviço da revista de armas francesa *Raids*.

Lembrava-me sobretudo das conversas dilacerantes que mantinha com a sua mãe. Como não dispunha de um telefone via satélite — viajava com um computador portátil e imprimia os textos ao voltar para casa —, pedia emprestado o meu.

— *Maman! C'est moi!* Estou vivo. Tudo bem. E você? Ah, não precisa ficar com medo, *maman*. Está tudo bem. Ai, não chore, *maman*, ah, o seu aniversário? Não, não me esqueci, é que estou nas montanhas do Afeganistão, não tem telefone aqui. Agora? Agora pedi um emprestado. *Maman, maman*, ligo para você amanhã.

Enquanto estivemos em Cabul, telefonava todas as noites e falava durante alguns minutos.

— É caro, *maman*, o telefone não é meu, tenho que desligar. *Oui, maman*, em breve estarei em casa.

Yves foi a pessoa mais alegre e mais louca que conheci. Agora estava à minha frente na recepção do hotel.

— Vim dirigindo do Kuwait — contou-me.

— Do Kuwait? Você atravessou o front?

— Claro. Perdi o meu grupo de vista e me adiantei sem querer.

Viera dirigindo o próprio carro ao lado das forças norte-americanas. Quando os perdeu de vista, foi detido pela polícia iraquiana e levado para o Hotel Palestina, onde Uday cuidou dele. Tirou-lhe as chaves do carro, o computador, a câmera e o passaporte e o pôs em prisão domiciliar. Deram-lhe um quarto, uma chave e ordens para não sair do hotel.

Quando o vi na recepção, estava em farrapos, sujo e suado. Parecia que tinha sido arrastado pelo solo do deserto, primeiro sobre a areia e depois em petróleo.

— Sabe onde posso lavar a roupa? — perguntou-me.

Lavar? O hotel não tinha água e minhas garrafas não seriam suficientes para tanta sujeira.

A alguns metros vislumbrei a solução: meu motorista. Tinha o mesmo corpo de Yves e a mãe lhe tinha equipado com um monte de roupas, o mesmo que seguramente a *maman* do francês teria desejado fazer. Perguntei a ele se podia emprestar ao jornalista algumas peças, e não tardou que Yves estivesse no meu quarto extremamente feliz vestido com a roupa de Amir.

— Você tem vodca? — pediu.

Yves bebeu um copo e começou a falar. Contou-me da viagem, dos norte-americanos, de como tinha se perdido. Foi no distrito de Dora, nos arredores de Bagdá. A coluna de carros de combate tinha avançado e os iraquianos responderam com artilharia de tanques e de posições militares do outro lado do caminho. Com um lança-granadas conseguiram atingir um Abrams, um dos enormes tanques norte-americanos. O veículo ficou parado e os soldados que o ocupavam tiveram que passar para outro tanque. Um morreu na fuga e dois ficaram feridos.

— A fumaça negra cobria tudo, do Abrams em chamas até os carros de combate iraquianos. A coluna deu a volta e foi quando os perdi e entrei em Bagdá sem querer. Dá para imaginar? Um Abrams? E deixaram-no ali. Nunca na história do exército norte-americano se tinha deixado para trás um Abrams em combate. Nunca.

Depois que os norte-americanos abandonaram a área, bombardearam o seu próprio tanque. Ninguém deveria poder examiná-lo. Yves se calou e bebeu outro copo de vodca.

— Esta é a pior guerra que eu já vi. Eu chamo as divisões de "colunas do inferno": avançam com uns cinqüenta veículos em cada grupo. Primeiro os Abrams, depois os Bradleys e os Amtracks para o transporte das tropas, depois os Miclick para remover as minas e, finalmente, um Humvee com alto-falantes que pedem aos iraquianos para permanecer em casa. Uma coluna infernal que atira contra tudo o que se move. Nem sequer esperam ordens. O lema é "atire se quiser". É óbvio que não há qualquer castigo ou sanção por matar civis; se houvesse, pensariam duas vezes antes de se comportarem como caubóis. Até os vi atirando em vacas, e eles adoram atirar com balas de canhão sobre os retratos de Saddam Hussein. Ainda estão se vingando do 11 de Setembro, não param de falar dessa data. Não têm disciplina no momento de atirar, a iniciativa é de cada um, são rapazes de 20 anos. Não os censuro; eu teria feito o mesmo na sua idade.

Para dizer a verdade, Yves fez o mesmo quando tinha essa idade. Foi mercenário no exército sul-africano, a favor do apartheid. Mas já ajustou contas com o passado.

— Eles têm medo e esse medo aumenta ainda mais quando sofrem baixas. O medo é o que os faz matar indiscriminadamente. Mas não são eles, são os comandantes que têm a responsabilidade — Yves suspira. — Foi terrível quando chegamos a Mahmudiya, um povoado ao sul de Bagdá. Os norte-americanos atacaram a aldeia, porque tinham visto do alto que os iraquianos escondiam ali vários carros de combate. Segundo os habitantes de Mahmudiya, mataram mais de duzentas pessoas. Claro que os iraquianos não deviam ter escondido carros de combate numa aldeia, mas... Os norte-americanos não correram nenhum risco e dispararam ao acaso, queriam aniquilá-los. Em Mahmudiya também vi vários carros destruídos com todos os passageiros mortos lá dentro, e ainda atiraram em uma casa que tinha as janelas abertas. — Yves olha pela porta da varanda meio coberta com fita adesiva. — Eles se esquecem de uma coisa: conquistar o coração das pessoas. — Esvazia o copo. — Também é preciso ganhar essa luta.

Yves mergulha em seus pensamentos. Indico-lhe com um dedo que a antena do telefone via satélite está montada. A antena que lhe é tão familiar.

— Quer telefonar para a *maman*?

Nesse mesmo dia, 5 de abril, eu também devia dar notícias à minha família. Não à minha mãe, mas sim aos meus redatores, que tinham medo de que me acontecesse alguma coisa. O redator-chefe do *Aftenposten* tinha dito que, se pudesse, teria ido me buscar no Iraque. Tinha que mandar um e-mail tranqüilizador. Isso me obrigava a refletir sobre mim mesma e entender por que ainda optava por ficar.

Queridos editores,

Aprecio muitíssimo a consideração e a responsabilidade moral que sentem sobre mim. Sinto muito por lhes causar tanta preocupação.

Partilho o medo que têm pelo que vai acontecer aqui. Ainda assim, sinto-me suficientemente segura: somos mais de cem jornalistas ocidentais e prometo não me aproximar do front quando chegar aqui na esquina.

Obviamente considerei a possibilidade de abandonar o país várias vezes, mas não consigo simplesmente fazê-lo. Não posso arrumar as malas e desaparecer; é como se esta história estivesse grudada à minha pele e não consigo deixá-la para trás. É claro que poderia reunir forças e dizer: "Åsne, isto é perigoso demais." Mas não consigo e, além disso, não é muito seguro viajar pelo país agora. Mas não pensem que não meditei muito sobre isto. Cheguei à conclusão de que esta é a minha vida: vir para o Iraque, cobrir a guerra e o sofrimento que causa e o que acontecerá depois. Não me sinto capaz de ir embora antes de saber o que vai acontecer.

Mas quero que saibam que não sinto nenhuma obrigação de ficar aqui, embora agora tenha um grande círculo de leitores. Neste momento os meus artigos são publicados em oito jornais europeus e, obviamente, tenho uma responsabilidade para com os meus leitores; estou aqui, sobretudo, por eles, mas, no momento em que quiser ir embora, farei isso. Se tiver medo ou me sentir insegura, abandonarei o país, sempre e quando for seguro fazê-lo.

De todo modo, sou a única responsável por estar aqui; vocês não me pediram que viesse nem me ordenaram que saísse do país. Ou seja, não têm nenhuma responsabilidade moral sobre mim, ainda que eu esteja consciente de que vocês a sintam.

Lamento ter demorado tanto tempo para responder, mas é que tenho andado muito ocupada...

Saudações,

Åsne

PS. — *Per Kristian, o artigo que você queria sobre as condições de trabalho no Iraque me parece inadequado no momento. Seria muito narcisista. Agora que os norte-americanos estão nas portas de Bagdá, prefiro escrever sobre isso.*

A guerra segue o seu curso. Bombardearam a noite inteira e durante toda a madrugada na direção sudoeste, no aeroporto. Mas onde estavam exatamente as tropas norte-americanas?

Do posto de comando norte-americano no Qatar anunciavam estar cada vez mais perto da capital, enquanto o ministro da Informação iraquiano insistia, obstinadamente, que estavam perdidos no deserto. Nos bairros próximos ao aeroporto, milhares de habitantes tentam fugir, pois sabem que as tropas invasoras não demorarão a passar em frente das janelas de suas casas.

É como se a cidade inteira prendesse a respiração. As grandes avenidas estão desertas, com os esqueletos das barracas e as fileiras de lojas seladas observando os poucos passantes.

Haidar está inquieto, de pé na rua, com uma pistola de brinquedo saindo do bolso, um grande arranhão na testa e várias crostas de feridas recentes no braço. Está conversando com alguns amigos que vie-

ram pela mesma razão: as mães mandaram-nos comprar pão. Haidar tem 12 anos e está na sexta série. Mas todas as escolas estão fechadas e os garotos têm outras tarefas.

— Sou o responsável por comprar comida para a minha família — diz Haidar contente.

Ele se diverte na fila que avança lentamente pela rua, sobe a escada da padaria e entra no estabelecimento que cheira a pão quente. A massa para o pão árabe é cortada a uma velocidade vertiginosa num canto da loja, antes de um padeiro a colocar numa longa pá de ferro que é introduzida no forno aberto. Poucos segundos depois estão prontos, e um segundo padeiro os tira do forno com a mesma rapidez e coloca-os no balcão, de onde são postos em sacos.

— Nunca tínhamos tido filas como as de agora — diz um dos padeiros. — As pessoas pegam o carro e dirigem vários quilômetros somente para comprar pão. Tentamos ficar abertos o tempo que for possível; as pessoas, obviamente, têm que comer.

Haidar manuseia o dinheiro para as despesas domésticas dado pela mãe. As coisas não estão indo tão mal para ele nesta guerra.

— Tenho mais liberdade agora, não tenho que ir à escola, jogo futebol todos os dias, faço as compras e brincamos de soldado.

— De soldado?

— É, brincamos de israelenses contra palestinos — explica e me mostra o revólver de brinquedo.

— Não brincam de americanos contra iraquianos?

Haidar nega com a cabeça. Pode ser que a presente guerra seja séria demais para ser transformada em brincadeira. Haidar também deve ter visto as fotografias de crianças mortas ou mutiladas e ouvido as conversas preocupadas dos seus pais, discutindo a possibilidade de ficarem na capital ou partirem.

Além do mais, como se brinca de avião bombardeiro?

Junto à padaria, no distrito Al-Karada, há dois carros enferrujados sendo carregados de sacos, recipientes de água e mantimentos. No teto vêem-se tapetes e colchões enrolados.

— Não agüentamos mais — explica Maysun Najib. — As crianças não conseguem dormir à noite, choram e estão apavoradas. Já não há luz nem água, então vamos trancar a porta e sair.

— Para onde vão?

— Ainda não decidimos. Na verdade, não temos para onde ir. Temos parentes em Mossul, mas não sabemos se a estrada é segura. Um vizinho veio de lá ontem de carro e foi metralhado. Os que vinham no banco da frente têm feridas por todo o corpo; o meu vizinho, que vinha no banco de trás, só tem uma ferida na mão. Ainda assim, creio que é mais seguro ir para lá do que ficar aqui, porque os combates podem começar esta noite. Quando terminarmos de carregar o carro, vamos para a rodoviária perguntar aos motoristas que caminho podemos tomar para sair de Bagdá — suspira Maysun.

As crianças correm em volta das suas pernas. Ela tem cinco filhos entre 6 e 18 anos. As crianças estão entusiasmadas por fazer uma viagem, uma viagem para o desconhecido. Norte, leste ou oeste, seja para onde for desde que fujam.

Os habitantes da capital sentiram que o conflito se aproximava ontem de manhã ao ouvir que o matraquear de metralhadoras e detonações de artilharia pesada substituíram as explosões das bombas noturnas. Foi uma das razões pela qual muitas famílias decidiram abandonar Bagdá. Viam-se carros sobrecarregados nas auto-estradas que conduziam para fora da cidade, a maioria cheios de mulheres e crianças.

O que realmente mudou o clima nas ruas foi a presença maciça de soldados. Caminhões de militares fortemente armados passavam pelas avenidas desertas. De vez em quando, atiravam para o ar, como se estivessem comemorando, finalmente, o início dos combates nas ruas de Bagdá. Faziam saudações com os rifles e também o "V" da vitória. Carros de combate permaneciam em colunas junto à auto-estrada, prontos para se pôr em marcha. Os carros puxavam canhões móveis e em várias zonas da cidade havia grandes aglomerados de soldados. Junto aos cruzamentos da capital viam-se soldados em formação e caminhonetes com homens fardados rodando por todo lado. Muitos dos parques da cidade tinham sido transformados em acampamentos com trincheiras, postos de comando e casernas.

Na rua Saadoun, encontrei Ahmed sentado em um banco, seguindo com os olhos alguns operários que erguiam muros em volta do seu hotel. Atlas Hotel & Restaurante, anunciava em neon, por cima da entrada. Mas onde antes havia uma porta giratória de vidro, havia agora uma parede. As janelas do primeiro andar também tinham sido condenadas. Faltava somente cobrir uma pequena fila de janelas antes de o edifício estar completamente lacrado.

— É melhor assim — diz Ahmed um pouco triste. — Desta forma as balas não entrarão.

"Ocupamos o aeroporto", voltaram a anunciar os norte-americanos, como já tinham feito no dia anterior. "Tinha sido ocupado, mas nós o reconquistamos", respondeu o ministro da Informação. "Não vão sobreviver a esta noite", acrescentou e disse que o Iraque ia empregar armas não-convencionais numa missão sacrificial. Este anúncio deu lugar a uma infinidade de especulações entre os correspondentes e nos fez olhar com ainda mais receio para os barbudos da recepção.

Após o entardecer, a cidade estava silenciosa. Eu não conseguia dormir. O silêncio me preocupava. Não deveriam começar a bombardear já? Os gases venenosos não fazem barulho, não há explosões. Quase que sentia falta das explosões: com elas sabia-se, pelo menos, onde estava acontecendo a batalha. A inquietação tomou conta de mim. Saí do meio dos lençóis encardidos e fui para a varanda. Lá embaixo, os guardas olhavam fixamente para o céu; eles também estavam inquietos, a espera os mantinha alerta.

Por fim, o sono venceu o silêncio alarmante. Mas só durante umas poucas horas; voltei a acordar de madrugada. Não por causa do ruído surdo das explosões, como costumava acontecer, mas sim por um som mais agudo, mais próximo. Morteiros, pequenos mísseis, granadas, salvas de metralhadora e balas de canhão voavam pelos ares. As batalhas de rua! Tinham começado! Encolho-me e volto a fechar os olhos: não estou preparada para isto. Mas a curiosidade me impele e me arrasto até a janela.

Ali! Do outro lado do Tigre vejo os carros de combate dos norte-americanos. Junto ao palácio presidencial! Conquistaram a capital no decurso da noite e chegaram ao coração da cidade. As explosões passam como uma epidemia pelo palácio à medida que avança a terceira divisão de Infantaria. Da janela vejo os guardas iraquianos correndo ao longo do rio para salvar suas vidas, muitos deles de cueca. Alguns pulam no rio. Estoura outro depósito de munições.

Dois soldados iraquianos erguem as mãos em sinal de rendimento. São obrigados a se deitar no chão de barriga para baixo. Um dá a volta e um soldado norte-americano atira. O iraquiano entra em convulsão e depois fica imóvel no chão.

É segunda-feira, 7 de abril. São quase sete horas e está previsto que eu apareça na transmissão matinal da televisão sueca. Sem me decidir, observo os soldados e os carros de combate na outra margem e depois os guardas do lado de cá do rio: continuam com os uniformes do partido Baath.

Paro um momento e tiro algo de trás da mesinha-de-cabeceira. Ali está, desde a primeira noite da guerra, o colete à prova de bala. Eu não agüentava usá-lo enquanto dormia, e o visto pela primeira vez. Até agora o perigo tinha a forma de bombas e mísseis, e eu pensava que o colete não poderia servir de grande coisa; se caísse um míssil em cima de mim, não haveria nada a fazer, de qualquer maneira. Mas agora que a luta tinha estourado à minha volta, era melhor usá-lo.

— Bom-dia, Estocolmo na linha. Está nos ouvindo? — ouço palavras em sueco quando estou diante da câmera.

Há um barulho ensurdecedor à minha volta e é difícil ouvir o que diz o apresentador do programa. Por vezes tem que repetir a pergunta ou, então, preciso adivinhar.

— A verdadeira batalha de Bagdá começou. Duros combates se estendem pelas últimas duas horas, com artilharia, canhões e granadas. Caíram bombas no centro da cidade. Vejo que há vários incêndios no outro lado do rio. Vimos... do hotel vemos tanques norte-americanos tomando o palácio de Saddam Hussein. Estão atirando neste momento.

Não é fácil manter as idéias claras no meio de um constante tiroteio. O apresentador do programa, Morgan Olofsson, que eu conheço muito bem da minha época em Moscou, traduz e explica as minhas palavras em norueguês aos espectadores na Suécia.

— Em que outros lugares há tropas norte-americanas neste momento?

— Sitiaram Bagdá e formam um círculo fora da cidade. Pelo que sabemos, entraram pelo Sul e pelo Sudeste. Ainda não houve combates nos bairros do centro, onde vive a maioria dos civis. As diferentes divisões das forças de coalizão têm tarefas distintas: algumas devem tomar o palácio presidencial, outras os ministérios, outras as instalações militares. É em volta destes edifícios que, agora, a luta se trava, são esses os combates que ouvimos.

Soa uma rajada de metralhadora nas proximidades.

Estava acertado que a minha apresentação no programa da manhã durasse uns poucos minutos, mas o editor do jornal diz a Morgan que adie a previsão do tempo.

— Tenho que avisar os telespectadores que estão esperando pela previsão do tempo que vai ser adiada em alguns minutos — anuncia Morgan antes de me pedir que continue a dar informações.

Ouvem-se descargas à minha volta enquanto falo.

— Os combates duram duas horas. Houve fogo de metralhadoras, o que indica que estão somente a umas centenas de metros daqui. Possivelmente são forças especiais que já se encontram há algum tempo em Bagdá, escondidas e, agora...

Uma explosão por pouco não acaba com os meus tímpanos. Maldita! Perco o fio. Buum! Novas explosões.

— Agora detêm o controle das zonas centrais da capital.

Deveria sair correndo para procurar abrigo, penso. Ffffiiiuuu! Buum! Nova explosão. Poderia me esconder atrás do prédio. Buum! Mas não posso fazer uma coisa dessas no meio de uma transmissão ao vivo. Ffffiiiuuu! Os espectadores ficarão preocupados se eu desaparecer sem mais nem menos. BUUM! Não penso, fujo. É como se um míssil tivesse caído justamente ao meu lado. A pressão de ar é tão forte que balanço e caio. Refugio-me atrás do edifício. O operador de câmera também, assim como todos os outros. Sai fumaça da margem do Tigre. Será possível que um míssil tenha caído deste lado do rio? Junto ao estacionamento do hotel? Será que erraram? O ruído das metralhadoras prossegue.

Em Estocolmo, Morgan tem que acalmar a audiência.

— Perdemos contato com a nossa correspondente, Åsne Seierstad. Provavelmente ouviram as explosões.

A câmera, em cima do tripé, continua a gravar, enquanto o operador vem se abrigar ao meu lado.

— Estamos vendo imagens da zona central de Bagdá — prossegue Morgan, um pouco hesitante. — Do outro lado do rio, luta-se pelo palácio presidencial, um complexo onde já entraram as forças norte-americanas. Como podem ver, alguns jornalistas se resguardaram do tiroteio que está próximo. Åsne, talvez você esteja me ouvindo, não quero que se arrisque a levantar. Mas se estiver ouvindo, talvez possa nos contar o que está acontecendo.

Morgan fica uns segundos em silêncio antes de continuar.

— Vamos esperar um pouco...

Eu penso em duas coisas enquanto estou atrás do edifício. Na câmera filmando Bagdá e nos espectadores assustados. Tenho que voltar à transmissão para que vejam que não fui ferida.

— ... parece que Åsne está de volta. Parece que a ouvi falando agora há pouco. O que vemos são imagens diretas de Bagdá na manhã em que começou a batalha pela capital iraquiana.

O operador de câmera e eu nos olhamos e decidimos sem palavras continuar a transmissão. Ele se dirige para a câmera e eu corro para o banco onde estava sentada antes, subo, volto a colocar o fone, ajusto o microfone no lugar e olho para a câmera.

— Já temos conosco, mais uma vez, Åsne Seierstad. Ela ficou fora do ar durante alguns momentos para se proteger do tiroteio que parece se desenrolar bem próximo dela. Bom, Åsne, suponho que agora você já esteja me ouvindo novamente. O que aconteceu?

— É difícil dizer, é impossível saber exatamente onde explodem as bombas, de onde vêm os mísseis e onde ocorre o tiroteio. Por isso, é melhor não se arriscar, quando vejo todo mundo correr, eu também corro. Assim...

Engulo saliva, tenho areia na boca.

— Bem, creio que a maioria das pessoas permanecerá em casa hoje; as balas estão agora silvando em torno das casas, a única coisa que se pode fazer é ficar quieto e esperar que tudo passe.

— Onde você está neste momento? E o que estamos vendo atrás de você?

Viro-me para olhar.

— Atrás de mim há uma estátua de Saddam Hussein. Vamos ver quanto tempo vai durar. Disseram-me que os soldados norte-americanos gostam de atirar em seus retratos. Mas voltando ao que está acontecendo no outro lado do Tigre...

Ainda não há soldados no "nosso" lado do Tigre. As ruas estão desertas, vê-se apenas um ou outro carro. Os soldados mostram-se indecisos, observando o que acontece na outra margem, têm capacetes que pouco os protegem e expressões preocupadas.

Kadim convoca uma coletiva de imprensa improvisada no terraço do hotel. Esta vem a ser a lendária coletiva de imprensa de Al-Sahaf, em que ele mostra a sua particular forma de interpretar a realidade.

— Lamento ter tido que acordá-los de madrugada com este tiroteio. Quero informá-los de que pressionamos o inimigo até obrigá-lo a se retirar. Agora já podem descansar novamente.

Do outro lado do rio, claramente visíveis do terraço, distinguem-se os tanques norte-americanos em frente ao palácio.

— Todos eles encontrarão o seu túmulo em Bagdá. Aniquilamos o exército americano e demos a ele uma lição histórica. Não entendo por que enviam soldados aqui para se suicidarem. Quando dizem que invadiram os nossos palácios, estão mentindo.

— Mas olhe para o outro lado do rio! — objeta o jornalista da BBC. — São tanques americanos ou não?

— *Não há americanos em Bagdá* — declara o ministro da Informação iraquiano.

No exato momento em que Al-Sahaf quer nos fazer crer que não há norte-americanos na capital, o tiroteio se acalma. O ministro sorri, espanta uma mosca imaginária e desliza como uma enguia pelas escadas abaixo.

Foi a última vez que o vimos, até que semanas depois apareceu no canal de televisão Abu Dhabi falando da sua vida como ministro da Informação iraquiano. Foi o último ministro com quem tivemos contato; fazia já algum tempo que o ministro das Relações Exteriores não aparecia, assim como o da Defesa, e também o vice-primeiro-ministro católico Tareq Aziz.

Os correspondentes do *New York Times* disseram que era "um Donald Rumsfeld iraquiano que mistura realidade e ficção".

Quando Al-Sahaf saiu do terraço e nós fomos calmamente cuidar de nossas coisas, o tiroteio se intensificou. Uma nuvem amarelo-acinzentada de areia e fumaça cobriu novamente a cidade. Ouviam-se bombas ao longe, mas já quase não se via o palácio presidencial. A visibilidade era de 200 metros. Somente o sulco luminoso dos mísseis iluminava, por vezes, o céu, e ouvíamos os aviões fazendo vôos rasantes sobre a cidade.

Do outro lado do rio travavam-se batalhas sangrentas e morriam tanto civis como soldados. Nas pontes e estacionados nas avenidas, viam-se carros queimados com pessoas carbonizadas, alguns com a porta aberta. Não haviam conseguido escapar do letal fogo cruzado. Agora estavam mortos dentro de seus carros. A oeste do Tigre, as balas silvavam ao longo das paredes das casas. Os estilhaços de metal chocavam-se contra as palmeiras e os troncos deixavam o interior à vista. Uma espessa fumaça negra e oleosa subia de algumas casas e dos tanques destruídos. Havia uniformes iraquianos destroçados espalhados pelas ruas: os soldados os haviam tirado e desertado em plena batalha, numa última tentativa de sobreviver. Soldados caídos jaziam entre peças de roupa ensangüentadas.

Um soldado norte-americano me contou mais tarde que tinha passado ao lado de soldados iraquianos contorcendo-se em agonia. Protegidos pela blindagem do tanque, ele e os companheiros tinham seguido o seu caminho. Passaram pelos agonizantes, passaram pelos mortos. Tinha visto soldados nas margens do Tigre, sem vida, com metade do corpo na água. Tinha visto homens rendendo-se com trapos ou camisetas fazendo as vezes de bandeiras brancas, mas ele e seus companheiros os mataram. No início da campanha, tivera a experiência de dar com soldados iraquianos tremulando bandeiras brancas e depois abrindo fogo contra eles.

Enquanto as batalhas prosseguiam na margem ocidental do Tigre, pessoas tomavam chá quente nas esplanadas da margem oriental. Em Mazin, uma casa de chá que freqüentávamos muito, não havia uma única mesa livre. Alguns homens deram-nos lugar. Éramos só eu e Aliya. Amir, como de costume, não quis sair do carro. Nessa mesma manhã, um amigo tinha lhe contado que havia ladrões e saqueadores por todo lado e que tinham assassinado um motorista com um tiro, porque não quisera lhes dar o carro.

Aqui, na zona leste da capital, a polícia iraquiana continuava a patrulhar as ruas. Atrás dos sacos de areia, que ultimamente iam ficando cada vez mais vazios, havia jovens magros armados com rifles. Em volta, no chão, via-se a areia espalhada que tinha saído dos sacos.

Na mesa ao lado, dois homens usavam os uniformes verdes do partido Baath. Acabavam de ser servidos de copos de chá fumegante e dourado. Ambos tinham barba de um dia, além dos bigodes habituais. Um com um aspecto vigoroso, o outro, fraco.

— Podemos falar com eles? — pergunto à minha intérprete.

— Está louca? — replica e olha para o outro lado.

— Por que não?

— Porque não. Não se fala com homens fardados e muito menos com os do partido.

— Mas todos os iraquianos são militantes do partido, inclusive você. Foi isso que você me disse — objeto.

— Não fale assim, senão vou embora.

— Está bem.

Dirigindo-me aos homens, sorrio como quem pede licença e cumprimento-os, *salam aleikum*, que a paz esteja convosco. Agora, Aliya não tem outro remédio senão traduzir.

Quando estão quase respondendo, servem-lhes os pratos: grandes pedaços de carneiro assado.

— Querem provar? — oferecem.

Aliya quis recusar, mas eu lhe dei uma cotovelada, dizendo em voz alta:

— *Shukran*, obrigada.

Os dois, com um gesto, convidam-nos e, num piscar de olhos, ali estou eu almoçando com dois membros do partido Baath. Aliya declina o convite. O maior — que tem também o bigode mais preto — enche um pão árabe com os pedaços quentes de carne, põe cebola picada e serve. Depois prosseguem com a sua própria conversa, ignorando-me completamente, embora estejam partilhando comigo da sua comida. Deixo que falem e me pergunto quando devo interrompê-los. Sinto-me uma intrusa. Bom, sou, sem dúvida, uma intrusa.

Quando acabam de comer, pergunto-lhes o que pensam sobre o desenrolar da guerra.

— Há um estado de emergência. Patrulho a cidade dia e noite, estou há três dias sem dormir, há três dias sem ver a minha família — responde o grandalhão, que se chama Abu Saif, e o outro concorda com a cabeça. — Olhe, almoço numa miserável casa de chá, durmo num colchonete numa escola fechada e bebo água quando posso, porque tenho que defender a minha cidade e manter a lei e a ordem — diz o militante do partido, sem raiva, sem agressividade, apenas resignado.

— Os americanos já conquistaram zonas de Bagdá. Acha que tomarão a cidade inteira?

— Somos invencíveis, porque temos fé no nosso líder. Lutamos com o nosso coração e com a nossa alma — declara Abu Saif com aquela combinação particular de conformidade e determinação que caracteriza as pessoas que usam frases feitas.

Olha fixamente para a frente, enquanto come o último pedaço de pão árabe. Não me atrevo a interromper os seus pensamentos e fico calada.

— Posso lhe perguntar uma coisa? — diz ele finalmente.

Faço que sim com a cabeça.

— Como teria reagido se forças iraquianas atacassem o seu país, se tentássemos assassinar o seu presidente para impor os nossos próprios líderes e o nosso próprio sistema político, se tivéssemos cortado a luz e a água e assassinado os seus vizinhos?

Abu Saif olha-me fixamente enquanto Aliya traduz as suas perguntas. Depois sopra e limpa a boca com as costas da mão antes de se levantar, se despedir com cortesia e ir embora.

Todos no restaurante tinham acompanhado aquela cena. Agora voltavam às suas próprias conversas. Aliya diz que devemos ir.

Não vamos além da padaria do lado. Ali, há longas filas, uma para homens e outra para mulheres. Não é bom que os homens e as mulheres façam filas juntos, explica-me a minha intérprete. Quase todos nas filas têm fisionomias inexpressivas e cansadas.

Somente um rosto me sorri, só um olhar aberto e curioso me segue. É a única que dormiu bem nessa noite, a única que parece desfrutar ao máximo daquele tempestuoso dia de primavera, a única que parece não se deixar afetar pelas bombas.

— Espero que isso acabe antes que ela tenha idade para entender — suspira a sua mãe, enquanto Zina, de 7 meses, continua a sorrir.

Uma mulher estava sentada no chão envolvida por um grande xale preto. Gritava a mesma coisa várias vezes.

— Acho que perdeu o marido — sussurra Aliya. — Ou talvez o filho. Está chamando por alguém que se chama Hamid. Também pode ser um irmão.

Uma menina pequena subia sem medo pelo corpo da mãe, pequena demais para entender o que tinha acontecido. A filha levava um vestido branco, sujo e maltrapilho. A mãe não se dava conta da sua presença, imersa na sua elegia. Passavam pelo pátio médicos, enfermeiros, carregadores de macas, pacientes e familiares. Os feridos que chegavam nesse dia ao Hospital Al-Kindi não eram vítimas das bombas, mas tinham sido atingidos no fogo cruzado das batalhas de rua.

Deixamos a mulher em paz e nunca soubemos quem era Hamid ou o que tinha acontecido com ele. A mulher parecia louca, gritava e não percebia a presença de ninguém. O seu rosto estava paralisado numa expressão de horror, como se tivesse visto o inferno.

A porta de um pequeno caminhão se abre e vemos três rapazes deitados, um ao lado do outro, sobre uma plataforma de metal fria e irregular. Dois homens tiraram-nos do veículo. Os rapazes usavam bermudas e camisetas ensangüentadas. Os três estavam mortos. A mãe e a avó choravam ao lado.

— Ai, os meus filhos, ai, os meus filhos — gritava a mãe.

Foi a segunda vez que presenciei o luto por três irmãos. Nem sequer foram levados para o hospital; transportaram-nos diretamente para uma casinha onde foram dados os atestados de óbito. Tudo ficou imóvel quando entraram os rapazes; todo mundo ficou em silêncio, só se ouviam os fotógrafos. De repente, um grupo de homens começou a atacá-los e os médicos tiveram que defendê-los.

— Mantenham-se afastados, por favor — disseram os médicos aos fotógrafos. — Pensem um pouco antes de fotografar. Esta gente está em estado de choque, perderam os seus parentes. Mostrem um mínimo de respeito.

Jerome e Alexandra, os fotógrafos em questão, retiram-se para a porta principal do hospital, onde os jornalistas também esperam para entrar no edifício. Os homens que os tinham atacado olham para nós com raiva; éramos brancos, éramos ocidentais. Numa palavra, o inimigo.

Os fotógrafos vão embora. Durante o dia aflui um número cada vez maior de mortos e feridos ao hospital. Chegam em ambulâncias, táxis, carros ou a pé. Um homem veio com a mulher agonizante no banco traseiro do carro. A saia estava completamente encharcada de sangue. Não proferiu som algum quando a levaram para dentro do prédio. Os seus olhos já estavam no além.

Não nos deixam entrar no hospital. Enquanto esperamos, vemos vários homens feridos que parecem ter estado em plena batalha. Será que os hospitais militares já estavam cheios?

Entramos sem autorização e vemos o que não queriam que víssemos: soldados feridos.

O chão está respingado de sangue. Vejo corpos com feridas de balas no estômago, nas pernas, na nuca, nos braços... Alguns pacientes já têm o rosto amarelado e deliram. Outros gritam. Não há mais analgésicos.

— Quantos soldados receberam hoje? — pergunto a um médico.

— Aqui não há soldados.

— Mas e esses homens fardados?

— Eu não estou vendo farda nenhuma — replica e empurra-me para a saída. — Têm que ir embora agora mesmo, ouviram?

No pátio, os companheiros dos soldados feridos descansam, apoiados nas suas kalashnikovs. Nem todos têm uniformes; alguns são voluntários. As suas expressões são de preocupação; alguns fumam, nenhum deles presta a menor atenção em nós.

— Hoje foi o pior dia que tivemos — conta-nos um jovem médico que fala inglês fluentemente. — Nunca tínhamos recebido tantos feridos: de granadas, de mísseis, de balas e canhões. E é isto que os americanos chamam de introduzir a democracia!

É interrompido pelo grito de alguém:

— Voltou a água, voltou a água!

O médico corre para a fonte do pátio para lavar as mãos. O maior hospital de Bagdá tinha ficado sem água desde a manhã, e a qualquer momento podia ficar novamente. A central elétrica também tinha tido problemas nessa manhã e quando até o gerador do hospital falhou, ficaram sem luz e sem poder usar certos equipamentos médicos.

Há pacientes deitados sem lençóis e com as roupas ensangüentadas. As moscas voam por cima dos enfermos, das camas, dos mortos. O ar não se move no átrio da morte. A temperatura de Bagdá é de 35 graus.

À uma da manhã coloquei-me diante da câmera para apresentar o último boletim informativo da noite. Estava no terraço do hotel iluminada pelo foco da Reuters. Junto a mim, Ulrich, da ZDF, Giovanna, da RAI, Michael, da TF1, o repórter da TV Abu Dhabi um pouco mais à frente e a BBC num canto. Cada um falava para uma câmera em plena noite e ouvia as perguntas pelo fone. Eu fazia um informe para a televisão holandesa e não sabia com quem falava, mas, ainda assim, as vozes holandesas já me eram familiares. Eles me davam apoio e quase me obrigavam a voltar para casa olhando para mim através da câmera e falando com vozes que transmitiam preocupação.

Quando, por fim, terminei, fui ver Paul na tenda que a Reuters tinha montado no terraço. Paul supervisionava todo o trabalho da agência de notícias e coordenava as imagens que chegavam aos canais de televisão de todo o mundo. Além disso, vigiava as câmeras das transmissões ao vivo. Como Josh, Yves e Timothy, era um ex-militar, durante muito tempo tinha estado com a infantaria dos Royal Green Jackets, na Irlanda do Norte. Era uma das pessoas em quem acabava sempre por tropeçar nos lugares mais conflituosos do mundo.

Na tenda, as imagens passavam no monitor e fiquei vendo-as fascinada. Soldados, batalhas, tanques cruzando dunas de areia, a bandeira americana tremulando no palácio presidencial. Estava tudo gravado pelos operadores de câmera que seguiam as tropas em diferentes partes do país. A guerra vista de perto. Tudo o que eu não vira e de que só ouvira falar.

Paul esticou-se na cadeira. Era um homem de trinta e poucos anos atlético e ágil, rápido e inquieto, mas era visível que estava cansado. Por causa do risco, a Reuters reduzira sua equipe. Isso significava que Paul fazia turnos de 16 horas, divididos entre o gabinete no décimo quinto andar e a tenda no terraço.

— Que vida é esta? — perguntou como se estivesse pedindo apoio, logo ele, que não costumava mostrar o seu lado melancólico.

O vento soprava intensamente na lona da tenda e nos impedia de falar. Paul ficou calado por alguns momentos, até que o vento amainou.

— A minha vida gira em torno das guerras do mundo. Estou fora de casa durante meses. As minhas namoradas sempre terminam, porque nunca estou com elas. Mas não consigo ficar quieto, acho que a minha vida é isto.

Entendia-o perfeitamente.

— Agora, chega. Quando tudo isso acabar, volto para casa e fico. Vou tentar arranjar uma namorada e trabalhar na redação da Reuters, em Londres. Senão, estou perdido. Se viesse alguém para me substituir aqui, iria embora agora mesmo, mas como isso não vai acontecer, tenho que ficar até ao fim.

Paul bocejou. Era cada vez mais difícil para ele ficar acordado. As imagens continuavam a passar na tela. Via-se que as suas pálpebras iam ficando cada vez mais pesadas. A lona da tenda continuava a ser sacudida pelo vento.

— A única coisa que quero agora é dormir até que a cama me expulse — disse Paul.

— Amanhã passo no seu escritório para ver melhor as gravações — disse-lhe, contente por ver de perto as batalhas e, ao mesmo tempo, estar longe delas. — Aqui, estamos completamente isolados, só sabemos o que acontece no hotel e no palácio em frente.

— E já não é pouco — Paul riu e me abraçou. — Dentro de alguns dias estará tudo acabado. Prometo! Poderemos voltar para casa e começar viver de verdade.

Deixei-o com a ventania do terraço. Restava-lhe mais uma hora. Estava à espera de algumas imagens.

No meio da noite acordo com um som estranho. O som vai tirando-me do sono e devolvendo-me a ele ao mesmo tempo. A escuridão me abraça, assim como este singular som ligeiro, suave como uma lembrança de dias tranqüilos. Água que cai, gota a gota.

Está chovendo.

Acordo novamente de madrugada. Olho pela janela para ver se a paisagem mudou durante a noite, mas só enxergo a chuva. Gotas cheias de areia do deserto formam manchas amarelas e marrons onde caem. Tento dormir; estou exausta, mas tenho o corpo no máximo da adrenalina e não consigo dormir mais do que algumas horas durante a noite. Volto a olhar pelas janelas. Parou de chover e o sol está despontando, empurrando as nuvens. Poderia ter sido uma manhã bonita.

Justamente depois das cinco, as batalhas voltam a recrudescer. Em todos os lados ouvem-se fortes explosões, o edifício treme e janelas quebram a várias centenas de metros. O fogo de artilharia pesada acorda Bagdá. Os bombardeiros dão voltas ameaçadoras no ar antes de lançar sua carga. Dá a impressão de que as bombas ficam suspensas no ar um momento antes de cair e, buum!, acertar no alvo. Os edifícios atingidos explodem ou caem, e uma fumaça cinzenta eleva-se pelo céu.

Somente alguns jovens e curiosos se atrevem a sair. Observam com expressões graves o que está acontecendo, olham para o céu, para os aviões e para as rajadas de fogo. Não é morbidez, simplesmente querem saber o que se passa. Eu, por minha vez, não me atrevo a sair. Estou sentada no meu quarto, cansada e enjoada devido à falta de sono. Dentro de pouco tempo, tenho que descer para preparar o meu informe para os suecos bem acordados.

Como na manhã anterior, as batalhas mais duras ocorreram nas imediações do palácio presidencial. A guarda republicana tentava agora reconquistar a zona, disparando morteiros e usando metralhadoras pesadas. A resposta norte-americana foi imediata, dura e precisa. Depois de se ouvir somente o som da chuva durante toda a noite, os ataques aéreos começaram com toda a virulência e tanques e baterias de artilharia atacaram em terra. No ar, um som desconhecido: pequenas balas de canhão seguidas por uma enorme explosão. Eram os aviões A10, os chamados "assassinos de tanques", que voam rente ao chão, salpicando as posições iraquianas com até 4 mil balas de 130 mm por minuto. Era a primeira vez que se usava este tipo de avião no centro de uma cidade.

E não se travaram batalhas somente perto do palácio. Paralelamente ao intenso ataque dos bairros onde se situavam os ministérios, decorriam combates a sudeste da cidade. Várias unidades tinham atravessado o rio durante a noite, dirigindo-se para os bairros comerciais e residenciais.

Nas ruas adjacentes ao hotel não se via ninguém. Aliya me telefonou do 716, alguns quartos mais adiante, e me perguntou quais eram os planos para o dia. Não soube o que lhe dizer. Não tinha nenhum plano, porque não tinha coragem de sair na rua.

— Estou escrevendo — disse.

— Está bem, estarei no quarto se você precisar de mim — respondeu.

A corajosa Aliya permanecia comigo, apesar de não saber como estava a sua família. Não podia telefonar para eles, os telefones não funcionavam. Não podia ir até lá: teria que atravessar o front.

Apesar dos inumeráveis chamados de Saddam Hussein para que as pessoas pegassem em armas e lutassem, os habitantes da capital fizeram tudo ao contrário. Fecharam as suas portas a sete chaves, vedaram as janelas com parafusos e esperaram que a guerra terminasse.

Na rua, um vendedor de cigarros com um carrinho de mão tinha parado junto de uma poça de água. Apoiou o carrinho na sarjeta e fumou um cigarro.

Pensei em subir ao quarto 1502 de Paul para ver as imagens de guerra que a Reuters tinha gravado esta manhã. Seguramente, suas teleobjetivas teriam captado muito mais do que eu vira da minha varanda. Estava quase saindo do quarto quando tocou o telefone. Era Tim.

— A água voltou!

Ótimo. Assim, podia encher a banheira e umas trinta garrafas que tinha guardadas. O meu quarto tinha se transformado numa pocilga. Não tinha onde jogar o lixo. Muita gente jogava os sacos no corredor, como se fossem desaparecer sozinhos.

Depois de cuidar da água, não me senti com forças para subir até o décimo quinto andar. Além disso, se esperasse um pouco, teria, seguramente, mais imagens.

Para ter a sensação de fazer alguma coisa, abri a minha caixa de e-mails. O primeiro e-mail tinha o título "Carros de combate" e fora enviado pelo comentarista principal do *Aftenposten*.

Irmãos e irmãs,

Talvez seja um pouco tarde para dizer isso, mas antes tarde do que nunca... Devemos distinguir entre as palavras "tanque" e "carro de combate". Um tanque, em norueguês, é um depósito de leite, água ou gasolina. A Åsne é quem mais usa esta palavra; apesar de todo o seu talento, o vocabulário militar não é exatamente o seu forte, e ela deve prestar atenção nisto ao escrever os seus artigos.

Per Egil Hegge

O e-mail seguinte também era do jornal norueguês, assinado por Per A. Christiansen. Apresentava todas as variantes para escrever o nome do ministro da Informação que os repórteres tinham usado: Mohamad Said Al-Sahaf, Muhamed Said al-Sahaf, Mohamad Sai al Sahhaf, Muhamed Saeed al-Sahaf, Mohamed Saeed al-Sahaf, Muhamed Saeed Sahaf, Mohamad Saeed Al-Sahaf, Mohamed Saeed Al.Shahaf, Muhamad Saeed as-Sahaf, Mohamed Saeed a-Sahaf. Propunha que nos puséssemos de acordo.

Respondi que eu preferia Mohamed Said al-Sahaf. Mal fiz isso, ouviu-se uma explosão gigantesca, os vidros das janelas tremeram e o edifício se mexeu violentamente. "Deve ter caído perto", pensei, e olhei instintivamente para o relógio: um minuto para o meio-dia. Com o movimento do edifício ainda no corpo, aproximei-me da janela. Será que tomaram o quartel-general da aviação, que ficava justamente atrás? Ou teria sido ainda mais perto? Não vi nada da varanda e voltei a me concentrar na discussão lingüística do *Aftenposten*. Os nomes árabes podem ser transcritos de uma infinidade de maneiras; é preciso apenas ser coerente. E a partir de agora escreveria sempre carros de combate e não tanques em norueguês.

O telefone tocou novamente, era Tim outra vez. Teria voltado a eletricidade?

— O hotel foi atingido! Desça! Pode cair!

Fico paralisada com o fone na mão durante uma fração de segundo antes de sair disparada. Devia ter apanhado o computador ou o telefone? Não, simplesmente fujo. Todo mundo corre. As escadas estão cheias de gente. Vejo Jacques, Lorenzo, Anna, Giovanna, os vizinhos barbudos de Antonia, Jean-Paul. Todo mundo se precipita pelas escadas e sai para o jardim pela recepção e pelas portas de vidro, fugindo do prédio. O hotel continua de pé. Cairá? Alguém grita:

— A Reuters foi atingida, o escritório da Reuters foi atingido!

Envolvidos em cobertores de lã ensangüentados, os feridos são retirados do elevador. Não há macas, não há primeiros socorros. Um jipe na entrada do hotel recebe os feridos. Um segundo carro recebe outros feridos embrulhados em cobertores encharcados de sangue. Não conseguimos ver quem são. Demoraram muito para descer. Tiveram que esperar minutos cruciais no lento elevador e perderam muito sangue.

Josh dirige-se a mim. Está chorando e cambaleia.

— Meus amigos! — grita. — Eu estava lá, vi tudo! Taras estava estendido no chão, e Paul também. O escritório, cheio de estilhaços.

— Paul... — digo. — Você sabe alguma coisa dele?

— Não, não sei nada. Não tinha nada que eu pudesse fazer.

Josh está muito vermelho, treme, olha para o outro lado, vai embora. Josh, o ex-soldado; Josh, *the satellite guy*, como Paul. Quando os carros partiram, ficamos indecisos diante do hotel.

No 1502 há uma câmera destruída. Pedaços de concreto e estilhaços de metal bóiam em poças de sangue.

Por que atacaram o hotel?

Do posto de comando norte-americano no Qatar, informaram-nos de que os soldados colocados na ponte tinham sido atacados do hotel e haviam respondido aos disparos em legítima defesa. Senti uma pontada. O que aconteceria se os iraquianos começassem a utilizar o Hotel Palestina como posição para a defesa de Bagdá? Sabíamos que havia artilharia antiaérea nos terraços em volta. E se colocassem armas e soldados no nosso terraço...? Então seríamos o que mais temíamos ser: reféns.

Nessa mesma manhã, quando o correspondente Tareq Ayub, da televisão árabe Al-Jazeera, estava quase começando a apresentar a sua reportagem no terraço dos escritórios do canal, a dois passos do Ministério da Informação, um míssil acertou o gerador a alguns metros dele. O gerador explodiu e os pedaços de metal atingiram o jornalista. Morreu na mesma hora diante do olhar atônito do âncora do jornal, no Qatar, que viu tudo na sua tela do outro lado do Golfo Pérsico. A morte ocorreu justamente antes de o repórter iniciar a sua transmissão.

— Estes ataques não são casuais — é a opinião de Robert Fisk. — A Al-Jazeera foi atingida por bombas norte-americanas três vezes em poucos anos: primeiro em Cabul, depois em Basra e agora aqui. Dizem que são erros ou acidentes, mas sabem perfeitamente o que estão fazendo. Os jornalistas são alvo dos americanos.

Uday passa apressado, mas despreocupado. Jean-Paul pergunta-lhe o que realmente está acontecendo.

— Numa guerra as pessoas morrem. Com toda a certeza vocês sabiam disso, ou não? — diz sarcasticamente o burocrata antes de entrar no seu gabinete. Do décimo quinto andar saía uma coluna de fumaça do quarto atingido e os vidros das janelas dos andares seguintes estavam em pedaços. A granada acertara o parapeito da varanda e pedaços de concreto e de vidro voaram por todo o quarto.

Fiquei indecisa. A estrutura do hotel estava danificada. Voltei ao meu quarto. O telefone tocou quando entrei. Era Bjørn Hansen, da NRK.

— Você está bem?

— Estou.

Não me passava pela cabeça que a notícia do Hotel Palestina já tivesse chegado à Noruega, que as agências de notícias a tivessem difundido e que alguém pudesse estar preocupado comigo.

— Você vai entrar ao vivo esta manhã para contar o que viu. Enquanto isso, vou telefonar para os seus pais. Qual é o número deles?

Ligou-me com o estúdio e contei o pouco que sabia sobre o míssil que atingira o hotel.

— Você está considerando a possibilidade de mudar de hotel? — perguntou a apresentadora, Nina Owing.

— Para onde vamos? Não podemos escolher e, neste momento, este é o único hotel habitável. Travam-se batalhas ao redor de todos os outros que, em algum momento, estiveram disponíveis para nós.

— O que vão fazer?

— Vamos esperar para ver o que acontece.

Em seguida telefonaram os suecos, os dinamarqueses, os finlandeses, os holandeses e os canadenses.

— A France 3 tem as imagens.

Remy está a caminho dos seus escritórios no décimo quarto andar, onde estão editando as imagens antes de enviá-las para o mundo inteiro. Nessa manhã, a equipe de televisão estivera seguindo a campanha pelos quarteirões onde se situavam os ministérios. Nos últimos dez minutos antes da explosão, a France 3 tinha as câmeras no hotel, focalizando três tanques Abrams que estavam na ponte Al-Yumhuriya. A câmera registrou que, de repente, o tanque do meio apontou o canhão para o hotel. Um clarão, uma explosão e todo o Hotel Palestina tremeu. O projétil acertou o piso em cima da France 3, onde Taras Protsyuk, um operador de câmera ucraniano, com muita experiência, também filmava os três tanques. Foi atingido no estômago por pedaços de concreto e de vidro. O mesmo aconteceu com a câmera do espanhol José Couso, da Telecinco, que estava na varanda ao lado e foi ferido gravemente nas pernas pelos projéteis. E três colaboradores da Reuters sofreram ferimentos no rosto, nas pernas e na nuca.

O posto de comando das forças americanas insistiu mais de uma vez que os seus tanques tinham sido atacados a partir do hotel. Na primeira coletiva de imprensa, o general Vincent

Brooks declarou que os seus soldados tinham respondido ao fogo aberto do saguão do hotel. Isso era impossível, o saguão dava justamente para o lado oposto da ponte. Mais tarde, o general disse que tinha se enganado ao nos dar as explicações e que os tanques tinham sido atacados de algum lugar da fachada do hotel. O comandante da segunda brigada da terceira divisão de Infantaria declarou depois que os seus homens tinham atirado porque se sentiram ameaçados ao se verem vigiados pelo inimigo. Mas a única coisa que os vigiava era uma dúzia de câmeras filmando a batalha das suas varandas no Hotel Palestina.

Nessa manhã, ninguém tinha visto os homens armados nem ouvido quaisquer disparos no edifício; as imagens da France 3 davam prova disso.

— Se tivessem sido feitos disparos do hotel, as câmeras teriam captado o som — observou o operador de câmera.

O Hotel Palestina era um lugar importante em Bagdá.

— Eles nunca vão atacar este hotel, há americanos aqui — assegurou-me uma iraquiana com crianças debaixo das saias.

Mas a verdade é que o Palestina tinha sido atacado. Desci para escrever um e-mail para o *Aftenposten* sobre o ataque. "Mísseis contra câmeras", pus como assunto. Nesse momento alguém bateu na minha porta. Era Josh, que estava no corredor com uma garrafa de uísque. Tinha o rosto encharcado de suor e lágrimas. Sentou-se na minha cadeira e chorou sem parar. Eu me sentei na cama.

— Os meus amigos morreram. Não agüento mais.

Repetiu isso várias vezes. O grandalhão estava encharcado de suor, com a cara inchada e coberta de lágrimas. Estava numa varanda do hotel onde havia câmeras, no meio do edifício, quando o Palestina foi atacado. Todo mundo tinha se jogado no chão ao ouvir o silvo, mas Josh tinha subido correndo pelas escadas; com os seus conhecimentos de primeiros socorros, pensara que talvez pudesse fazer alguma coisa.

— Quando entrei no quarto, havia sangue por todos os lados. Fui correndo buscar a minha maleta de primeiros socorros. "Ataduras!", gritei. "Tragam ataduras! Temos que conter as hemorragias." Mas os outros tiraram-nos do quarto e levaram-nos pelo elevador que demorou uma eternidade para chegar e descer e com isso os feridos perderam muito sangue. Eu não podia fazer nada e eles estavam morrendo na minha frente. Tinha a minha maleta de primeiros socorros. Mas não podia fazer nada. Absolutamente nada! Senti-me impotente, impotente, impotente...

Josh tremia e chorava desconsolado. Tinha se esquecido do copo cheio de uísque que estava à sua frente.

— Taras morreu a caminho do hospital e José, um pouco depois. Paul ficará bem e os outros dois também. Devia ter colocado as ataduras. Mas não consegui abrir caminho. Eu podia tê-los salvo!

— Josh, não é culpa sua o fato de terem morrido. A culpa foi do míssil. O míssil dos norte-americanos.

Tentei consolá-lo. Ele tremia convulsivamente e olhava para mim desesperado. Dei a volta na mesa para abraçá-lo. Temi que estivesse prestes a ter um ataque de nervos e que não agüentasse o resto da guerra. Ficamos sentados. Até então fora Josh que tinha me consolado e animado. Agora era a minha vez. Durante longos momentos afaguei as costas dele, numa tentativa de o acalmar. Entardecia e eu não tinha escrito nada além do título do artigo. Precisava escrever agora para cumprir o prazo. Mas o meu amigo estava aqui. Disse a ele com cuidado:

— Josh, pode ficar sentado aqui. Fica aqui, mas eu... sinto muito, tenho que começar a escrever. *Sorry*.

Fixou em mim o olhar vazio.

— Pode ficar aqui enquanto escrevo — repeti, consciente da futilidade do convite.

— Não, não, já vou embora. Temos uma transmissão.

O grandalhão levantou-se e desapareceu. Era ele o ponto eletrônico no ouvido do repórter durante as transmissões ao vivo, a voz que ligava o estúdio ao jornalista enquanto as transmissões eram gravadas. O técnico atrás das câmeras que ninguém via e que ninguém elogiava, que nunca chegará a ser famoso e aclamado e que, no entanto, passa pelas mesmas coisas que os jornalistas, vive os mesmos perigos e os mesmos traumas, só que nunca se sabe que existe. Era o pau-para-toda-obra que não tinha outro remédio senão guardar para si as experiências de guerra, enquanto ajustava o satélite para que o sinal chegasse a um estúdio em Londres e os jornalistas pudessem emitir os seus informes e dizer tudo o que tinham para dizer.

Uma vez enviado o artigo, tinha que reportar para a televisão. Tirei o capacete do armário: branco, duro e pesado. Coloquei-o pela primeira vez e desci depressa as escadas.

— Você não colocou direito — disse o técnico e ajustou o meu capacete antes de começarmos.

— O prédio inteiro tremeu — disse Christian Borch no noticiário norueguês. — Os cobertores de lã cheios de sangue... Câmeras destruídas... Três mortos... O tanque que atirou... Momentos de pânico... Comoção...

— Como está a situação em Bagdá esta noite?

— Passam aviões por cima das nossas cabeças... Ouvem-se bombardeios à distância... os combates continuam...

Pelo canto do olho vi David fazer a sua reportagem para a Sky News. Estava descontraído, como sempre. Os dois contamos o que tínhamos visto, ouvido e experimentado. Eu, em norueguês, ele no seu inglês elegante de família real. Falávamos como metralhadoras, transformando os fatos em frases breves e concisas.

— Despedimo-nos de Åsne Seierstad, em Bagdá — disseram no estúdio norueguês e tirei os fones quase ao mesmo tempo que o jornalista inglês.

— Que bonitinho! — gritou David do seu lugar.

— O quê?

— Branco, é branco!

— O quê?

— O seu capacete. Combina bem com os seus cachinhos dourados!

David soltou uma gargalhada e iniciou um discurso sobre os diferentes capacetes. Alguns eram azul-marinho, outros, verde-militar, e outros, pretos.

— Só você tem um capacete branco — disse como se fosse um elogio.

Olhei para Josh, que olhava fixamente noutra direção. Agora que a transmissão tinha acabado, estava sentado numa cadeira de plástico, atrás da câmera, fumando.

Era impossível ver o que acontecia lá embaixo, na noite escura. Os holofotes do telhado estavam dirigidos para nós; de resto, a escuridão era total. Era uma sensação irreal, como estar sentado em cima de um navio todo iluminado por holofotes. O terraço parecia o convés de um barco rodeado por flamejantes luzes de navegação. Não fazíamos idéia do que se escondia na escuridão que nos rodeava, nem como estariam as imediações quando acordássemos na manhã seguinte. Na zona de quem se encontraria, então, o hotel? O que veríamos? Experimentávamos uma nova sensação: a angústia.

Na manhã seguinte as ratazanas abandonaram o barco. Tinham desaparecido todos. Os burocratas de alto escalão, Uday, Kadim, Mohsen. Os homens que costumam fumar empedernidamente atrás da mesa com o cartão que diz "Centro de imprensa". Os militantes uniformizados do partido Baath. Os guardas e a polícia.

O gerente do hotel anda pra lá e pra cá pela recepção.

— Agora estamos sós, sem guardas e sem armas.

Os jornalistas mais corajosos já saíram e contam que os norte-americanos tomaram Saddam City, que são recebidos como heróis com flores e bandeiras. Também falam das pilhagens que começaram na esteira da invasão.

Em toda a cidade não há sinal dos policiais e dos seguranças. Bandos armados percorrem Bagdá, quebrando janelas, roubando lojas, escolas e prédios públicos. Mas andam ainda com cuidado, não se trata de uma pilhagem maciça... ainda não. As ruas adjacentes ao hotel estão desertas e tranqüilas.

— Não vão demorar a chegar, não vão demorar a chegar — salmodia o gerente do hotel. — Sabem que todos os jornalistas estão neste hotel, que não estão armados e que têm muito dinheiro. Milhares de dólares. São tesouros ambulantes fáceis de roubar. Não vão demorar a chegar.

Pede-nos para esconder nossos computadores, telefones e dinheiro. Remy me ajuda a encontrar um esconderijo. No pequeno corredor entre o quarto e o banheiro há algumas tábuas soltas no teto. Remy as remove e guarda ali todo o meu equipamento. E agora?

Fico onde estou. Não me atrevo a sair pela cidade. Não quero me arriscar a ser atingida num fogo cruzado. Depois de ouvir as histórias de Yves, seria altamente perigoso sair de carro com o meu motorista. Os norte-americanos poderiam tomar-nos por terroristas-suicidas. Estou sentada na cama retorcendo as mãos, tentando me convencer de que não se pode sair numa cidade onde o exército invasor está abrindo caminho para o centro, numa cidade na qual não se sabe onde estão as frentes de batalha. Vou várias vezes à varanda. Faço um informe para uma rádio e conto sobre tudo o que não vi, mas que ouvi de outras pessoas: as forças americanas chegaram, a pilhagem começou e os bandidos estão nas ruas. A única coisa que vi com os meus próprios olhos é que os soldados iraquianos desapareceram. Os mais corajosos funcionam hoje como minha agência de notícias particular. Continuo andando sem rumo pelo hotel, passando de vez em quando em frente ao prédio para ouvir os últimos rumores.

— Mohsen tentou abandonar ontem o hotel no carro de Yves, mas Yves tinha esvaziado os pneus!

— Os jornalistas da televisão portuguesa tomaram uma surra na rua Saadoun e levaram tudo.

— Aconteceu o mesmo com Sanja!

— Quem?

— Você conhece, a búlgara que está fazendo um documentário.

— Uday fez uma ronda ontem pelos quartos, procurando dinheiro. Ameaçou expulsar quem se recusava a pagar!

— Eu não dei um dólar a esse miserável.

— Pois conseguiu arrecadar milhares de dólares!

— Os dois aeroportos estão tomados!

— A minha intérprete desapareceu!

— E o meu motorista!

— Não há ninguém no salão do café. Queria ter tomado uma xícara de chá.

— Os cavalos árabes do filho de Saddam Hussein foram soltos. Estão correndo pelas ruas.

— Não está ouvindo? O tiroteio está se aproximando!

— Não sei.

— O Hospital Al-Kindi está cheio de feridos. Não há um minuto em que não entrem novos pacientes com estilhaços nas costas ou na cabeça.

— Helicópteros!

— Estão indo para o centro!

— Os mártires, os fedayin de Saddam, se refugiaram no Ministério da Aviação.

— O exército fugiu para Tikrit!

— Mas a maioria desertou.

— *Mamma mia, sono stanchissimo!*

Embora pareça impossível, Lorenzo está mais suado do que de costume, e arranca o colete à prova de bala.

— O que está acontecendo? — pergunto.

— *Hai fame? Ti dirò tutto.*

Lorenzo me leva com ele e me serve um almoço e histórias.

— *Finito! Lo spettacolo è finito!* O que você quer comer?

No seu quarto do nono andar observa indeciso a despensa. Pouco depois escolhe um pepino e uma cebola, abre uma lata de atum, tempera com pimenta e serve tudo numa travessa.

— *Antipasti?*

Distribui em dois pratos o conteúdo de uma lata de alcachofras que tirou sabe Deus de onde.

— Onde é que você foi hoje?

— A lugar nenhum.

— Você não saiu? Mas é lá fora que está tudo acontecendo! Hoje!

— Hoje não tive coragem de sair.

— *Madonna!*

— Conta para mim, então!

Lorenzo esteve em Saddam City, onde as pessoas o abraçavam, tanto a ele como aos soldados norte-americanos.

— Primeiro, todo mundo aplaudia, mas depois perceberam que as mãos servem também para outras coisas, e começaram os saques. Enchem os bolsos com tudo o que encontram. Nas lojas, nos restaurantes, nos quiosques e nos prédios públicos. Nada é pequeno demais para não valer a pena. Cabos, lixeiras, ventiladores, panelas, luminárias. Esvaziaram um depósito de armas; vi crianças levarem cinco ou seis kalashnikovs nos braços. De um momento para outro todo mundo tinha armas e estava dançando com elas. Estive ali durante várias horas, mas de repente o clima mudou. Estávamos ali com as nossas câmeras, com os bolsos cheios de dólares, automóveis caros, capacetes e coletes à prova de bala. Sem armas. O meu intérprete disse "Vamos embora daqui" bem a tempo.

— Não havia combates?

— Não, parece que os soldados de Saddam Hussein fugiram da cidade. As sedes do partido Baath estão sendo saqueadas; e dão uma surra nos militantes que encontram.

— E os norte-americanos?

— Suponho que virão depois. Tomara que cheguem antes dos saqueadores! Caso contrário, os bandidos vão se fazer. — Lorenzo ri. — Mas ninguém pode saber o que farão os norte-americanos. Fazem o que querem, a única coisa que importa para eles é ganhar a guerra!

Como eu podia ter sido tão covarde? Um dia tão importante e eu tinha ficado no quarto roendo as unhas, enquanto o drama se desenrolava por toda a cidade. Amir e Aliya estavam felicíssimos que eu não quisesse sair, mas eu estava furiosa comigo mesma. E, além disso, continuava com medo. Senti-me profundamente fraca quando Lorenzo deu vários informes a uma infinidade de estações italianas de rádio e televisão... num *crescendo*.

Ouviu-se um som novo, quase como uma carga-d'água ou um vendaval se aproximando. Retumbante, estrondoso e tilintante, o ruído aproximou-se resfolegante e furioso.

Fomos para a varanda.

— Os norte-americanos!

Uma coluna de tanques circulava por uma das avenidas! Enormes, ocupavam todas as faixas. Lento, quase piedoso, o primeiro Abrams entrou, rodando na praça do Palácio. Depois, os outros seguiram-no um a um. Rugindo, circularam pela praça.

Era como ver do alto uma ópera aproximar-se do seu *gran finale*. Éramos o público enfeitiçado e paralisado pelo drama, até que se quebrou o encanto e decidimos entrar em cena. De repente deixamos os nossos assentos, abandonamos as varandas e descemos correndo pelas escadas. Lorenzo a toda velocidade e eu atrás. Na praça do Paraíso, ficamos olhando boquiabertos. Eram uma estranha aparição estes norte-americanos; como figurantes num filme de guerra que desconheciam os planos do diretor para a próxima cena. Todo o seu equipamento fazia-os parecer enormes. Graves e concentrados, avançavam pelo largo, apontando as armas em todas as direções, prontos para atirar, prontos para atacar. Isto era terreno desconhecido e ninguém sabia onde estava o inimigo.

Na praça do Paraíso não estava; isso ficou patente. O primeiro tanque parou quando atravessou a praça ruidosamente e tomou de novo a rua por onde tinha entrado. Os outros tanques fizeram o mesmo. Por fim, controlavam todo o largo.

Os soldados tinham expressões inconfundivelmente norte-americanas, seja lá o que lhes desse esse *american look*. Eram altos, largos e robustos. Bem alimentados, em suma. Alguns louros, outros morenos, outros negros.

"Acabou-se. A guerra acabou", pensei.

Era como se um nó se soltasse dentro de mim e algo transbordasse. Gritei para um dos tanques:

— Obrigado por vir!

Quis engolir as minhas palavras, logo que as disse.

Mas tivera tanto medo...

Aliya tinha descido. O seu olhar estava congelado, os seus lábios muito apertados, os ombros na altura dos ouvidos e os olhos cheios de desconfiança. Pôs-se ao meu lado sem me olhar.

Algum tempo depois, alguns jovens rodearam a estátua da praça. Um homem com um grande martelo tentou derrubá-la. Outros escalaram-na e colocaram uma corda em volta do pescoço. Empurraram e puxaram, mas a estátua não se mexia. Só o pedestal de granito media vários metros.

— Abaixo Saddam! Obrigado, Bush! — gritavam.

Francamente, nunca tinha reparado muito naquela estátua. Jamais a tinha observado. Ainda que sempre estivesse atrás de mim quando fazíamos as transmissões e apesar de passar por ela cada vez que saía do hotel ou voltava a ele diariamente, não reparei nela de verdade até ser atacada. Fazia lembrar uma estátua de Stalin: frio e paternal ao mesmo tempo, uma das mãos apontando para o futuro.

A estátua tinha sido erguida quase um ano antes, em 28 de abril de 2002, devido ao sexagésimo quinto aniversário de Saddam Hussein, e agora agüentava os puxões. Os homens que arremetiam contra ela pareciam os liliputianos em cima de Gulliver. Os fuzileiros navais americanos uniram as suas forças à dos jovens iraquianos, colocando uma corrente em volta da cabeça do ditador e amarrando a outra ponta a um tanque que depois deu marcha a ré. A estátua nem se mexeu. O tanque voltou a puxar. A estátua continuava sem se mexer. Os soldados tentaram de novo. A estátua oscilou um pouco, mas não caiu.

O tanque deu marcha a ré de novo e ouviu-se um ruído rangente, mas Saddam permanecia no seu lugar. Alguns fuzileiros navais subiram na estátua e amarraram-lhe uma bandeira americana na cabeça. Os que tinham tentado derrubar a estátua davam gritos de alegria, mas os que estavam mais afastados pareceram enrijecer. Saddam estava cego e amordaçado.

— Estamos no Iraque, não nos Estados Unidos — comentou um homem ao nosso lado, seguindo o drama com um olhar severo.

— Nós é que deveríamos ter nos libertado de Saddam Hussein. Mas olha, deixamos que eles fizessem isso — suspirou outro. — Somos uns covardes, devíamos ter dito o que pensávamos abertamente, não derrubar estátuas, agora que ele já caiu.

— Finalmente podemos dizer o que queremos — objetou outro. — Esse homem tem as mãos cheias de sangue. É um tirano. Ele nos asfixiava.

Nem todo mundo tinha a mesma opinião! Finalmente, ouvia-se uma discussão política nas ruas de Bagdá. Alguns aplaudiram, outros mostraram o seu desacordo com o que estavam vendo.

— É uma ofensa — disse o que tinha falado primeiro. — A bandeira americana não deve ser estendida em Bagdá.

Era como se os americanos tivessem ouvido esta opinião nos limites da praça. Uma bandeira iraquiana apareceu e substituiu a americana. Muitos suspiraram aliviados. Os iraquianos que tinham escalado até a cabeça dançavam agora em volta da estátua.

— Xiitas — soprou um dos homens ao nosso lado. — São todos xiitas. Vê como invocam o imame Hussein?

Um homem idoso observava o drama na praça com uma expressão muito séria. A seu lado havia uma criança sentada num muro de concreto. O homem tinha profundas cicatrizes no rosto e olhava petrificado o que se passava.

— Nunca acreditei que o regime fosse cair tão facilmente — disse quando o tiramos dos seus pensamentos. — Destruiu a minha vida e agora deixou de existir.

Abraçou a criança de quem parecia ser avô, mas de quem na realidade era pai; o homem tinha apenas 40 anos.

— As guerras me envelheceram — disse, como se tivesse lido os meus pensamentos. — Sugaram o meu vigor. Todas essas guerras que o nosso presidente iniciou. Quando eu tinha 17 anos, me mandaram para a guerra contra o Irã, um inferno que durou oito anos. Três anos depois de voltar, começou a Guerra do Golfo. Por pouco não morri quando um míssil caiu justamente ao meu lado. Foi então que fiquei com estas cicatrizes — disse e passou a mão pelos cortes do lábio, da sobrancelha e da face e levantou a camisa para mostrar ainda mais cicatrizes. — Mas onde estou mais ferido é aqui — afirmou, apontando para o seu coração. — Os meus dois irmãos mais novos morreram na segunda Guerra do Golfo. Um foi morto pelas balas de um tanque norte-americano, o outro morreu num dos grandes combates do deserto. Eu desertei e vim a pé do Kuwait até Bagdá. Quando por fim cheguei, não tinha nada. Não tinha dinheiro, estava descalço e as minhas roupas eram farrapos. Embora continuasse vivo, tinham-me roubado a vida. Dei vinte anos ao exército iraquiano. Não recebi outra coisa senão sofrimento por todos estes anos.

O Abrams acelerou e puxou com toda a força a estátua e esta rangeu algumas vezes. O tanque puxou de novo, Saddam bradou, rangeu e gritou antes de cair e desmoronar-se em cima do pedestal. O grupo de pessoas em volta da estátua explodiu em gritos de alegria.

Quando o homem que Aliya considerava pouco menos que divino caiu de bruços, ela virou as costas para não ver mais. A estátua tinha caído de uma forma indigna, dividida em duas pela força bruta de um tanque norte-americano.

O soldado traumatizado pelas suas guerras sorriu ligeiramente. Os olhos que tinham estado como mortos avivaram-se durante um instante fugaz. Abraçou ainda mais fortemente o seu filho.

Amir tinha seguido o drama sentado no capô do carro. Agora as lágrimas caíam-lhe pela face e ele olhava rancoroso para o Saddam caído.

— Este é o meu país — disse. — O Iraque é o meu país! Os norte-americanos não devem mandar nele!

A seu lado estava Abas, o seu amigo. Também ele chorava. Lágrimas de alegria.

— Estou tão feliz! Finalmente! Finalmente estamos livres! Finalmente podemos começar a viver! *I love America!*

— Com que direito fazem isso? — sussurrou Aliya. — Com que direito?

Depois

Bagdá está envolvida numa nuvem de palavras. As palavras saem, são interceptadas e se enraízam na cabeça das pessoas. Então, dão voltas e fazem sair mais palavras, que esvoaçam para novos ouvidos. As palavras formam frases que ficaram muitos anos esperando para ser pronunciadas. Tornam-se declarações de ódio e conversas amarguradas. Há também gritos de alegria e de agradecimento. As palavras provocam abraços e às vezes beijos.

Nesta nova e vertiginosa existência pronunciam-se palavras que há muito pouco tempo poderiam ter mandado as pessoas para a prisão. Palavras que poderiam acabar em torturas ou num tiro na cabeça. Palavras que podiam tirar tudo.

Agora ressoam em todos os lados. Entusiasmadas, surpresas, inseguras, amargas. Gritam-se em voz alta ou soluçam-se entre lágrimas.

Uma palavra é *libertação*, outra é *liberdade*. Uma palavra é *invadido*, outra é *ocupado*. Outras são ódio, vingança, ditadura, Saddam, diabo, até que enfim...

— Estamos livres! Obrigado, sr. Bush! — grita um jovem em Saddam City.

— *Alahu akbar!* Alá é grande! — repete o imame na mesquita.

— Vamos expulsar os ocupantes infiéis — declaram sujeitos de barba desgrenhada.

O que Saddam Hussein pensa pouca gente ouviu. Mas as palavras de George Bush voaram pelo Atlântico: "A nossa vitória no Iraque é certa."

Era uma vez dois amigos. Viviam nos tempos de Saddam Hussein. Tratavam-se por irmãos e falavam preferivelmente em voz baixa. A ditadura reinava em Bagdá e o medo reinava sobre o povo.

Então estourou a guerra.

Os dois amigos estavam um ao lado do outro, assistindo à queda da estátua. Ambos começaram a chorar. Mas enquanto a face de um se umedeceu de tristeza, a do outro se umedeceu de alegria.

Então começaram a falar. Um era de opinião que o país fora invadido, o outro que tinha sido libertado.

— Não merecíamos esta humilhação — disse Amir, indignado.

— É o dia mais bonito da minha vida — regozijou-se Abas.

Os dois amigos olharam-se entre lágrimas.

Eram as duas faces de Bagdá. Um era sunita. Os seus irmãos eram militantes do partido Baath e da milícia que devia defender Bagdá dos invasores. O outro era xiita. Vários dos seus familiares ainda estavam nos calabouços ou talvez tivessem desaparecido para sempre.

Durante as primeiras horas, na profusão de rumores após a queda do regime, ainda estavam de acordo numa coisa: nenhum dos dois tinha gostado daquele governante.

— Foi um mau presidente — sussurrou um.

— Foi um maldito tirano — gritou o outro.

A mão do ditador já não asfixiava a população. Os únicos que tinham que se esconder agora eram ele e seus seguidores.

Os dois amigos se esforçaram para encontrar um terreno comum; tentaram amenizar os sentimentos de amargura com novas palavras. Mas a compreensão que tinham um do outro não podia durar. Continuaram a ser as duas faces da cidade numa coexistência cada vez mais difícil.

— Olhe para estes saqueadores, estes cães! — exclamou um com a expressão dura.

O outro ficou em silêncio.

— Não digo isto por ser sunita, mas os xiitas são o símbolo da sujeira, da anarquia e do caos.

— Nem todos os que roubam são xiitas — objetou o outro.

— Não demora muito e vai estourar uma guerra civil — previu o seu amigo. — Não podemos aceitar de braços cruzados que os xiitas destruam o nosso país.

— Você não está falando assim porque é sunita, e eu não estou contente pela libertação do país porque sou xiita, é claro que não — ironizou o outro.

— Antes tínhamos ordem, tínhamos pontos de referência. Sim, o nosso ditador foi severo, mas, de fato, o povo precisa de mão de ferro. Um homem forte. Se não o temos, perdemos o rumo e nos afundamos num mar de loucura — disse o primeiro e olhou em volta com rancor. — Agora não sabemos quem manda ou quem vai cuidar do nosso futuro. Não sabemos de nada.

O outro, pelo contrário, não via insegurança, mas sim aventura e novas possibilidades. Ele, que tinha conhecido a prisão, o desespero e o pavor, começava agora a sonhar.

— O futuro, a liberdade e a democracia são simplesmente novas mentiras — grunhiu o primeiro.

— O futuro, a liberdade e a democracia podem ser construídos — replicou o outro.

Os dois amigos tinham uma amiga. Se eles eram as duas faces da cidade, ela era o coração. Quando o ditador caiu, ela entrou em coma. Não porque desfalecesse ou desmaiasse. Ficou de pé, mas um véu cobriu os seus pensamentos e os seus sentimentos.

Não chorou. As pessoas em coma não choram, limitam-se a existir. Foi isso que aconteceu com Aliya. Quando os dois amigos começaram a discutir, ela foi para casa, deitou-se na cama com a roupa vestida e adormeceu. Ninguém tinha lhe dado boa-noite; de fato, ninguém tinha percebido que ela fora embora. Os seus amigos estavam ocupados demais gritando palavras e formulando frases inéditas. Ela sabia que a amiga loura iria correr de quarto em quarto até de madrugada, então não ia precisar dela esta noite.

Finalmente, a loura também adormeceu algumas portas mais adiante. Exausta, dormiu ao som de dezenas de tanques de guerra. Nenhuma das duas ouviu os tiros durante a noite nem os aviões a silvarem por cima delas, a caminho de novos combates.

Tinham-se tratado por irmãs, tinham prometido proteger uma à outra. Shakra *e* Samra, *uma loura e outra morena.*

Você se esconde atrás de mim — dissera a morena. — Eu vou me esconder atrás de você quando...

O coração de Bagdá tinha se fechado, estava magoado e humilhado. Quando o sol já ia bem alto no céu, alguém bateu na porta. Isso fez com que ela estremecesse ainda um pouco mais. Antes de abrir, tentou se proteger, fingindo-se de forte, fria e severa.

— Bom-dia. Como vai? — cumprimentou a loura.

— Bem, obrigada.

— Não parece.

— Ah, não?

A loura atingiu o coração.

— O que você acha da queda de Saddam?

— Não tenho opinião a esse respeito.

A loura torceu a faca.

— Mas o que você sente?

— Não tenho sentimentos.

A invasora era impiedosa.

— Você ficou zangada, triste ou alegre?

— Por favor, não faça mais perguntas.

Tinham-se tratado por irmãs e prometeram proteger uma à outra. Ficaram se olhando. A invasora finalmente guardou a faca e beijou o coração de Bagdá. O abraço foi breve. A irmã ferida se retirou.

— Hoje preciso de tempo para ir visitar a minha família — disse Aliya.

— Claro, quando você quiser. Amir está lá fora, quer ir agora?

— Não, não, posso esperar.

— Se quiser, vá logo.

— Não, vamos trabalhar.

Amir de fato nos esperava no estacionamento, mas não no lugar habitual. Hoje o seu carro estava fora das barreiras norte-americanas. Os tanques tinham ocupado a sua vaga. Tanto ele como a intérprete estavam em silêncio. Rapazes grandalhões com coletes à prova de bala e rifles ocupavam o hotel — a recepção, as escadas, o corredor, a entrada — e toda a sua cidade.

A rua Saadoun, paralela ao Tigre, a um quarteirão da margem, estava cheia de homens com carroças, carros e caixas. Uma caminhonete estava estacionada em cima da calçada. Tinha uma corrente presa na grade do Banco Rafidain, "o banco dos dois rios". O veículo zumbia e puxava, a grade cedeu e foi pelos ares. Quebraram a porta com um machado e a multidão se precipitou para dentro. Logo depois, saíram todos correndo.

— Uma bomba, uma bomba! — gritaram e correram para a calçada em frente, onde ficaram esperando.

— Seguramente alguém que queria ficar com o dinheiro todo gritou "bomba" — disse um e a massa de gente voltou a entrar no banco.

Voltaram com as mãos vazias.

— Desavergonhados! Levaram tudo e fugiram. A caixa-forte está vazia!

A nossa excursão pelas ruas de Bagdá mostrou-nos o mesmo cenário por toda parte. Lojas, restaurantes, hotéis, ministérios e outros prédios públicos tinham sido esvaziados de todo valor. Os ladrões se deleitaram saqueando, inclusive, os hospitais da cidade.

Diante do Ministério da Imigração havia imensas carroças puxadas por cavalos. Encheram-nas com computadores, televisões, ventiladores, mesas, cadeiras de escritório, resmas de papel, um espelho, xícaras e pratos.

— Vivemos durante trinta anos num regime que nos roubou tudo: a liberdade, o poder de compra, a possibilidade de escolher. Agora, as pessoas acham que roubando ficam com algo que tinham perdido. Como se isso fosse possível. Roubam o seu próprio povo, não o regime... esse já era. Além disso, como é que um ventilador empoeirado vai compensar décadas de vida roubada?

O homem que falava observava o espetáculo com olhos tristes. Usava uma roupa velha que já fora elegante.

— Além disso, nada funciona: não há eletricidade.

Aliya tinha ligado o piloto automático. Traduzia sem espírito, sem sentimento. Amir meneava a cabeça, apoiado no capô do carro; era mais importante que nunca cuidar dele.

— Diziam que iam abrir a porta à liberdade, mas abriram-na ao caos — comentou num tom de amargura.

Passou um estranho cortejo: um cavalo puxava uma carroça que por sua vez puxava um carro que puxava outro carro, ao qual estava amarrado outro cavalo. Um grupo de homens, mulheres e crianças vinha atrás aos tropeções: uma família inteira dedicada à pilhagem.

No meio do caos chegaram alguns soldados norte-americanos. Dirigiram-se a um prédio com passos firmes e os rifles apontados em todas as direções.

— Aqui ficava um depósito de armas — explicou o sargento Nicholas. — No centro da cidade. Quando chegamos, as pessoas estavam levando coisas, mas agora temos tudo sob controle.

No edifício havia caixas com rifles, munições, cartuchos e pistolas. Em algumas das caixas, caracteres latinos, noutras, cirílicos, e noutras, árabes.

O sargento disse que nos mostraria mais depósitos de armas. A patrulha parou junto a um clube desportivo. A piscina estava sem água e cheia de sacos de areia. No ginásio tinham armazenado granadas. E colocados com esmero, entre trampolins e prateleiras cheias de material esportivo, havia dez mísseis com 10 metros de comprimento.

— São mísseis ar-ar — informou Nicholas. — Tentaram reconvertê-los. O Iraque não tem uma força aérea operante e tentaram convertê-los em mísseis terra-ar.

Nicholas suava. O sol batia sem piedade na sua nuca vermelha. Os soldados norte-americanos tinham ordens de nunca tirarem o pesado equipamento de segurança.

— Ouvimos dizer que tinham transportado objetos pesados durante a noite e temíamos que fossem armas que nos transformassem em alvos de bombardeios — afirmou um rapaz iraquiano que passava naquele instante em frente ao edifício.

Era jogador de basquete e tinha freqüentado bastante o complexo desportivo antes da guerra. Agora, aquele lugar estava vazio. Tudo o que era de valor fora roubado, e os retratos de Saddam Hussein haviam sido destruídos. Algumas camisetas estavam sujas e amontoadas num canto, e listas de resultados escritas à mão tinham sido pisoteadas.

Aliya, cansada, deu uma olhada nos papéis, traduzindo as listas, meio queimadas, de diplomas e homenagens a Saddam. Eu já não perguntava a ela como se sentia. Era, de fato, uma pergunta inoportuna. "Use a cabeça", disse a mim mesma.

No prédio ao lado também havia armas empilhadas. Numa das salas, mais de 5 mil rifles. Naquela madrugada as pessoas tinham irrompido pelo edifício.

— Largaram tudo quando nós entramos, e não pudemos fazer nada além de deixá-los ir.

Uma outra sala estava cheia de mísseis antiaéreos transportáveis. Outra, de caixas de munições.

— Estas são cruéis — disse Nicholas, mostrando-nos cápsulas negras. — Entram no corpo, circulam e provocam terríveis hemorragias internas — explicou e deixou-as num canto. — Estas são para metralhadoras de 14,5 mm — continuou, apontando para outras.

A parede inteira estava coberta de prateleiras com caixas sujas onde se lia "Gás lacrimogêneo — Produto da Jordânia".

A idéia fora distribuir armas entre a população para que lutasse contra os invasores. Mas nem o exército, nem a milícia, nem as forças especiais, nem os moradores tinham aceitado defender a cidade.

— Ontem encontramos um imenso depósito de granadas. Escavamos um grande buraco no chão e enterramos tudo. Agora há dez metros de terra em cima delas, o que é bastante seguro — disse o sargento.

Dois soldados vigiavam o depósito, mas não faziam nada para impedir a pilhagem do edifício vizinho, uma das sedes locais do partido Baath. Sob os olhares dos americanos com as suas armas carregadas, as pessoas levavam tudo o que havia de valor. Riam e sorriam aos soldados que estavam de óculos escuros e não reagiam.

— Somos uma força de invasão, não um exército de ocupação. As pessoas pedem proteção, mas não somos policiais. Temos que acabar com o regime de Saddam Hussein e limpar o país de armas de destruição em massa, mas somos muito poucos para lhes dar a proteção que pedem. Nem sequer temos homens suficientes para vigiar todos os depósitos de armas. Limitamo-nos a fechar alguns deles a chave e a abandoná-los à própria sorte.

Vieram algumas mulheres, que olharam atentamente para Nicholas, enquanto ele falava.

— Tenho um grande pavor de noite — confessou Khadija, uma mãe de cinco filhos que observava a pilhagem com as mãos vazias e uma expressão resignada. — Passam o dia inteiro roubando lojas e edifícios públicos. Esta noite talvez seja a vez das casas. Você será o responsável — acusou o sargento. — Vocês expulsaram a polícia e as forças de segurança. Agora têm o dever de tomar conta de nós.

— Isto é a anarquia — afirmou um senhor de idade ao seu lado. — A sociedade inteira desabou e a culpa é de Bush. Não podem nos deixar no meio desta confusão, não nos deixem nas mãos dos bandidos!

Uma senhora nervosa veio correndo e se jogou nos braços do soldado.

— Temos medo! — gritou.

— Faremos tudo o que pudermos — respondeu Nicholas e afastou-a com um empurrão.

A mulher ficou petrificada e olhou o sargento com os olhos semicerrados antes de dar meia-volta e ir embora. Nesse momento, os norte-americanos perderam uma simpatizante. Logo seriam mais.

Três jovens mancando são levados com as mãos atadas atrás das costas para as portas do hospital, no local que antes se chamava Saddam City. Com a queda do ditador, foi rebatizado de Sadr City, em memória de um líder religioso. O hospital fervilha de gente; alguns estão armados, outros não. Deste único prédio público em funcionamento, governa-se um milhão de habitantes do distrito.

— Suicidas — grita alguém e a multidão cerca alguns homens.

Mortos de medo, os três jovens dão a cara à multidão.

— Foram detidos com explosivos e várias granadas quando tentavam passar por um posto de controle — diz alguém.

— São homens de Saddam — acrescenta outro. — Vieram para matar, não para nos defender.

Os jovens são levados para o pátio interior do hospital. Um homem puxa um grande sabre e os segue com outros dois, que têm pistolas.

— São da Síria, são terroristas.

Os curiosos da multidão também querem ir, mas são afastados com empurrões bruscos.

— Vamos trancá-los no hospital, depois os americanos cuidarão deles — disse um, que se autodesignou segurança.

Mas os norte-americanos quase não têm presença em Sadr City. O que impera aqui é o caos. O hospital foi tomado por um xeque religioso.

— Pus quatro barreiras em volta do hospital — disse o xeque Said Ali al-Musawi. — Este é o único hospital que não foi saqueado. Os médicos abandonaram os outros e os pacientes foram levados para outros lugares. Tudo o que tinha valor desapareceu, e não vamos permitir que aconteça o mesmo aqui.

O xeque é ambivalente quanto aos acontecimentos dos últimos dias.

— Estou feliz pelo desaparecimento de Saddam Hussein. Se o tivesse pela frente, eu, pessoalmente, lhe cortaria os braços e as pernas e depois ficaria vendo-o morrer lentamente. Ia querer ter certeza de que teria uma morte horrível. É o que merece depois de tudo o que fez conosco.

Said Ali al-Musawi passou nove anos numa cela de 4 metros quadrados na infame prisão Abu Ghraib, em Bagdá.

— Fui encarcerado em 1994, acusado de liderar um grupo que queria derrubar Saddam Hussein. Torturaram-me para me obrigar a confessar. Amarraram as minhas mãos atrás das costas e me penduraram no teto, bateram em mim com paus e cabos e me aplicaram choque elétrico. Ameaçaram assassinar a minha mulher. A cela estava pintada de vermelho, de tal forma que a luz era sempre muito incômoda. Não vi o sol nem saí para o ar livre durante nove anos — disse com amargura. — A tortura continuou durante anos, porque eu não tinha nada para confessar.

O xeque saiu da prisão em outubro de 2002, quando Saddam Hussein concedeu anistia a milhares de presos antes das eleições.

— Mas também não estou muito entusiasmado com os americanos. Sou iraquiano e sou patriota. Não posso aceitar que os estrangeiros mandem no nosso país. Ainda assim, agradeço a eles por nos

terem ajudado a nos livrar do ditador. A vida durante o regime dele era pior do que qualquer coisa.

A maioria dos médicos deixou o hospital de Saddam City quando começaram os combates por terra.

— Não havia segurança aqui, impôs-se a anarquia, então foram para casa — conta-nos o médico-chefe Mowafak Gorjea. — Mas ficaram os melhores, 22 de 120.

O hospital ficou sem água e eletricidade durante alguns dias. Agora a água voltou, mas o hospital ainda depende de três geradores para o fornecimento de energia.

— Um deles está estragado. Se o outro estragar, não poderemos trabalhar. Todo o nosso equipamento é obsoleto. Não sabemos quanto tempo mais vai funcionar — disse o médico. — Sei que poderia ter salvado vários pacientes se tivesse um equipamento melhor — acrescenta com um suspiro.

Num quarto do terceiro piso está Ali. O mundo desse rapaz de 12 anos ficou reduzido a estas quatro paredes, um lençol, um cobertor de poliéster sujo e uma toalha. Está deitado numa cama e por cima dele foi construída uma armação de ferro, sobre a qual há um cobertor marrom e branco. Ali precisa de ar em volta do corpo, nada o deve tocar diretamente. Ao seu lado está Jamila, sua tia. Espanta as moscas sem cessar para evitar que pousem sobre as queimaduras.

A barriga e o peito do rapaz estão cheios de crostas vermelhas, marrons, amarelas, negras e brancas. Toda a sua pele, da cabeça até o quadril, sofreu lesões quando um míssil atingiu a sua casa.

— O estado dele é crítico — disse o chefe da equipe médica. — Trinta e cinco por cento do corpo tem queimaduras de terceiro grau. Bem, do que resta do seu corpo. Se ainda tivesse braços, as queimaduras afetariam praticamente 50% do corpo. Se ficar aqui, irá, com certeza, morrer — prosseguiu o médico em inglês. — Aí, as infecções...

O míssil atingiu a casa de Ali dez dias antes, no meio da noite. A mãe — grávida de cinco meses —, o pai e o irmão mais novo morreram na mesma hora. O cobertor da cama de Ali pegou fogo e os seus braços ficaram de tal maneira queimados que foi necessário amputá-los. Era o único sobrevivente da família.

Estamos a alguns metros de distância sem saber o que dizer. É Ali quem rompe o silêncio.

— Quero as minhas mãos de volta.

A sua voz é fraca, um pouco perturbada. Os lábios tremem ligeiramente ao falar. O rapaz tem fortes dores e no hospital não há analgésicos suficientes. Os pensamentos ainda devem ser mais dolorosos que as feridas.

— Todos morreram. A minha mãe, o meu pai, o meu irmão mais novo e todos os amigos da rua. Destruíram quatro casas — conta Ali. — Não quero voltar mais para lá, não sobrou nada.

Fica calado novamente, não tem forças para continuar a falar. Pede à tia que lhe cubra o corpo queimado com uma toalha para que ele não veja a si mesmo. Embora os braços tenham desaparecido, as dores e os pensamentos permanecem.

— Poderei ter mãos de novo? — pergunta Ali uma última vez.

Quero ir para casa. Não agüento mais.

Foi duro ver aquele garoto olhos nos olhos. E quando Aliya lhe disse que depois poderia voltar a jogar futebol, tive que virar as costas para que ele não me visse chorar.

— Mas eu sempre jogava vôlei — respondera-lhe com um olhar perdido.

Aliya ficara conversando calmamente com ele em árabe numa voz suave como seda. Eu tinha ido para junto de uma janela para me recompor. O céu estava cinzento por causa da fumaça dos incêndios.

Ainda não podia ir embora. Tinha que saber mais sobre como fora a vida sob o regime de Saddam Hussein. As piores perseguições ocorreram em Saddam City. Fomos a uma rua ao acaso, saímos do carro, batemos à porta de uma casa e nos apresentamos. Queríamos saber se alguém na vizinhança tinha parentes desaparecidos durante a ditadura de Saddam.

Sim, tinham. O pai desta mesma família desaparecera um dia. Fora para o trabalho e nunca mais voltara. O irmão e dois primos também haviam desaparecido.

Sentamos num colchão velho no chão e ouvimos a história.

Aconteceu num dia de primavera de 1980. A mulher tinha ido ao local de trabalho do marido quando este não regressou. Ali informaram-na de que fora detido pela polícia. Na delegacia, o burocrata atrás do balcão deu de ombros.

— Eu não sei de nada.

Da segunda vez que ela foi à delegacia, o policial disse que não precisava fazer a mesma pergunta duas vezes.

Da terceira vez, ficou furioso.

Ouvimos a mulher sentada na penumbra. Através de uma pequena janela entravam três raios de luz; as luminárias não funcionavam. Vários vizinhos também a ouviam em silêncio. Fazia frio naquele quarto; a mudança tinha sido drástica porque na rua o sol ardia.

— Talvez esteja vivo em algum porão — disse a mulher com voz fraca. As filhas, que eram muito pequenas quando o pai desapareceu, olharam-nos inseguras. Os homens tinham o olhar perdido no vazio.

Chegaram mais vizinhos. Todos tinham histórias para contar. Na década de 1980 aconteceu uma das grandes ondas de prisões de muçulmanos xiitas. Saddam Hussein temera que se sublevassem contra ele e que apoiassem o regime do Irã. Perseguia sobretudo os militantes do Dawa, um partido religioso proibido. O ditador temia o poder dos ulemás e o simples fato de pertencer a uma determinada mesquita ou levar muito a sério os deveres religiosos podia conduzir às câmaras de tortura, naquela época.

Tentei entrevistar uma a uma todas aquelas pessoas, naquele quarto escuro, mas as histórias acabaram por se misturar, porque, ao final de alguns instantes, todas falavam ao mesmo tempo. Descreviam em detalhes o que tinha acontecido com os outros, e Aliya só conseguia traduzir uma pequena parte do que diziam. Enquanto traduzia, eles continuavam a falar. Além disso, eu não sabia claramente quais eram as suas relações de parentesco: quem era irmão e quem era primo, quem era filho e quem era sobrinho? Tanto Aliya quanto eu perdemos o fio das histórias, mas captamos a essência: a encarnação do mal.

No final, parecia que quase todos os moradores daquela ruela estavam ao nosso lado. Sentados no chão, de pé ao longo da parede ou no umbral e até no corredor.

— Pode nos ajudar a encontrar os nossos entes queridos? — perguntou uma senhora idosa.

Dois de seus filhos foram levados em plena luz do dia, à sua frente, a caminho da mesquita.

Olhei-a nos olhos.

— Não creio que possa encontrá-los, mas posso escrever sobre eles, sobre a injustiça cometida contra vocês.

— Mas isso nos ajudará a encontrá-los? — voltou a perguntar.

— Creio que não. Sinto muito.

A decepção era visível nos olhos da mulher vestida de preto, que não voltou a dizer nada.

Alguns daqueles homens também tinham sido presos. Em voz baixa, falavam da tortura. Aliya traduzia mecanicamente: esta era uma realidade que ela desconhecia. Criada na classe média de Bagdá, numa família sunita segura e apolítica, fora isolada dos xiitas de Saddam City. Lembrei-me do medo que tinha de vir aqui antes da guerra.

A poeira do quarto se deixava entrever nos raios de sol. Nas paredes havia fotografias dos desaparecidos da família. Ao lado, viam-se duas imagens dos homens sagrados dos xiitas: os imames Hussein e Ali. Uma outra imagem me chamou a atenção: a Virgem e o Menino Jesus.

— Pergunte a eles por que têm essa imagem — pedi a Aliya e ela assim o fez.

— Dizem que é por ser bonita.

— Mas é a Virgem Maria e o Menino Jesus. É uma imagem cristã.

— Isso eu não quero traduzir — recusou a minha intérprete. — Está aí porque é bonita — disse sem olhar para mim. — Está bem? Mais alguma coisa ou podemos ir embora?

No caminho de volta, mal trocamos uma palavra. Tínhamos ficado sem forças.

No dia seguinte, continuamos a procurar gente que quisesse falar conosco.

Alguns marcam com pontos, outros com riscos. As pequenas celas têm as paredes cheias de inscrições: no chão, ao lado da porta, até o teto. Nessas escuras masmorras, onde não chega a luz do dia, os presos tentaram não perder a noção do tempo marcando um ponto ou um risco a cada novo dia que começava.

Chegou a haver até seis homens numa cela; outros estiveram sós em poucos metros quadrados. Algumas celas estavam pintadas de vermelho para que os olhos não descansassem. Outras foram pintadas depois de branco e onde os presos deixavam as suas marcas aparecia o vermelho, como se tivessem escrito com sangue.

"Não se desespere, Alá o protege", escreveu alguém em vermelho-fogo. "Dou o meu coração a Saddam Hussein. Alá me protege", lê-se em outro lugar. E "Para os meus queridos filhos, Safar, Ali e Marwa (19-7-1990)". As baratas correm rápidas por cima da trama de pontos e de riscos.

Estamos num dos centros de interrogatório da polícia secreta: Mukhabarat. Aqui, em Al-Hakimiya, no distrito Zuwiya de Bagdá, estiveram os presos políticos. Precisamente antes de começar o bombardeio, foram transferidos para outro lugar. Ninguém sabia para onde.

Familiares desesperados dirigem-se agora às prisões para procurar documentação dos seus ou, pelo menos, sinais deles nas paredes. No dia anterior, um grupo de familiares tinha tentado forçar uma porta de ferro com machados e paus. Pensavam que conduzisse a uma prisão subterrânea.

— Correm rumores de que havia aqui uma seção subterrânea. Os presos talvez tenham sido enterrados vivos quando os guardas foram embora, talvez continuem a respirar — disse Mudafar, que procura o seu irmão Adnan, preso há três anos. — Simplesmente vieram um dia e levaram-no da sua loja. Disseram que era um inimigo do regime. Não sabemos de nada, apenas que o trouxeram para cá.

Jabir esquadrinha com uma lanterna de bolso os corredores estreitos. Não há janelas nem ventilação. As celas têm um ralo, mas cheiram a excremento, vômito e mofo. Não há cobertores nem travesseiros. Muitas das celas parecem ter sido abandonadas muito depressa, logo depois de os presos terem recebido a sua refeição. Em algumas delas há dois ovos num prato, em outras só resta a casca quebrada dos ovos.

Os interrogatórios aconteciam no final do corredor. Ali pudemos ver as vendas para cobrir os olhos e as tiras de tecido usadas para amarrar as mãos e os pés. Há cabos elétricos estendidos pelo chão. Aqui também reina o caos; a prisão foi saqueada nestes últimos dias. As gavetas foram reviradas e há folhas de papel espalhadas pelo chão. Um sapato de mulher ficou para trás junto de uma pilha de cabos. Um homem estremece ao ver o sapato.

Na praça em frente à prisão, Sabab olha fixamente para o edifício com as mãos afundadas nos bolsos.

— Eu passei três meses ali e fui dos poucos que conseguiram sair. Fui acusado de fazer parte de um grupo político do qual sequer tinha ouvido falar. Achava que não ia sobreviver. Amarraram os meus braços num ventilador teto e me faziam girar até desmaiar. Batiam em mim com paus e me davam choques elétricos. Quebraram-me os dois braços. Pensava que nunca iria sair.

Nos arredores da capital fica a terrível prisão de Abu Ghraib. Nos altos muros vêem-se retratos de Saddam Hussein; retratos que agora estão cheios de buracos de bala na altura dos olhos e do nariz. Em alguns falta o rosto todo, outros estão carbonizados. Os muros têm várias e grandes brechas de bombas e mísseis que explodiram por perto. No interior desses muros, há um complexo penitenciário de vários quilômetros quadrados. Edifícios parecendo fábricas contêm filas de celas vazias. Em cada edifício há um grande refeitório com bancos e mesas de concreto cravados no chão. Tudo é cinzento. A única mancha de cor é um retrato do ex-ditador colado na parede ao fundo do recinto. Saddam Hussein sorri contente com um charuto na boca.

Os iraquianos acorrem a Abu Ghraib à procura dos seus entes queridos, embora o local tenha se esvaziado quando Saddam Hussein concedeu uma anistia no outono de 2002, libertando os presos em tropel, antes das eleições.

Um homem vai de prédio em prédio, de corredor em corredor. Está à procura de um porão secreto, onde crê que o irmão ainda esteja.

— Há 18 anos que Abas desapareceu. Tinha 20 anos quando a polícia secreta o deteve na universidade, acusando-o de ser militante do Dawa — explica Najib. — Quando íamos até a polícia secreta perguntar por ele, diziam-nos que era melhor para ele que nunca mais o mencionássemos. Disseram também que, se voltássemos a perguntar por ele, seríamos presos. Durante 18 anos a minha mãe chorou, durante 18 anos perguntamos onde estaria ele. Agora vou encontrá-lo — diz Najib com determinação, enquanto revista as celas, os escritórios e os refeitórios saqueados. Está disposto a encontrar a entrada do porão secreto.

Em vez da entrada, encontra outra coisa. Numa sala vazia descobre uma escada que dá para uma sobreloja em tijolo que cobre metade da superfície. Do teto pendem os restos de duas cordas, e no chão há dois laços. Sob as cordas há uma abertura no chão coberta por dois alçapões. Quando estes se abrem, os que estão de pé sobre eles com o laço em volta do pescoço morrem enforcados.

Najib sai correndo para o sol. Olha de soslaio para um corredor de celas minúsculas, o corredor dos condenados à morte. Aqui permaneciam os presos antes de serem executados.

— Tenho que encontrar esse porão secreto. É aí que está Abas, tenho certeza — diz, continuando a sua busca.

Deixamos Najib e a prisão de Abu Ghraib. Uma vez no exterior, voltamo-nos e lemos a inscrição acima da porta: "Não há vida sem sol, não há dignidade sem Saddam Hussein."

Numa poça em frente à prisão, piso numa corda. Meio enterradas na areia molhada vejo fotografias, uma escova de dentes e um tubo de pasta de dentes semidestruído. A corda foi enrolada e é do mesmo tipo daquela que pendia no teto da sala de execuções. A única sala em que não havia um retrato de Saddam Hussein.

É quase impossível voltar a entrar no hotel. Os norte-americanos levantaram tantos postos de controle que demoramos uma eternidade para entrar. Primeiro há uma barreira exterior; mais à frente, um monte de homens iraquianos: à procura de emprego, fazendo manifestações ou simplesmente curiosos. Abrimos caminho entre a multidão, mostrando a credencial de imprensa, a credencial amarela por cuja renovação eu pagara milhares de dólares apenas alguns dias antes da queda do regime. Depois fazemos fila para uma rigorosa revista. Não quero nem pensar no que farão com as televisões árabes quando voltarem das gravações com suas câmeras e tripés.

O último posto de controle está justamente ao lado do hotel. Aqui voltamos a mostrar a credencial. Revistam-nos uma vez mais e vejo Aliya ficar tensa quando um grande americano verifica que não traz explosivos atados à cintura. Fico zangada.

— Vocês não deviam ter mulheres para nos revistar? — pergunto em voz alta.

— Nós temos.

— Pois eu não estou vendo nenhuma.

— Estão do outro lado.

Então a entrada para mulheres fica do outro lado. Digo à minha intérprete que entraremos por ali da próxima vez.

No saguão, um simpático norte-americano com vontade de conversar nos dá as boas-vindas. Nós, no entanto, não estamos de bom humor. A recepção nunca tinha estado tão concorrida; o hotel foi invadido por jornalistas que ficaram à espera da queda do regime em Amã ou no Kuwait. Entre eles, está Janine. Aproxima-se de nós, abraça-nos e nos diz que sentiu muito a nossa falta.

— Podemos partilhar a Aliya? — pergunta.

Claro. O time das mulheres está novamente completo.

Os cinco jornalistas desaparecidos passaram oito dias na prisão de Abu Ghraib, onde foram ameaçados e interrogados com os olhos vendados. Haviam sido acusados de espionagem. Durante a noite ouviam as surras que davam nos outros presos. Por fim, foram absolvidos e mandados para a Jordânia.

No caminho de volta de Abu Ghraib tínhamos passado por vários cadáveres com uniformes, roupa civil e seminus. Alguns já estavam pretos devido ao adiantado estado de putrefação. Em algum lugar haveria alguém esperando por eles.

No carro, pensei no belo rosto de Ali, o menino ferido, calmo e bonito como o de um elfo. Como o de Fátima no frio banco da mesquita.

À noite desço para fazer as minhas reportagens para a TV. Visto o colete à prova de bala. Apesar dos estrondosos tanques estacionados no exterior, a situação é mais perigosa do que nunca. Qualquer um pode estar armado e, sob os holofotes diante das câmeras, somos alvos fáceis.

Saio pela porta dos fundos, que passa pelo subsolo, para evitar a recepção agitada. Não há um só lugar fora do hotel sem uma câmera ou um carro equipado para transmissões por satélite. Aproximo-me, em ziguezague, da minha posição no jardim. No gramado há uns sujeitos barbudos. Os guerreiros da recepção! Os candidatos a mártir! Que estranho, parecem muito tranqüilos entre os soldados norte-americanos. Pergunto-me o que esconderão debaixo das camisas...

Subo, insegura, num estrado diante da câmera e falo dos saques, das câmaras de tortura e do ceticismo crescente entre a população com relação ao exército invasor.

De volta ao hotel, olho de novo com inquietação para os homens que estão no gramado. Continuam a demonstrar calma. "Tenho que trazer Aliya para conversar com eles", penso. Quero saber o que fazem aqui e por que não fugiram como os soldados iraquianos. Talvez queiram continuar a guerra como guerrilheiros ou suicidas. E não haveria melhor alvo que o Hotel Palestina; não tanto pelas centenas de jornalistas que nele se encontram, mas sobretudo pelas centenas de soldados norte-americanos aqui presentes. Imagino como terão conseguido passar pelas barreiras. Talvez nunca tenham saído.

A caminho do meu quarto passo pelo de Lorenzo para lhe pedir um cabo emprestado. O correspondente italiano está radiante e, orgulhoso, mostra-me os despojos do dia: uma corda e vendas de couro e de tecido laranja.

— Encontrei na prisão — diz. Olho-o espantada.

— Nas câmaras de tortura?

— *Sì, bella.*

Sinto-me como um náufrago, encalhado numa praia fétida. Tenho náuseas e por pouco não desmaio. Dou meia-volta e dirijo-me à porta.

— Olhe o cabo, não se esqueça do cabo!

Lorenzo estende-o para mim, pego e saio em disparada.

Nabil voltou a abrir o restaurante e colocou mesas no jardim. Explica-me que não teve tempo de mandar a mulher e os gêmeos para fora da capital; quando, por fim, decidiu, já não havia vôos e ela negou-se a fazer uma viagem de 14 horas de carro com os bebês até a Síria.

— Há filas, caos e bandidos — alegou.

De modo que se fortificaram na sua casa de luxo de 400 metros quadrados, à espera do final do conflito.

Há homens em todas as mesas e perguntamos se podemos comer.

— Não há comida, só cerveja. — Nabil ri.

Antes era o contrário: havia comida, mas não cerveja.

— Não temos eletricidade e, por isso, não há comida. Como as geladeiras não funcionam...

Apesar da sua aparência sorridente, Nabil parece amargurado. Senta-se conosco.

— Que necessidade teriam de matar tanta gente? Era preciso bombardear as áreas residenciais? Por que tinham que sair dando tiros pelas ruas?

Leva a lata de cerveja morna à boca, mas a puxa de volta sem ter bebido.

— O ditador caiu. Como dono de um restaurante e homem de negócios, poderei, seguramente, agora, fazer um bom dinheiro. Talvez a economia cresça depois de tantos anos de isolamento. Mas esta guerra foi suja. O exército americano estava muitíssimo mais bem equipado que o nosso e, no entanto, se comportou como um bando de bárbaros. Estou triste pelo Iraque e triste pelos Estados Unidos — suspira Nabil. — Além disso, temo os xiitas. Agora, juntam-se a nós porque sofreram muito com Saddam, mas eu não quero viver num país fundamentalista. Por mais que odiasse o regime de Saddam, tenho que reconhecer que nos protegeu, a nós cristãos. Graças a ele, vivemos bem no Iraque, graças a ele sou um homem rico. Agora tenho medo — conclui o dono do restaurante e depois bebe um grande gole de cerveja.

Shahbandar, o café dos artistas, também acaba de reabrir. Procuro Isam, o crítico literário que falava abertamente, mas não o encontro. No entanto, vejo os meus amigos artistas Haidar e Rafik mergulhados numa discussão apaixonada, enquanto o seu amigo Samir continua na Síria. Os dois pintores estão de acordo em duas coisas; que o Iraque foi libertado e que não gostam dos EUA. Sorriem, bebem chá em pequenos goles e parecem bastante felizes e despreocupados.

— Quando eu tinha 7 anos, viajei de barco pelo Tigre com os meus pais — diz Haidar. — Quando estávamos perto do palácio presidencial, apontei-o com o dedo e perguntei o que era. Os meus pais trocaram olhares espantados e me repreenderam para que nunca voltasse a apontar aquele edifício. Um pouco mais tarde, protestei numa aula quando a professora disse algo sobre a história do Iraque, que eu sabia que era diferente. Também a minha professora se assustou e deu-me ordens para que nunca mais voltasse a dizer nada nas aulas. Aos 7 anos já tinha compreendido que não éramos livres e que todos estávamos em perigo. Aprendi a me comportar como um bom iraquiano; ou seja, aprendi a mentir sempre e em toda parte. Fui um mentiroso desde os 7 anos.

Haidar bebe o seu chá e faz um gesto de desagrado, como se já não gostasse da bebida. Dá uma tragada no cigarro, mas também parece amargo.

— O tirano caiu e já não preciso mentir. Mas vivi trinta anos na pele de um mentiroso. Agora tenho que me libertar dele.

"Ele falou hoje pela rádio", disse Aliya uma manhã.

"Alguém o viu na rua", disse uma noite.

"Voltará no dia do seu aniversário para matar todos os americanos", explicou-me.

"Está apenas escondido e a vingança será dura", assegurou-me.

Mas os dias passaram sem que houvesse sinal de Saddam.

Quero vê-lo antes de voltar para casa, o palácio do outro lado do rio. O lugar para onde dirigi o meu olhar tantas vezes, onde caíram as primeiras bombas e onde vi os primeiros tanques norte-americanos, onde aconteceram os combates mais duros e onde a guarda republicana e os combatentes voluntários resistiram mais tempo. Era a primeira coisa que via todas as manhãs; observara-o à luz da madrugada, nas trevas da noite, nas tempestades de areia.

— Você não quer ver? — pergunto à minha intérprete.

Aliya nega com a cabeça.

— Não quer saber como vivia o seu presidente?

— Ele vivia em muitos lugares.

Paramos a uma boa distância do arame farpado que ficava junto à entrada, não queríamos ser tomados por terroristas-suicidas. Os soldados agitam os sus rifles e o canhão do tanque está apontado para nós. Amir estaciona o carro, enquanto eu, Janine e Aliya nos aproximamos devagar com as mãos levantadas. O soldado que vem ao nosso encontro não baixa o rifle até que lhe mostramos as nossas credenciais de imprensa.

— *Those are no good* — recusa, indicando a minha credencial amarela e a de Aliya. — Precisam de credenciais do comando central.

— Mas fica no Qatar — protesto.

— Também se pode conseguir no Kuwait — diz o soldado.

— Mas não estivemos no Golfo, não saímos daqui — balbucio.

— *Sorry, guys, turn back.*

— Mas...

— Para trás!

— Eu estava aqui antes de você! — grito, consciente de estar fazendo um papel ridículo.

Agüentamos as suas bombas e os seus mísseis, vivemos sem água e eletricidade, lutamos contra os burocratas iraquianos e contra a censura, o medo e o estresse, e agora vem um boçal do exército norte-americano nos dizer aonde é que podemos ir ou não.

Olho para a Aliya, mas ela não tem nenhuma expressão, fica indiferente como de costume. Deve estar muito mais zangada que eu. Um adolescente americano cheio de espinhas proíbe-lhe a passagem na sua própria cidade.

Janine tem a credencial correta do Kuwait.

— Não posso levá-las comigo como parte da minha equipe? — tenta com uma voz insinuante.

— Aquelas duas? Nem pensar — responde o soldado.

Um dos seus superiores vem em nosso auxílio. É um norte-americano corpulento com quem eu tinha falado no hotel na noite anterior.

— Podem vir comigo — se oferece e pede-nos para entrar no seu Humvee.

Aliya se recusa, parando de repente. Obviamente, entrar num veículo norte-americano é algo inimaginável para ela.

— Bom, acho que não vamos precisar de você lá dentro — digo. — Hoje, só se fala inglês no palácio de Saddam.

A ofensa não poderia ser maior. Aliya não sabe o que fazer e vejo como luta com a sua consciência, com a sua raiva, com a sua humilhação e a sua curiosidade. Finalmente, esta última ganha e ela entra no veículo.

Em alguns lugares parece que grandes meteoritos caíram do céu: dois edifícios foram pulverizados e as árvores feitas em pedaços. Usaram bombas, mísseis, tanques, granadas, canhões e balas de todo o calibre nos combates pelo palácio presidencial.

— Foram oito horas — conta-nos o oficial. — Um dia muito longo.

Num tanque norte-americano pelo qual passamos tremula uma pequena bandeira ao vento. No pano vê-se o emblema da divisão militar em questão: um crânio.

— Ainda não levaram os últimos mortos — informa o oficial, apontando para cadáveres na beira do caminho, todos com roupas civis. — Uns trinta homens vieram quando a batalha já estava terminando. Esconderam os lança-foguetes atrás das costas, apontaram e dispararam. Não acertaram em ninguém, mas acabaram morrendo. Depois do tiroteio, contei 16 cadáveres — acrescenta. — Tínhamos previsto batalhas de rua e os nossos soldados receberam um treinamento muito duro. No entanto, os iraquianos optaram por se esconder quando chegamos.

Pára em frente a uma porta e nos deixa nas mãos de George, um negro do Harlem, um nova-iorquino. George nos dá a mão — tem mãos grandes — e um sorriso largo.

— *Would you care for some sightseeing?* Gostariam de dar uma volta?

Seguimos o soldado grandalhão por sobre um tapete de cartuchos. Passamos por pomares de laranjeiras, prados e jardins secos. Parece que há muito tempo ninguém cuida deste lugar. Seguramente ninguém, além dos soldados, tinha vivido aqui nesta primavera. Este recinto de várias dezenas de quilômetros quadrados era o coração estratégico do sistema de Saddam Hussein. O palácio era uma cidade completa com quartel-general, casernas para as forças de elite, prédios para os serviços secretos, salas governamentais e, finalmente, os aposentos privados do ditador.

— Duzentos e cinqüenta e oito aposentos — declara George.

Entramos no hall. É como uma versão babilônica do Palácio de Versalhes de Luís XIV. Sala após sala, há mármore no chão e baixos-relevos nas paredes. Caminhamos com muitas lanternas de bolso e nossos passos ecoam. A maioria dos móveis não está mais lá: grande parte foi retirada antes de começar a guerra. O que resta é de plástico dourado e poderia ser descrito como falso barroco. Os quartos têm diferentes tipos de cama: de mogno, compensado branco, com adornos dourados, estampados ou cinzelados.

Os armários estão vazios; não como no palácio de Uday Hussein, onde se encontraram filmes pornográficos, caixas de champanhe, de uísque e de rum, ternos de costureiros famosos, aparentemente sem uso e ainda com as etiquetas, mesas de bilhar, banheiras de hidromassagem, uma enorme quantidade de armas e uma infinidade de fotografias particulares.

Algumas das salas do palácio presidencial transformaram-se no quartel-general dos novos regentes. Há telefones via satélite, computadores e xícaras de café nas mesas, além de geradores elétricos. Numa parede divisória lê-se: "A liberdade nunca é gratuita. O preço é sempre pago com sangue. Dê-me a liberdade ou dê-me a morte. Não esqueceremos jamais o 11 de Setembro."

George é nosso guia, nos mostra coisas, nos abre portas, nos ilumina escadas. A todo instante tenta iniciar uma conversa com Aliya.

— Olha como o seu presidente se refestelava no luxo, enquanto vocês viviam no lixo.

— Hum — responde a intérprete.

— O seu presidente dançava sob lustres de ouro, enquanto vocês nem sequer tinham água potável!

— Hum, hum.

— É uma loucura — insiste George.

— Hum...

— Gastou o seu dinheiro!

— Hum.

— *Your money!* Roubou o seu povo. Este palácio é do povo! Construiu-se com o dinheiro de vocês!

— Ah.

— Vocês não tinham liberdade. Ele torturava os presos e usava gás contra o seu próprio povo. Você não está furiosa com ele? — quer saber George, mas agora Aliya nem sequer emite um monossílabo.

Fica para trás e deixa o rapaz do Harlem ir na frente. Pára e me pergunta se quero que me traduza os cartazes das paredes.

— Comemoram todas as guerras que o Iraque ganhou desde os tempos da Babilônia até hoje.

Depois de terminar a lista com a vitória sobre os americanos na Guerra do Golfo, em 1991, continua a ler o teto. Ali estão os 99 nomes de Alá escritos em preto sobre dourado. Aliya lê.

George e Janine continuam a andar. Eu fico ouvindo Aliya, que salmodia em voz baixa. Sabe os 99 nomes.

"O Único, O Conhecedor, O Clemente, O Misericordioso, O Rei, O Santo, O Louvável, O Íntegro, O Seguro, O Dominador, O Grandioso, O Gigante, O Supremo, O Criador, O Fazedor, O Plasmador, O Perdoador, O Subjugador, O Doador, O Munífico, O Propício, O Consciente, O Severo, O Bondoso, O que humilha, O que exalta, O que glorifica, O que envilece, O que ouve, O que vê tudo, O Sábio, O Justo, O Gentil, O Douto, O Manso, O Magnífico, O Indulgente, O Agradecido, O Alto, O Grande, O Conservador, O que alimenta, O que nutre, O Providente, O Majestoso, O Generoso, O

Observador, O que escuta, O Perfeito, O Árbitro, O Afável, O Glorioso, O que faz ressuscitar, A Testemunha, O Verdadeiro, O Leal, O Forte, O Firme, O Amigo, O Digno de Agradecimento, O Examinador, O Princípio, O Fim, A Vida, A Morte, O Consistente Sólido, O Possuidor, O Classificador, O Vivente, O Eterno, O Poderoso, O Onipotente, O Autor do Progresso, O Autor do Regresso, O Visível, O Invisível, O Senhor, O Excelso, O Bom, O Longânime, O Vingador, O Indulgente, O Piedoso, O Rico e Majestoso, O Remunerador, O Universal, O Mestre, O que enriquece, O Concessor, O Defensor, O que corrige, O que ajuda, A Luz, O Chefe, O Original, O Permanente, O Inteligente, O Primeiro, O Último."

Quando ela termina, vira-se e olha para mim.

— O centésimo nome só Alá conhece — diz, antes de começar a andar atrás dos outros dois.

— Como é que vocês viveram os bombardeios? — pergunta George e Aliya responde-lhe pela primeira vez.

— Estamos acostumados.

— *I see* — diz George. — *I mean, I understand.*

O soldado parou numa das varandas e observa o pequeno bosque de laranjeiras.

— Qual é a opinião dos iraquianos sobre nós? Estão contentes por terem se libertado de Saddam Hussein?

Aliya olha para a frente sem responder. Até o norte-americano fica em silêncio durante um tempo. Depois de pensar um pouco, diz:

— Bom, entendo que não simpatizem com a gente. Eu sentiria o mesmo se estivesse no lugar de vocês. Quero dizer, se eu fosse iraquiano. Eu teria lutado contra nós, se fosse um de vocês. Isso, com toda a certeza.

Josh largou o emprego. Diz que não agüenta continuar trabalhando para alguém que não se importa com as pessoas. O seu amigo Paul, da Reuters, está numa maca numa base norte-americana, cheio de feridas e de ataduras, com cortes no rosto, nos braços, no peito e do quadril até os tornozelos. Mal pode levantar os lençóis para mostrar as lesões.

— Ainda tenho testículos — brincou quando Josh foi visitá-lo.

No hospital de campanha também está Samia, uma das correspondentes da Reuters. Tem cortes no rosto, um estilhaço se alojou em sua cabeça e ali continua. Os cirurgiões tentaram tirá-lo, mas não conseguiram. Treze jornalistas morreram durante a guerra, alguns em acidentes e outros por causa das bombas ou dos projéteis. O mesmo aconteceu com milhares de iraquianos.

Josh está queimado. Tem pústulas nos pés e queimaduras de segundo grau nas costas por ter suado demais enquanto vestia o colete à prova de bala, subindo e descendo do terraço a toda pressa. Não sabe quantos baldes de petróleo subiu pelos 17 andares do hotel para alimentar o gerador.

Mas as maiores feridas são as interiores, e ele já tem o suficiente. Chegou novo pessoal da Sky News para substituí-lo e agora são quatro no seu quarto.

— Vou morar na Austrália — diz quando o vejo na recepção, onde todos conversam.

— Na Austrália?

— Sim, quanto mais longe da Sky News, melhor. E longe da neblina de Londres! Venha me visitar. Vamos embora amanhã de manhã, bem cedo.

"Até a próxima!", grita como se se tratasse de um torneio de golfe.

Antonia vai embora, assim como Giovanna e Stefan. Aliya continua sem falar muito. Amir cada dia que passa está mais triste; no entanto, vejo Abas cada vez mais entusiasmado. Eu vou me arrastando.

Uma noite, "os mártires" que ficavam todo o tempo próximo do lugar onde gravávamos as transmissões me irritaram de tal modo que pedi aos americanos que fizessem alguma coisa, assim, sem rodeios.

— Estão ali estendidos no gramado. Quem são, e o que fazem?

— Também já nos fizemos a mesma pergunta — disse um oficial subalterno com quem falei.

— Parecem terroristas-suicidas.

— Com certeza.

Na noite seguinte tinham desaparecido. Houvera uma batida no hotel para averiguar se "elementos indesejáveis" se escondiam lá dentro. Para onde foram, nunca o soube. A batida fora planejada de cima e não teve, obviamente, nada a ver com a minha denúncia.

Os combatentes estrangeiros estavam abandonados à própria sorte por todos aqueles que lhes tinham dado as boas-vindas. Por Saddam, que lhes tinha prometido uma recompensa; por Uday e Qusay, que tinham sido engolidos pela terra; pela guarda republicana, que agora usava roupas civis; pelos seus próprios governos, que não queriam ter ligações com eles. Finalmente, tinham sido denunciados por mim, que sempre os temera horrivelmente.

11 de Setembro. Sempre pronunciado com naturalidade como se explicasse tudo. Sempre que eu falava com um soldado, era certo que em algum momento mencionaria aquela data. Ain-

da que os soldados norte-americanos tivessem as suas dúvidas sobre a guerra, acabavam sempre por resumir os seus argumentos a favor com o seguinte refrão:

— *You know, September 11th.*

Mas essa convicção de que havia uma razão não os ajudava muito, agora que quase tinham ganhado a guerra... contra o terrorismo? A maioria desejava voltar para casa depois de ter passado meses no deserto. Os soldados que encontrei tinham em comum o fato de serem ingênuos e a sólida convicção de que o seu país tinha o direito de fazer o que quisesse. Ainda assim, formavam um grupo mais heterogêneo do que eu esperava.

Depois de ter falado com o oficial subalterno sobre os barbudos do gramado, encontrei um jovem soldado na escuridão entre os tanques. Iluminou-me com a sua lanterna de bolso.

— De onde você é?

— Da Noruega. E você?

— De Massachusetts.

Os geradores zumbiam à nossa volta. Pessoas corriam apressadas com suas câmeras. Dois soldados rasos fumavam sentados num bloco de cimento. Conversamos um pouco e ficou patente que o soldado não era tão simples como eu, na minha arrogância européia, tinha imaginado. Alguns instantes depois, ele levou a conversa para temas mais existenciais.

— Não tenho certeza de que esta guerra seja justa — confessou. — Estive pensando, no deserto, no que estamos fazendo. Sou contra o terrorismo, obviamente, mas o que esses iraquianos têm a ver com o terrorismo? — disse e olhou as câmeras que estavam em cima do concreto. — Acho que tudo isto é por causa do petróleo. Já viu o caos? O único ministério que protegemos é o do Petróleo. Os outros são saqueados e queimados. Quando saímos para patrulhar, vejo que a população está mais hostil a nós. Já não somos bem-vindos. E você, o que acha?

— Bom, o que ouço os iraquianos dizerem é que esperam que vocês não fiquem aqui por muito tempo.

— Isso é o que também espero — suspirou o jovem soldado. — *I want to go home.* Quero sair do exército. Alistar-me foi a maior estupidez que já fiz na minha vida.

— E o que você vai fazer?

— Quero ser cantor de ópera.

— Caramba!

— Tenho uma boa voz. Os meus pais sempre foram céticos em relação a essa idéia, mas acho que preferem isso a que eu fique no exército. Vou estudar na Itália. Sabe qual é o meu sonho?

Neguei com a cabeça e o rapaz me olhou com olhos determinados, mas um pouco atormentados.

— Cantar o *Otelo* no Scala de Milão.

— Coquetel de frutas ou de abacaxi?

Timothy levanta duas latas de conserva. É a hora da última sobremesa com o pessoal do Channel 4.

— Já ficaram sabendo? Kadim era o verdadeiro chefe do centro de imprensa — diz Paul, o produtor que falava árabe fluentemente e que tinha novas notícias sobre os heróis desaparecidos daquela instituição. — Uday era o chefe apenas na superfície, enquanto Kadim pertencia ao núcleo do serviço secreto. Estava ali para vigiar Uday — conta Paul. — Foi sempre assim, o chefe nunca era o chefe. Às vezes, o contador era o chefe, outras vezes era o secretário. Todos eram vigiados e avaliados para que ninguém tivesse poder demais nas mãos. O poder devia estar com o regime. Era Kadim quem podia despedir Uday e não o contrário.

Agora, de todo modo, já não estavam ali.

— Vamos partir dentro de alguns dias — diz Lindsay. — Tem lugar no carro se você quiser vir.

Aproveito sem hesitar um momento. Uma dezena de carros irá em comboio, escoltados por ex-soldados da força especial da Grã-Bretanha. Alguns canais de televisão os contrataram para transportar pessoas entre Amã e Bagdá.

Vou finalmente sair do Iraque!

Só há uma coisa que quero fazer antes de ir embora: visitar algumas das famílias de Bagdá. Porque embora as imagens transmitidas com mais freqüência pelos meios de comunicação, durante esses dias, fossem de gente roubando e fazendo protestos, esta era só uma pequena parcela da realidade. Os outros estavam em casa esperando o que ia acontecer a partir de agora.

A campainha não pára de tocar na casa de Muayad. Bebem-se pequenas xícaras de café muito forte e fuma-se uma montanha de cigarros no salão da família atulhado de móveis. O salão ainda tem sinais do conflito recente. Ali continua a fita adesiva que protegia as janelas durante os bombardeios e também os lençóis com que se cobriram os móveis quando a família fugiu da cidade. Os objetos de valor, guardados em malas escondidas, ainda não voltaram aos seus lugares. Mas o que a guerra mais alterou foi o assunto das conversas.

— Não falávamos com liberdade desde 1967 — explica o vizinho Ahmed, que é engenheiro aeronáutico. — Tínhamos medo dos nossos vizinhos, dos nossos amigos, até dos nossos próprios pensamen-

tos. O medo chegou a fazer parte do meu corpo, sempre opressivo e sempre presente.

— Continua presente — diz a sua mulher, Iman. — Não vou ficar tranqüila até ver o cadáver de Saddam Hussein.

Ahmed e Iman ficaram em casa durante a guerra.

— Quando caíram as primeiras bombas, comemoramos. Íamos para a cama todas as noites, desejando que caíssem mais bombas e que fossem mais fortes — disse Ahmed, rindo. — No entanto, achamos que demoraram muito a terminar e ficamos desesperados. Mas, agora, os americanos estão finalmente aqui, e espero que fiquem por muito tempo. Se nos abandonarem agora, haverá uma guerra civil. Agora devem nos governar durante uns dois anos. Se tivéssemos que eleger agora o nosso próprio líder, seria a mesma história de sempre: uma carnificina.

Muayad, pelo contrário, levou a sua família para fora da capital durante os bombardeios, para ficar com a sua mãe no campo.

— Tenho três filhas e este bairro não é seguro — diz, fazendo referência ao distrito Al-Adamiya.

O professor de ciências políticas da Universidade de Bagdá não está tão contente com a presença americana como os seus vizinhos.

— Sou nacionalista e pan-arabista. Libertaram-nos do nosso ditador e lhes agradeço. Mas não desejamos ser o estado americano número 51. Queremos governar o nosso povo e eleger os nossos próprios líderes.

— Os americanos mataram muitos civis. Atiraram na cara dos iraquianos — comenta a sua filha Dora. — Que tipo de liberdade é essa? Eu tenho medo deles.

A jovem perdeu um dos seus melhores amigos durante os bombardeios, quando os estilhaços de um míssil invadiram seu quarto. Dora não soube até a guerra ter acabado e agora está há dias de luto por ele.

— Nós nos sentimos a bordo do Titanic. Todos nos despedimos poucos dias antes de começar o ataque. Os nossos corações tremiam de medo — acrescenta.

— Tenho 12 buracos de balas no telhado — observa Muayad e nos faz sair para nos mostrar. — Nesta zona havia várias forças fedayin, os soldados mais fiéis a Saddam, e travaram-se duros combates na semana passada. Havia soldados mortos nas ruas quando voltamos.

Muayad crê que são poucos os iraquianos que realmente dão as boas-vindas aos norte-americanos.

— Sorriem para eles quando os têm pela frente, mas cospem quando eles viram as costas — diz o professor sobre a atitude iraquiana em relação aos invasores.

Como muitos iraquianos, Muayad acredita que os norte-americanos desejavam o caos que domina Bagdá nestes últimos dias.

— Sabiam que após uma semana de saques e distúrbios, a população só desejaria lei e ordem e eles poderiam ser duros sem problemas.

A vizinha Iman pensa que Muayad está exagerando.

— É claro que é triste ter havido mortos, mas é o preço que tínhamos que pagar; e não é alto demais. Pense no medo que desapareceu e no fato de podermos estar aqui conversando. Isso é que é importante — diz.

Este grupo de amigos conhece várias pessoas que foram presas ou que desapareceram sob o regime de Saddam Hussein. Outro vizinho, Yasser, um engenheiro de computação que acaba de terminar a faculdade, estudou com um rapaz que um dia contou uma piada de Saddam Hussein no intervalo das aulas.

— No dia seguinte não veio à escola, nem no outro. Após uma semana, fomos à casa dele para saber o que tinha acontecido, mas toda a família desaparecera. O Mukhabarat tinha ido lá durante a noite e levara todo mundo. Nunca mais voltaram — conta-nos Yasser, que ainda se lembra da piada fatídica:

"Um dia, Saddam Hussein decidiu que todo aquele que quisesse podia abandonar o Iraque e ir para o exterior. Então, fizeram-se enormes filas diante da repartição que emitia os passaportes. Isto chegou aos ouvidos do presidente, que um dia quis ver a cena com os seus próprios olhos. Vestiu uma velha túnica, pôs uma barba falsa e colocou-se na fila. Quando chegou a sua vez, pediu um passaporte e tirou a barba para que todos o reconhecessem.

— Eu também quero ir embora — disse ele, e o escrivão lhe deu um passaporte.

Quando Saddam Hussein se virou para ir embora, percebeu que a fila tinha desaparecido.

— Onde foi todo mundo? — perguntou assombrado.

— Quando viram que o senhor estava indo embora, todos os outros decidiram ficar no Iraque — disse o funcionário."

Iman também tem uma história do pouco que era preciso para ser denunciado.

— Uma jornalista que trabalhava para uma revista feminina fez uma vez um comentário pouco lisonjeiro sobre o estilo de vestir da mulher de Saddam Hussein. Duas colegas ouviram-na e, ao fim de algumas horas, a polícia veio à redação buscá-la. No dia seguinte, os seus pais a encontraram na porta de casa com o corpo negro e azul por causa da surra, com queimaduras de cigarros e a língua cortada — conta-nos Iman. — Entende? As duas mulheres que ouviram este comentário tinham medo uma da outra. Ambas temiam ser denunciadas pela outra no caso de não denunciarem o que tinham ouvido. Sabiam que talvez estivessem sendo testadas. Não podíamos confiar em ninguém. Tínhamos que ter muito cuidado com o que dizíamos aos nossos próprios filhos para que não o revelassem na escola. Os professores tinham a obrigação de informar o diretor da escola se os alunos dissessem algo inconveniente, e o diretor tinha que informar os seus superiores.

— Cada dia escolar começava com um "viva o nosso presidente Saddam Hussein" — conta Maha, que é professora primária. — O que podemos dizer agora? E o que faremos com o horário das aulas sobre a vida de Saddam, as suas virtudes e façanhas? Duas aulas por semana, durante todos os anos, eram dedicadas a estudar a vida do presidente — conta-nos.

Ninguém sabe o que responder. A discussão continua, dando voltas pelo passado. É cedo demais para começar a pensar no futuro.

— O que mais me envergonha — confessa Walid, um homem de negócios — é que perdemos a coragem. Depois de 35 anos de repressão, nós viramos uns covardes. Devíamos nós mesmos ter deposto o ditador, não devíamos ter deixado isso para os americanos — suspira. — Eu nunca fui preso, mas todos fomos torturados mentalmente pelo medo que impregnava tudo. Só podíamos sussurrar entre nós, e até isso era perigoso.

A única violação da lei que Walid cometeu durante a ditadura foi instalar uma televisão via satélite em sua casa.

— Na realidade era tudo legal, desde que se pagasse — afirma. — O militante do partido Baath que controlava esta rua vinha aqui freqüentemente. Tinha que pagar a ele para que não me denunciasse. Há dois dias apresentou-se outra vez à minha porta. Pediu proteção e me implorou que o deixasse morar aqui em casa. Como pagamento do favor por nunca ter me denunciado! Que grande sem-vergonha! Recusei; disse-lhe: "Eu não lhe devo nada", e pedi que fosse embora.

Walid levanta-se indignado e tira uns dinares do bolso.

— Olhe, ainda tenho o tirano no bolso — diz, apontando a imagem de Saddam Hussein impressa na nota. Pega uma esferográfica da mesa e risca a face do falso líder.

— Estou tentando me libertar de um fantasma, de um sopro de vento frio. Ainda não consegui, mas estou a caminho — diz e volta a meter as notas no bolso.

O rosto excitado abre-se num sorriso.

— O medo tem que sair do meu corpo!

A esta altura, Amir e Abas preferiam falar com outras pessoas e não um com o outro. Até preferiam ficar sozinhos do que estar um com o outro. Um estava triste e o outro eufórico. Cada vez que se viam, Abas perguntava:

— Como é que vai o seu Saddam?

E Amir, sem falta, respondia-lhe:

— Bem, obrigado. E os seus americanos?

O tom dessa troca de palavras tornou-se cada vez mais hostil. Um dia em que Amir estava descansando apoiado no capô do seu carro, Abas passou e exclamou:

— Um dia vai pagar pelo que fez conosco, ele e os seus lacaios.

— Um dia vamos nos livrar dos americanos, deles e dos seus lacaios — respondeu o seu velho amigo.

Os dois olharam-se ferozmente antes que Abas virasse as costas e fosse embora. Foram as últimas palavras que trocaram.

Quando a noite 101 chegou, Aliya queria dormir no meu quarto. Não tínhamos conversado de verdade desde que caíra a estátua de Saddam. O vento soprava suave pela janela aberta e estávamos sob vários cobertores de uma cor suja e acinzentada. No dia seguinte eu iria embora.

Olhei para a minha intérprete. Haviam transcorrido dez dias desde que o seu mundo ficara de pernas para o ar e as suas convicções reduzidas a nada. Nestes dias, deixara de comer e de dormir. Trabalhava mecanicamente e evitava conversas pessoais. Tinha transmitido a alegria de outros sobre a queda do ditador, mas nunca dissera o que sentia. Tinha traduzido o desespero dos familiares nas prisões vazias, mas nunca revelara o seu próprio. Tinha superado o medo dos americanos, mas não mostrara a eles o seu desprezo. Tinha traduzido as orações das crianças feridas sem chorar. Tinha presenciado zombarias ao país que ela amava e ao presidente a quem admirava sem jamais contestar. Tinha ouvido pessoas dizerem a ela que estava enganada, mas em nenhum momento respondeu.

Então, chegou a noite 101 e Aliya encolheu-se na minha cama.

— Sabe? — perguntou ensimesmada, olhando para o teto.

Ouvia-se o ranger das palmeiras fora da janela e um sopro de vento a fez calar e olhar o quarto escuro sem se mexer. Os holofotes dos americanos fora do hotel faziam com que nunca estivéssemos completamente às escuras. Aliya respirou e se forçou a continuar a falar:

— As pessoas dizem que *ele* não se preocupava conosco.

Isto foi tudo. Nada mais. A brisa lá fora aumentou e Aliya tossiu secamente, como se quisesse dizer algo, mas as palavras não lhe saíram. Ficou em silêncio durante longos instantes antes de continuar.

— Dizem que só pensava em si mesmo — acrescentou com um certo ar de espanto.

O holofote branco iluminou a cortina de tule esvoaçante, criando finas sombras. Um sopro de vento sobre o Tigre fez um pequeno redemoinho que passou pela porta da varanda, fazendo as cortinas dançarem.

Este livro foi composto na tipologia Arrus BT,
em corpo 10,5/15, e impresso em papel
off-white 80g/m², no Sistema Cameron da
Divisão Gráfica da Distribuidora Record.